WORKSHOP MANUSCRIPTS

NOTIZEN ZU UECKER

Workshop Manuscripts

DER ZUSTAND DES ERLEBENS

THE STATE OF EXPERIENCE

gui

Deutscher
Kunstverlag

Inhalt | Contents

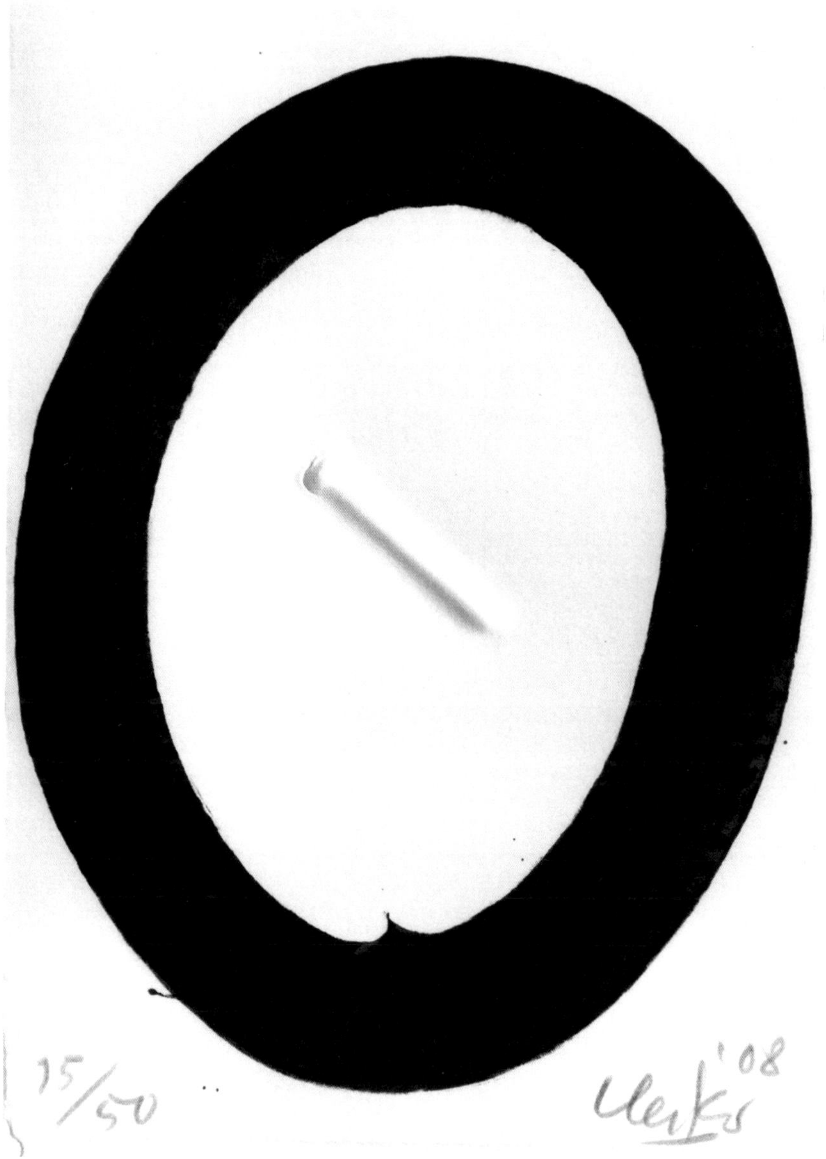

Abb. 1: Günther Uecker, *Ohne Titel (Untitled)*, 2008, Prägedruck und Wasserfarbe auf Bütten | Embossed print and watercolor on laid paper, 29,7 × 21 cm, aus der Edition | from *50 Jahre ZERO Düsseldorf*, Sammlung der | Collection of ZERO foundation Düsseldorf, Inv.-Nr. 2019.03

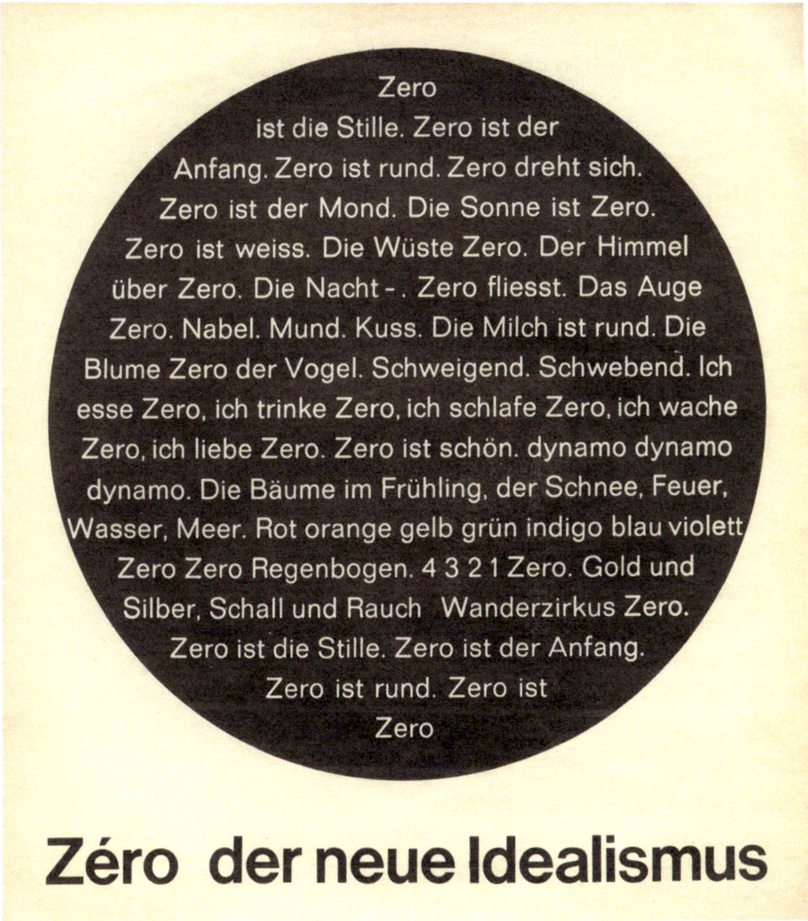

Abb. 2: *Zéro der neue Idealismus* (*Zero the New Idealism*), Flugblatt von | Flyer by Heinz Mack, Otto Piene, Günther Uecker, 1963, ZERO foundation Düsseldorf, Vorlass | Bequest Heinz Mack, Inv.-Nr. mkp.ZERO.1.VII.126

Katharina Neuburger

Zur Ausgabe ZERO
Der Zustand des Erlebens, oder: *ars activa*

„Der Zustand des Erlebens ist eine Imagination, die in die Sphäre unserer Sinne übertragen wurde. Um das unmittelbare Erlebnis zu erreichen, ist eine Teilnahme wichtig" – diese zwei durchaus humorvollen Sätze Günther Ueckers nahmen wir 2023 zum Anlass, Wissenschaftler*innen zur Teilnahme an einem Workshop einzuladen. Als Titel wählten wir entsprechend: „Der Zustand des Erlebens, oder: *ars activa*". Wir hatten die große Freude, für unsere Veranstaltung mit der ZERO foundation zu kooperieren, und trafen uns vom 10. bis zum 12. November in deren Düsseldorfer Räumen, den ehemaligen Atelierräumen der ZERO-Gruppe.

Die im hier vorliegenden Band abgedruckten Worte unseres Workshopteilnehmers und Autors Georg Winter können auch für unser Anliegen gelten. Er schreibt, wenn Sie zu seinem Beitrag blättern: „In dem Moment, in dem Sie diesen Text lesen und weil Sie ihn lesen, ändern sich die Zustandsräume und mit ihnen ändern Sie sich." Dies nichtsdestotrotz gemeinsam zu versuchen und über einige Tage hinweg intensiv mit Wissenschaftler*innen und Künstler*innen über den daran anknüpfbaren Möglichkeitsraum in den Austausch zu treten, hat unseren Workshop zu einem Zukunftslabor für unser Institut gemacht. Der Titel unserer *Ausgabe ZERO* der Schriftenreihe *Notizen zu Uecker*, mit den überarbeiteten Redemanuskripten, ist damit nicht nur als Verweis auf den Veranstaltungsort unseres Workshops zu verstehen, sondern markiert darüber hinaus die Bedeutung dieser Sonderausgabe für unsere Arbeit: Wir stellten auch die Ausrichtung unseres Instituts, eines zur Förderung junger Kunstwissenschaftler*innen und Künstler*innen, zur Diskussion. Wie möchten wir uns auf dem weiten Feld zwischen deutscher Nachkriegskunst und aktuellen Diskursen platzieren? Worauf legen wir den Fokus bei der Förderarbeit der nächsten Jahre? Mit dem Workshop „Der Zustand des Erlebens", so lässt sich bereits feststellen, haben wir unser Institut für interdisziplinäre Projekte geöffnet, die auf dem Feld der künstlerischen Forschung agieren und sich, an unseren Workshop anknüpfend, den Potenzialen künstlerischer Handlung widmen.

Historisch ist das anbindbar: ZERO – das war einerseits der symbolische Titel einer Suche nach dem Neubeginn; nach einer unbeschriebenen und vor allem unbelasteten Situation, von einem gewissen Idealismus durchzogen; ZERO war die Suche nach der ‚Stunde Null' für jene Generation von Kunstschaffenden, die den Nationalsozialismus als Jugendliche oder junge Erwachsene erlebt hatten und schließlich auf die Trümmer eines Landes blickten – die buchstäblichen Ruinen einer Gesellschaft, die sich neu zu formieren hatte. So heißt es im ZERO-Manifest aus dem Jahr 1963:

„Zero ist die Stille. Zero ist der Anfang.
Zero ist rund. Zero ist
Zero"

ZERO umfasste eben beide Aspekte: Den des Anfangs und des Endes. Heute fällt es schwer, die Bewegung ohne die hoch angespannte politische Weltlage der damaligen Zeit, den ersten Höhepunkt des Kalten Krieges, zu lesen. War Zero, die Null, nicht auch eine Metapher der atomaren Gefährdung und so gesehen an eine apokalyptische Vorstellung der ‚Stunde Null' gekoppelt?

Die Mitglieder der Gruppe ZERO fanden auf der Suche nach einer passenden Form für diesen ‚Punkt Null' im Machen zueinander: Im Jahr 1958 zeigte Günther Uecker in der sogenannten *Abendausstellung* mit dem Titel *Das rote Bild* erstmals mit Heinz Mack und Otto Piene in Düsseldorf seine Werke. Das war sein Einstand. Zwischen 1961 und 1966 zählte er zu ZERO, teilte sich das Atelierhaus, in dem wir tagen konnten, und war damit Teil einer der bedeutenden Neoavantgardebewegungen im Nachkriegsdeutschland. Es ist bekannt, dass die Antworten der

Formfrage bei den drei Künstlern (und den mit der Gruppe lose assoziierten Künstler*innen) unterschiedlich ausfielen, sodass sie auf Dauer nicht kompatibel waren. Gemeinsam war ihnen, um mit Jacques Derrida zu sprechen, der die Philosophie vom Ende in seinem Text *Apokalypse* untersucht hat, dass sie nicht nach einer geheimen Formel suchten und gerade nicht „zum Mysterium und durch das Mysterium anziehen, verführen, anführen" wollten – mit der ‚Verführung' und dem damit verbundenen Terror der Elterngeneration wollten sie nichts mehr gemeinsam haben.

Für den Workshop schlugen wir unseren eingeladenen Gästen vor, von der Nachkriegsavantgarde als historischem Horizont ausgehend die Potenziale der künstlerischen Handlung, dieses besonderen ‚Machens' zu diskutieren und ins Heute zu übertragen. Den Bogen schlugen wir mit einem programmatischen Werk, das etwa zeitgleich mit der Gründung der Gruppe ZERO entstanden war und seit einiger Zeit erneut umfänglich rezipiert wird: Hannah Arendts Werk *Vita activa oder Vom tätigen Leben*. Folgende Aspekte daraus wurden für den Workshop zentral: Die Auseinandersetzung der Theoretikerin mit dem ‚Machen' und ‚Herstellen' einerseits und dies vor dem historischen Horizont der Gefährdung des Menschen durch die Errungenschaften der (Kriegs-)Technologien andererseits.

Die Pointe, die in der jüngsten Auseinandersetzung mit Arendts Werk zu vermerken ist, verweist überraschenderweise immer wieder auf eine Formfrage und lässt sich wie folgt zuspitzen: Die zentrale Frage ist, ob die Kunst noch immer ihren Platz im Herstellen hat, wie es Arendt vorschlug, oder ob sie nicht vielmehr bereits mit dem Entstehen von Gruppierungen wie ZERO Teil des Handelns geworden ist, also Teil des politischen Feldes in aller Pluralität. Anders gefragt: Was bedeutet es für die zeitgenössische Kunst, wenn sich die zentrale Frage der Ethik „Was soll ich tun?" mit der Frage, wie sie Judith Butler als Antwort auf Arendt stellt, „Wie soll ich handeln?" ästhetischen Konzepten angenähert hat; wenn aus dem formelhaften *Was* ein geformtes *Wie* geworden ist? Inwiefern lässt sich die Transformation von der ‚Formel' zur ‚Form' diskursiv als ein Übergehen vom Herstellen zum Handeln fassen und kritisch untersuchen? Inwiefern ist Handlung heute ästhetisch präkonditioniert? Wie verbindet sich die von den Avantgarden viel beschworene Auflösung der Trennung von Kunst und Leben mit diesen Aspekten? Und wie gestaltet sich dieser neue Zustandsraum? Mit dem Workshop hatten wir weniger gehofft Antworten zu finden, als über die Fragen in den Dialog zu treten.

Der erste Teil der Beiträge befasste sich unter dem Leitthema *Werkkörper* mit kunsttheoretischen Ansätzen und politischer Theorie aus der Zeit der 1950er- und 1960er-Jahre, erweitert um zeitgenössische Debatten zum (künstlerischen) Handeln und, genereller, zu Begriffen wie ‚Handeln', ‚Aktion' und ‚Performativität' in ihren gegenseitigen Bezugnahmen. Am ersten Abend des Workshops begann die thematische Auseinandersetzung dazu vor zwei Originalen von 1963, die als *Vorstufen für ein Plakat* von Günther Uecker skizziert worden waren und die seit Kurzem die Sammlung der ZERO foundation bereichern. Unsere Gastgeberin und Co-Veranstalterin Barbara Könches begrüßte unsere Gruppe neugieriger Wissenschaftler*innen inmitten der Sammlung der ZERO foundation und machte das Material – vom Plakatentwurf bis zum *museum piece* – somit zum Ausgangspunkt der gesamten Veranstaltung. Mit ihrem Beitrag *Corpo-Reality. Zum Verhältnis von Kunstproduktion, Körperwissen und performativer Sprache* widmete sich die Kuratorin und Dramaturgin Paula Kohlmann am selben Abend noch der theoretischen Auseinandersetzung darüber, wie sich der Körper mittels künstlerischer Handlungen in die Welt einschreibt und *vice versa*. Ihrem Impuls ist es zu verdanken, dass Schrift und Sprache als performative Größen in ihrer Metabedeutung bei unseren Diskussionen mitformuliert werden konnten.

Das zweite Panel des Workshops führte Barbara Könches an, die mit ihrem Beitrag nachzeichnete, wie Günther Uecker die Welt mit einem Nagel ganz buchstäblich ‚beschreibt'. Xiao Xiao, Alumna unseres Instituts, stellte ein zentrales Konzept ihrer Forschungen vor, nämlich die künstlerische Handlung in ihrer Spezifität als ein Kernelement in der ästhetischen Rezeption des ostasiatischen Kulturraums einer Revision zu unterziehen. Lisa Beißwanger eröffnete schließlich mit ihrem Beitrag *Performance als Protestform* die theoretische Auseinandersetzung über mögliche Überkreuzungen des politischen Feldes mit künstlerischen Handlungen, analysierte Performancekunst in ihrem In-Erscheinung-Treten als Protest und behandelte so die Frage, in welchen Relationen Proteste aus dem politischen Feld und Performancekunst zueinander stehen können. Auf diese Weise wurden Themen des ‚Machens' – wie das Schreiben, händische Prozesse zur Werkfindung bis hin zum Protest auf Begriff und Bedeutung von ‚Aktion' hin zur Diskussion gestellt.

Im dritten Panel des Workshops mit dem Titel *Museen können bewohnbare Orte sein* rückten die historischen Verbindungen der deutschen Nachkriegskunst und ihrer Institutionen in den Fokus: Welcher Rahmenbedingungen bedarf eine künstlerische Aktion, um als solche erkennbar zu sein? Klaus Gereon Beuckers fokussierte seinen Beitrag auf eine Aktion, die Günther Uecker gemeinsam mit Gerhard Richter unter dem Titel *Museen können bewohnbare Orte sein* vom 5. bis zum 14. April 1968 in der Staatlichen Kunsthalle Baden-Baden veranstaltet hatte. Die Künstler verbanden in der Arbeit im Museum Kunst- und Lebenspraxis, stellten sich und ihre Werke gleichermaßen aus – und wahrten die Grenzen des Museums, blieben so gesehen im fassbaren Werkrahmen. Unsere Alumni Raha Golestani und Konstantin Schönfelder stellten ihre dialogische Arbeit *Ästhetische Nullpunkte – ZERO-Performance* vor, die eine kritische Auseinandersetzung mit der Bedeutung des ‚Punkt Null' für die Zeit ‚nach 1945' zum Fokus hatte.

Im letzten Panel mit dem Titel *Zustandsräume, oder: Das erweiterte Feld des Erlebbaren* diskutierten wir schließlich, wie sich die viel beschworene Aufhebung der Trennung von Kunst und Leben in Form der Generierung unerwarteter künstlerischer Zustandsräume fassbar machen ließe. Nick Böhnke trug dazu mit seinem Impulsvortrag bei, indem er in Günther Ueckers malerischem Frühwerk die Anlage zur Übergangsform qua Berührung aufzeigte. Georg Winters Beitrag, aus dem ich bereits zitiert habe, *Zustandsräume*, war eine künstlerische Annäherung an die Gestalt- und Formbarkeit des menschlichen Erlebensspektrums von Zuständen, die teils aus der Umwelt aufgenommen, teils inszeniert und immer programmatisch *von etwas* sind. Die hier vorliegende Publikation versammelt die überarbeiteten Beiträge in der Reihenfolge wie während des Workshops vorgetragen.

Wir danken allen Beteiligten für die großartige Kooperation, die hier vorliegenden Manuskripte und die Bereitschaft, über mehrere Tage hinweg intensiv miteinander ins Gespräch zu kommen. Unserer Gastgeberin Barbara Könches sowie ihren Mitarbeiter*innen danken wir für die wunderbare Gastfreundschaft. Günther Uecker, der uns in allen unseren Vorhaben unterstützt, sagen wir unseren Dank – vor allem auch dafür, dass wir zum Abschluss des Workshops die Tage in seinem Atelier ausklingen lassen konnten. Und nicht zuletzt danken wir Christine Uecker-Steinfeld und Jacob Uecker, die beide lebhaft an unseren Diskussionen teilgenommen haben.

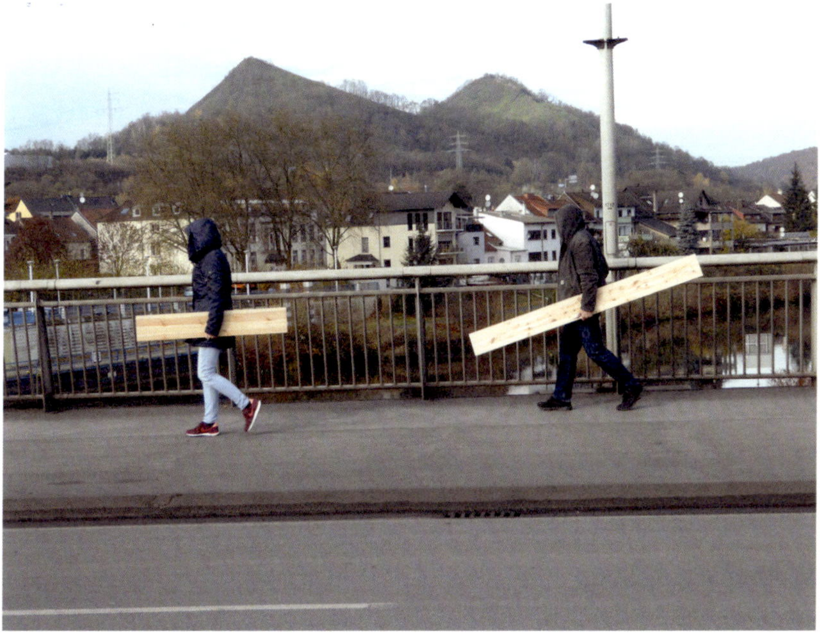

Abb. 3: Georg Winter, *Hostenbacher Alpen, Zwei Personen mit Stadtbrett* (*Hostenbacher Alps, Two People with City Boards*). Foto | Photo: EZP V

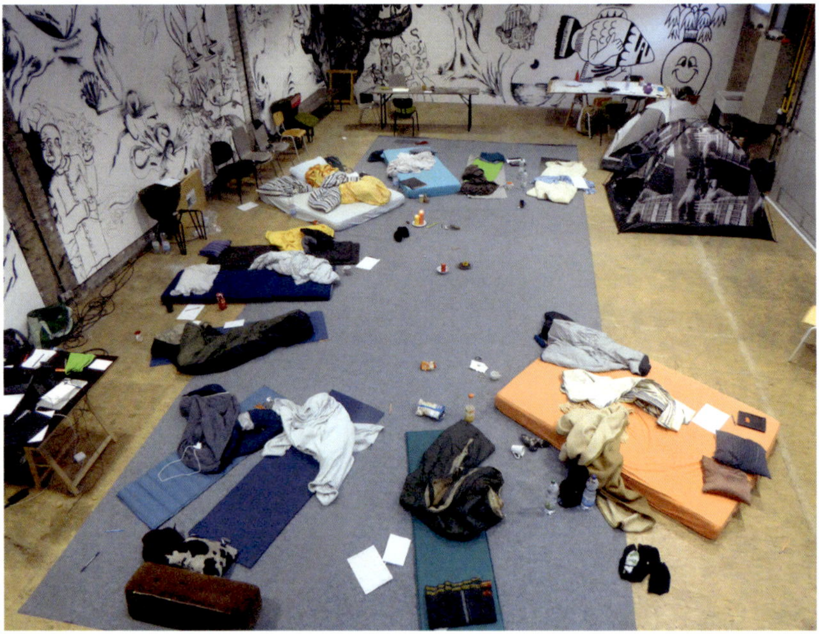

Abb. 4: Georg Winter, *Zustandsraum* (*State Space*). Foto | Photo: Georg Winter

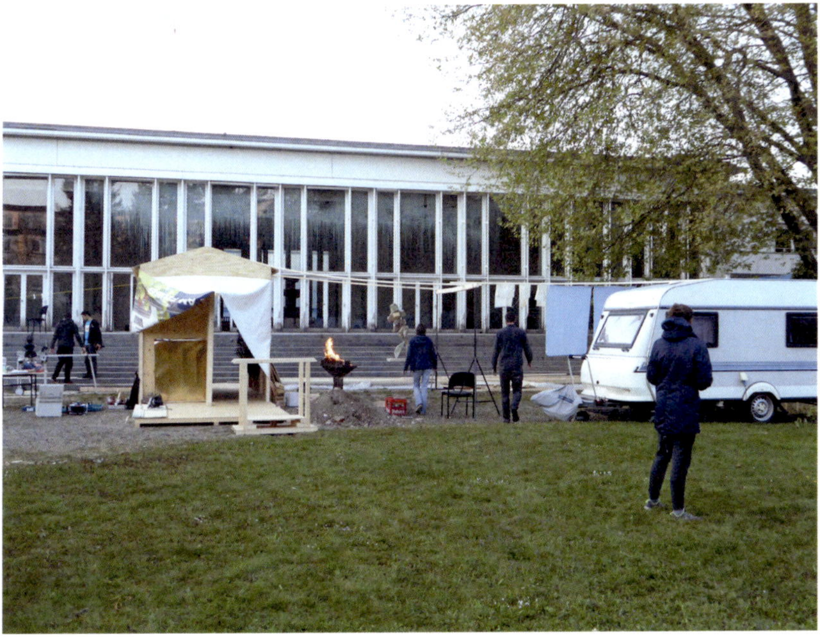

Abb. 5: Georg Winter, *Nomadic Office*. Foto | Photo: Georg Winter

Katharina Neuburger

On Issue ZERO
The State of Experience, or: *ars activa*

"The state of experiencing occurs when the imagination has been transferred into the sphere of our senses. To have an immediate experience, participation is key"—we took these two, arguably tongue-in-cheek sentences uttered by Günther Uecker as impetus for inviting a group of scholars to participate in a workshop. We chose the workshop title accordingly: "The State of Experience, or: *ars activa*." It was our great pleasure to cooperate with the ZERO foundation for the event, which took place from November 10 through 12, 2023 in their Düsseldorf location, which houses the former studio spaces of the ZERO group.

The words, included in this volume, of workshop participant and author Georg Winter could also be taken as indicative of the focus for our event: "The moment in which you read this text and because you are reading it, the state spaces change and you change with them." A constant state of change notwithstanding, our attempt over a period of several days to engage with each other—scholars and artists alike—in intensive discussions concerning the space of possibility in which we were acting produced something like a laboratory for the future of our institute. Thus the title of this publication, the *ZERO Issue* of our *Notes on Uecker* series, which presents the manuscripts (lightly edited and helpfully footnoted) of each speech, can be understood not only as a reference to the event's location, but also an indication of the event's significance for our work. To this end, we tasked the workshop participants with discussing, openly and creatively, the very orientation of our institute, whose basis is in the supporting of young artists and scholars of the visual arts. How do we want to position ourselves in the broad field between German post-war art and current discourses? How and where will we focus our funding work in the coming years? One could even say that this workshop was itself already a step in a certain new direction, opening our institute up to interdisciplinary projects that operate in the field of artistic research and, building on this, an investigation of—and proof of—the potential for artistic action.

Historical links can be found for all of this. ZERO: on the one hand, this was the symbolic title of a quest, one imbued with a certain idealism, for a new beginning, for a blank slate and, above all, for an unencumbered situation. ZERO meant the search for the *'Stunde Null,'* the zero hour for a generation of artists who, having lived through National Socialism as adolescents or young adults, were at that time looking out upon—and reflecting on, processing, transforming—the ruins of a country, the literal ruins of a society that had to form itself anew. As the ZERO manifesto from 1963 states:

"Zero is the silence. Zero is the start.
Zero is full. Zero is
Zero."

ZERO encompassed seemingly opposing notions, that of the beginning and that of the end. Today it is difficult to perceive this movement in isolation from the tense political situation of the time, the first climax of the Cold War. Wasn't this 'zero,' this nullity, also pointing to the atomic threat and, thus, linked to an apocalyptic vision of the 'zero hour'?

The members of the ZERO group came together as each was on their own way to finding forms suitable to express this 'zero point' in their work: in 1958, Günther Uecker showed his works for the first time in Düsseldorf, along with Heinz Mack and Otto Piene, in the so-called *Abendausstellung* [*Evening Exhibition*] entitled *Das rote Bild* [*The Red Painting*]. This was his debut. Between 1961 and 1966, as a member of ZERO, he shared a studio—the very space in which we met and held our workshop—with the other members of what was one of the most important neo-avant-garde movements to appear in post-war Germany.

It is well known that each of the three artists' answers to the abovementioned question of form, as well as those of artists loosely associated with the group, would turn out to be quite different from one another, such that that they proved to be incompatible in the long run. What they did have in common, however, to use the words of Jacques Derrida, who examined a philosophy 'of the end' in his *Apocalypse*, was, tellingly, a negative shared attribute: they were not seeking a secret formula; they did not want to "attract, seduce, lead toward the mystery and by the mystery." They wanted nothing more to do with the 'seduction' and the terror associated with it of the generation of their parents.

Taking the post-war avant-garde as a historical backdrop, we proposed as a topic of discussion to our workshop guests the various potentials entailed by artistic action, by this particular form of 'making,' and how such potentials could be brought to bear in the present. As a discursive bridge for this experiment, we turned to a seminal work produced around the same time as the founding of the ZERO group, one which has recently been taken up again in numerous discursive contexts: Hannah Arendt's *The Human Condition*.[1] Aspects of this text were central to our workshop, including the theorist's examination of 'making' and 'producing,' especially as set within the historical context of the threat to humanity from the achievements of (war) technologies

Interestingly, recent examinations of Arendt's work have referred repeatedly to a question of form, namely, whether art still finds its place in the realm of production, as Arendt suggested, or whether it has not rather become, as it did with groups such as ZERO, an aspect of action, and, thus, of the political field in all its plurality. Put another way: What does it mean for contemporary art if the central question of ethics, "What should I do (make)?" now approaches aesthetic matters instead with the question, as Judith Butler, in response to Arendt, framed it, "How should I act?"; if the formulaic *what* has become a formal *how*? To

[1] *The Human Condition* appeared in English in 1958. Arendt translated the work herself into German and it appeared under the title *Vita activa oder Vom tätigen Leben* in 1960.

what extent can the transformation from 'formula' to 'form' be discursively grasped and critically examined as a transition from production to action? To what extent is action aesthetically preconditioned today? How does the dissolution of the separation between art and life, so often invoked by various avant-garde movements, intersect with these aspects? What shape does this new 'state space' take? Over the course of our workshop, we hoped not so much to find answers to these questions as to enter into a dialogue concerning them.

The first group of presentations, under the theme *Bodies of Work*, dealt with art-theoretical approaches and political theory from the 1950s and 1960s and expanded to include contemporary debates on (artistic) action and, more generally, on the terms 'action,' 'performance,' and 'performativity' themselves and their inter-referentiality. On the first evening of the workshop, the discussion began in front of two original sketches by Günther Uecker from 1963, both entitled *Vorstufen für ein Plakat* [*Preliminary Stages of a Poster*], which were recently added to the ZERO foundation's collection. Our host and co-organizer Barbara Könches welcomed our group of curious scholars right into the middle of this collection, thus making the material—from poster designs to museum pieces—a visual basis for the event as whole. That same evening, curator and dramaturg Paula Kohlmann presented her *Corpo-Reality: On the Relationship between Art Production, Body Knowledge, and Performative Language*, offering a theoretical examination of the ways in which a body can be inscribed into the world through artistic action and vice versa. Thanks to her talk, the performative dimensions of writing and language could be more clearly articulated in our discussions.

The second panel of the workshop was led by Barbara Könches, who traced in her presentation how Günther Uecker literally 'describes' the world with a nail. Xiao Xiao, alumna of our institute, presented a central concept of her wider research project, namely a revision of the reception of the 'artistic act' in its specificity as a core element of Western aesthetics by situating it within East Asian cultural approaches. The talk by Lisa Beißwanger, *Performance as a Form of Protest*, opened up our theoretical discussion to possible intersections between the political field and (artistic) actions. She analyzed examples of performance art and the ways in which they can *appear* as protest, and, in this way, addressed the fluid relationship between protests explicitly aimed at the political field and performances taking place in art contexts. This panel brought vividly to the foreground themes of 'making,' such as writing, the manual engagement in the determination of a work, protest as a means of conceptual production and the significance of 'action' in that context, all of which were put up for discussion.

Over the course of the third workshop panel, entitled *Museums Can Be Habitable Places*, the historical connections between German post-war art and its institutions came into focus, framed by the question: What structural conditions does an artistic action require in order to be recognizable as such? Klaus Gereon Beuckers's talk focused on an event, which also gave this section its title, that Günther Uecker organized with Gerhard Richter, *Museen können bewohnbare Orte sein*. Taking place from April 5 to 14, 1968 at the Staatliche Kunsthalle Baden-Baden, it saw the artists combine their art practice and 'living' practice in the museum context. They attempted to exhibit with equal emphasis themselves and their work(s) while maintaining the boundaries of the museum, and, thus, remaining within the parameters of a tangible 'work.' Two more of the institute's alumni, Raha Golestani and Konstantin Schönfelder, presented their dialogical *The Aesthetic Zero Point: ZERO Performance*, which focused on a critical examination of the significance of the 'zero point' for the post-war period.

In the final panel, entitled *State Spaces, or: The Expanded Field of Experience*, we discussed how the oft-invoked dissolution of the separation of art and life could be made graspable through the generation of unexpected, artistic 'state spaces.' Nick Böhnke contributed to this with his lecture, in which he pointed out the potential for the haptic sense and the act of touching as transitional forms in Günther Uecker's early painting. Georg Winter's talk, *State Spaces*, from which I have already quoted, was an artistic approach to the spectrum of malleability and formability within the human experience of states, which are in part environmental givens, in part artificially arranged, and always programmatic *of something*. This publication presents all of these contributions, in lightly revised form, in the order in which they were presented during the workshop.

We would like to thank all of the participants for their active cooperation in this event, for the manuscripts they presented, and most of all for their willingness to engage in intensive discussions over the course of several days. We would also like to thank especially our host Barbara Könches and her staff for their wonderful hospitality. Our thanks go also to Günther Uecker, who has supported us in all of our various projects, and who invited our whole group to close out the workshop by spending time with him in his studio. Last but certainly not least, we would like to thank Christine Uecker-Steinfeld and Jacob Uecker, both of whom participated actively in our discussions.

Abstract

Wie wird über Körper gesprochen? Wie wird mit dem Körper geschrieben? Wie schreibe ich meinen Körper in die Welt, in die Geschichte ein? Im Dialog mit Autor*innen und Texten aus dem Feld des performativen Schreibens fragt dieser Beitrag: Was, wenn wir die Trennungen aufheben zwischen Körper und Geist, zwischen Erleben und Wissen, zwischen Kunst und Leben? Auf der Suche nach Orten, von denen aus Sprache entstehen kann, aus denen heraus Kunstproduktion möglich ist, wird deutlich: Körpererfahrungen, Körperzustände, Körpergeschichten beeinflussen diese und umgekehrt: Sprache und Körperlichkeit bedingen einander, gehen auseinander hervor. Ob und in welchem Umfang es möglich ist, mich dieser Relationalität zu verschließen oder zu öffnen, hängt davon ab, von welchem Körper aus ich spreche.

„Your body is an experience collector, your life is a Zeitgeist",* schreibt die Autorin Lidia Yuknavitch über den Ausgangspunkt ihrer Texte. Der Körper ist Archiv einer bestimmten Zeit und Erfahrung und wird damit auch zum Ort, in den sich Machtverhältnisse einschreiben. Er ist Objekt, das kontrolliert, diszipliniert und normiert wird – auch durch Sprache. Gleichzeitig ist der Körper Ausgangspunkt und Medium der Erkenntnisgewinnung. Welche Erinnerungen werden in unseren Muskeln und Organen gespeichert (Muscle Memory)? Und wie kommen wir an dieses Wissen?

In der poetischen Recherche werden feministisch-emanzipatorische Haltungen aufgesucht, die helfen können, Körper, Sprache und Kunst als zarte, aber widerständige Werkzeuge zu erkennen: um Zuschreibungen, Normen und blockierende Strukturen aufzubrechen, um uns selbst und unsere Umgebung zu verändern.

* Lidia Yuknavitch: *Corporeal Writing*, 12.12.2015 [Workshopvideo, TC 02:47–03:12]; https://www.youtube.com/watch?v=o9pUjixyWI4 [25.01.2025].

Paula Kohlmann

Corpo-Reality. Zum Verhältnis von Kunstproduktion, Körperwissen und performativer Sprache*

„It's a big deal to make a sentence.
The line between life and death."[1]

Lidia Yuknavitch

Schreiben als körperlicher Schwellenzustand

In einem ihrer Workshopvideos über ihre körperzentrierte Praxis, die sie als *corporeal writing* bezeichnet, benennt die amerikanische Autorin Lidia Yuknavitch (Abb. 6, S. 39) zwei elementare Ideen, um Geschichten zu erzählen: „Your body is an experience collector" und „your life is a Zeitgeist".[2] Damit setzt sie den Körper einer jeden Person, der Erfahrungen sammelt, und den damit verbundenen Zustand des subjektiven Erlebens ins Zentrum des Schreibens und der Kunstproduktion. Sie beschreibt damit jeden Körper als wertvolles Archiv einer bestimmten Zeit und Perspektive und legitimiert damit *alle* Körper, *ihre* Geschichte zu erzählen.

Es ist ein einfacher Satz, trotzdem widerspricht er den dominierenden Positionen, aus denen immer noch vorrangig gesprochen, geschrieben und Wissen produziert wird. Wissen, das umso anerkann-

* Dieser Beitrag ist die im Dezember 2023 überarbeitete Fassung eines Vortrags im Rahmen von *Bodies Move Differently in Presence – Körper im analogen Raum im Zeitalter digitaler Kommunikation*, Symposium und Ausstellung, 24. und 25. Oktober 2022, Technische Universität München, Lehrstuhl für Bildende Kunst.

1 Lidia Yuknavitch: *The Chronology of Water. A Memoir*, Edinburgh 2020, S. 274.

2 Lidia Yuknavitch: *Corporeal Writing*, 12.12.2015 [Workshopvideo, TC 02:47–03:12]; https://www.youtube.com/watch?v=o9pUjixyWI4 [25.01.2025].

ter erscheint, desto weniger der Körper darin eine Rolle spielt: *Mind over matter* gilt sozusagen als Leitsatz unseres westlichen Denkens, in der Wissenschaft und auch oft in der Kunst. Er beschreibt die Annahme, dass die Kraft des Verstandes den Körper und die physische Welt generell kontrolliert und beeinflusst. Allerdings wird keine Relation aufgemacht, kein gegenseitiges Aufeinander-Wirken, sondern ein klares Machtverhältnis: Der Geist steht über der Materie.

Was ist das für ein Wunsch nach Objektivität als Beschreibungsmodus, in dem angeblich ein neutrales, also körper- und standortloses Wissenschaftssubjekt universell gültige Ergebnisse erzeugt? „Feminist objectivity means quite simply *situated knowledges*",[3] erklärt die Wissenschaftsphilosophin Donna Haraway (Abb. 7, S. 39) und fordert, Wissen grundsätzlich nicht als neutral oder universal, sondern ‚situiert' zu betrachten, was bedeutet: Jede Wissensform ist historisch und kulturell spezifisch und daher muss auch im Plural von „knowledges" als vielfältigen Wissensformen gesprochen werden. Mit dem Konzept des ‚situierten Wissens' bezieht Donna Haraway sich auf eine philosophische Auffassung, in der Subjekte nicht von ihrer Umgebung getrennt werden können, sondern stets damit verbunden und darin verkörpert sind. Wenn ich im Schreiben meinen Körper verorte, heißt das auch, dass ich meine Position als schreibendes Subjekt benenne und die Verschränkung von Körperkonzepten, Glaubenssystemen und Machtverhältnissen mitdenke und in Beziehung setze.

Diese komplexe Geschichte des Körpers kann erzählt werden, indem man die unterschiedlichen Formen der Ausgrenzung und Ausbeutung beschreibt, die gegen ihn wirken. Diese Formen sind insbesondere an Frauen*körper, nichtbinäre Körper oder an marginalisierte Körper geknüpft. Mit marginalisierten Körpern meine ich solche, die nicht mitgedacht werden, von denen nicht ausgegangen wird, die an den Rand der Gesellschaft gedrängt werden, zu etwas Unwichtigem oder sogar Unsichtbarem gemacht werden.

[3] Donna Haraway: „Situated Knowledges. The Science Question in Feminism and the Privilege of Partial Perspective", in: *Feminist Studies*, Jg. 14, Nr. 3, 1988, S. 575–599, hier S. 581.

Von schreibenden Körpern erzählen

Sie nennen es Liebe, wir nennen es unbezahlte Arbeit – mit diesem Slogan ist Silvia Federici (Abb. 8, S. 40), italienische Philosophin und Aktivistin, 1975 im Rahmen der internationalen Kampagne *Wages for Housework (Lohn für Hausarbeit)* bekannt geworden. Sie plädiert dafür, dass es nicht eine, sondern mehrere Geschichten des Körpers gibt:

„Damit meine ich mehrere Geschichten der Mechanisierung des Körpers, da die Hierarchien entlang von Herkunft, Geschlecht und Generation, die der Kapitalismus von Beginn an konstruiert hat, die Möglichkeit eines universalen Standpunktes ausschließen. Folglich muss die Geschichte des Körpers die Geschichten derer zusammenweben, die versklavt, kolonisiert, in Lohnarbeiter*innen oder unbezahlte Hausfrauen verwandelt wurden".[4]

Ich möchte hier Geschichten von schreibenden Körpern erzählen, von Autor*innen, die ihre Körper nicht von ihrem Schreiben ausschließen, die sich autofiktionaler, körperlicher Prosa und Essays, Körper-Theorien und performativer Sprache zuwenden: Sprache, die bei den Lesenden Auswirkungen hat. Sprache, die etwas in der Wirklichkeit verändert. Weil sie in mir, als Lesende, körperliche Reaktionen hervorruft: Die Texte von M. Blecher, Ingeborg Bachmann, Hélène Cixous, Sylvia Plath, Silvia Federici, Audre Lorde, Susan Sontag, Lidia Yuknavitch, Virginia Woolf und vielen anderen machen meine Hände schwitzig, lassen meinen Bauch verkrampfen, machen mich weich, erregen mich, regen mich auf, machen mich nervös. Weil sie etwas riskieren, weil sie die Wörter aus dem Inneren hervorholen.

„Ich habe von den Rändern her geschrieben, habe aus dem Brunnen geschöpft, aber nie ganz hinuntergeschaut. Ich habe die Worte hochge-

[4] Silvia Federici: *Jenseits unserer Haut – Körper als umkämpfter Ort im Kapitalismus*, übers. von Margarita Ruppel, Münster 2022, S. 19.

zogen – Bücher, Essays",[5] schreibt die New Yorker Schriftstellerin Susan Sontag (Abb. 9, S. 40) in ihren Tagebüchern. Sie distanziert sich als schreibende Person, verortet sich außerhalb und oberhalb der Wörter – dennoch könnte sich der Brunnen in ihrem eigenen Inneren befinden. Damit gleicht diese Beschreibung schon fast einer dissoziativen Körpererfahrung.

„It's a big deal to make a sentence", schreibt auch Lidia Yuknavitch: „The line between life and death".[6]

Den eigenen Körper mitzunehmen ins Schreiben, ist eine Grenzerfahrung und somit tatsächlich gefährlich – es bedeutet immer auch, sich der eigenen Existenz und damit auch der eigenen Sterblichkeit bewusst zu werden.

„Sterben
Ist eine Kunst, wie alles.
Ich kann es besonders schön."[7]

So formuliert dies die amerikanische Poetin und Schriftstellerin Sylvia Plath (Abb. 10, S. 41) in ihrem Gedicht *Lady Lazarus* und benennt damit auch ihre lebenslange Nähe zum Tod. Noch bevor das Gedicht veröffentlicht ist, 1963, nimmt sie sich 30-jährig in London auf tragische Weise das Leben. Die Todesnähe ist der Kunstproduktion weiblich gelesener oder nichtbinärer Körper inhärent. In den Zustand des Produzierens gelangt man gewissermaßen nur ausgehend von einem sozialen Schwellenzustand, immer zu nah am Abgrund, kurz vor dem Verschwinden.

[5] Susan Sontag: *Ich schreibe, um herauszufinden, was ich denke. Tagebücher 1964–1980*, übers. von Kathrin Razum, München 2013, S. 339.
[6] Yuknavitch 2020, S. 274.
[7] Sylvia Plath: „Lady Lazarus / Madame Lazarus", in: dies.: *Ariel. Gedichte. Englisch und deutsch*, übers. von Erich Fried, Frankfurt a. M. 1974 (1965), S. 18–25, hier S. 21.

Auch die österreichische Nachkriegsautorin Ingeborg Bachmann (Abb. 11, S. 41) setzt sich in ihrem *Todesarten*-Zyklus damit auseinander, ebenfalls kurz bevor sie selbst stirbt – aufgrund einer brennenden Zigarette, neben der sie einschläft. Der einzig fertiggestellte Roman aus dem Zyklus, *Malina* (1971), erzählt von einer Dreiecksbeziehung, in der die namenlose Ich-Erzählerin am Ende in einem Riss in der Wand verschwindet. Auch Bachmanns Undine aus der Erzählung *Undine geht* (1961) verschwindet – zurück ins Wasser.[8] Das Wellen-Wesen Undine, aus dem Wasser kommend, aus dem fließenden Element, dem Fluiden, nicht Festlegbaren, aus der Nicht-Menschenwelt, spricht zu ihrem Gegenüber Hans – der nicht nur als Mann gelesen werden kann, sondern, wie aus einem Interview mit Bachmann hervorgeht, im Gegensatz zu Undine als „Lebewesen"[9] zu verstehen ist, wobei Bachmann das Leben der Kunst gegenüberstellt. Bachmann selbst verortet sich auf der Seite von Hans, immer auf der Suche, Poesie zu ermöglichen. Auf der Lichtung am Ufer, dem Ort, an dem sich die Elemente treffen, treffen auch Hans und Undine aufeinander. Hier ist Begegnung möglich, hier kann Kunst entstehen. Dafür müssen wir, wie Hans, aber die Sprache des Alltags, der Häuser und Autos, der Menschen, hinter uns lassen.

Die Forderung einer anderen, körperlicheren Sprache findet sich auch bei Virginia Woolf (Abb. 12, S. 42). Sie wünscht sie sich „urtümlicher, sinnlicher, schamloser" und fordert außerdem „eine neue Hierarchie der Leidenschaften",[10] wozu sie vor allem körperliche Empfindungen zählt.

[8] Ingeborg Bachmann: „Undine geht" (1961), in: dies.: *Gedichte, Erzählungen, Hörspiel, Essays*, 7., durchges. Aufl., München 1992, S. 182–192.

[9] Ingeborg Bachmann in einem Interview mit N. N., 5. November 1964, in: Christine Koschel/Inge von Weidenbaum (Hg.): *Ingeborg Bachmann. Wir müssen wahre Sätze finden. Gespräche und Interviews*, 4. Aufl., Neuausg., München/Zürich 1994, S. 45–46, hier S. 46.

[10] Virginia Woolf: „Über das Kranksein" (1926), übers. von Hannelore Faden, in: *Virginia Woolf. Der Augenblick. Essays*, hg. von Klaus Reichert, Frankfurt a. M. 1996, S. 13–27, hier S. 15. Vgl. auch Virginia Woolf: *On Being Ill. With Notes from Sick Rooms by Julia Stephen*, hg. von Jan Freeman, mit Einführungen von Hermione Lee und Mark Hussey, Ashfield 2012, S. 3–28, hier S. 7.

In ihrem 1926 erschienenen Essay *On Being Ill* (*Über das Kranksein*) wundert sie sich über das Fehlen von Literatur über ein Thema, das alle Menschen betrifft:

„Bedenkt man, wie allgemein Krankheit ist, wie gewaltig die geistige Veränderung, die sie bringt [...], dann erscheint es wahrlich seltsam, daß nicht die Krankheit mit der Liebe und dem Kampf und der Eifersucht zusammen ihren Platz eingenommen hat unter den Hauptthemen der Literatur. Romane, würde man denken, wären der Grippe, epische Dichtungen dem Typhus gewidmet worden; Oden der Lungenentzündung; lyrische Verse dem Zahnweh.“[11]

Selbst in der Kunst, in der Literatur, wird der Körper ausgegrenzt und *mind over matter* gesetzt:

„Aber nein; mit wenigen Ausnahmen [...] tut die Literatur ihr möglichstes zur Wahrung des Anspruchs, es gehe ihr um den Geist; der Körper sei eine klare Glasscheibe, durch welche die Seele frei und offen herausschaut, und sei, abgesehen von ein oder zwei Leidenschaften wie Lust und Gier, null und nichtig und vernachlässigbar und nicht vorhanden. Nichtsdestotrotz, das genaue Gegenteil trifft zu. Den ganzen Tag und die ganze Nacht hindurch mischt sich der Körper ein; macht stumpf oder schärft, färbt oder macht farblos, wird in der Juniwärme zu Wachs, härtet sich im Februar düster zu Talg.“[12]

Sie beschreibt hier auf berührende Weise die Fähigkeit des Körpers, ständig in Veränderung zu sein. Eine Eigenschaft, die schnell unkontrollierbar und anstrengend wird – weswegen wir uns von ihr abwenden, im Alltag wie in der Kunst. Weshalb wir zwar über den Körper sprechen, aber ihn möglichst kontrolliert einordnen in die gesellschaftlichen, aka-

[11] Woolf 1996 (1926), S. 13.
[12] Ebd., S. 13f.

demischen oder patriarchalen Erwartungen: *weiß*, gesund, arbeitsfähig, normiert, funktional.

Über *andere* Körper zu sprechen, von anderen Körpern aus zu sprechen, braucht Mut. *Sick Woman Theory* ist ein 2016 erschienener Essay von Johanna Hedva (Abb. 13, S. 43), nichtbinäre*r, koreanisch-amerikanische*r Künstler*in, Musiker*in und Autor*in. They schreibt darin über deren eigene chronische Krankheit und wie diese Hedva davon abhält, auf der Straße zu demonstrieren und somit als kranker Körper politisch sichtbar zu werden. Für they ist die Hinwendung zum eigenen und zu anderen Körpern ein widerständiger Akt.

„Der antikapitalistischste Protest besteht darin, für andere zu sorgen und für sich selbst zu sorgen. Die historisch weiblich geprägte und daher unsichtbare Praxis des Pflegens, Versorgens, Kümmerns zu übernehmen. [...] Eine radikale Verwandtschaft, eine voneinander abhängige Sozialität, eine Politik der Pflege“.[13]

Den Begriff *Frau* im Titel, kommentiert Hedva, verwende they als Label, das durch trans-, nichtbinäre und genderqueere Subjektivitäten in deren Essay infrage gestellt wird.[14]

„Hör zu wie eine Frau in einer Versammlung spricht“,[15] schreibt die französische Philosophin und Autorin Hélène Cixous (Abb. 14, S. 43) 1975 in *Das Lachen der Medusa*,

[13] Johanna Hedva: „Sick Woman Theory“, in: *Mask Magazine*, Nr. 24, 2016, o. S. [eigene Übers.]. Der Beitrag basiert wiederum auf dem Vortrag „My Body Is a Prison of Pain so I Want to Leave It Like a Mystic But I Also Love It & Want It to Matter Politically“, gehalten am Women's Center for Creative Work (WCCW), Los Angeles, 7. Oktober 2015.

[14] Vgl. Sharanya Gopalakrishnan: „Gender, Sickness and Capitalism. A Look at Johanna Hedva's Sick Woman Theory“, in: *Feminism in India*, 26.09.2023; https://feminisminindia.com/2023/09/26/gender-sickness-and-capitalism-a-look-at-johanna-hedvas-sick-woman-theory [25.01.2025].

[15] Hélène Cixous: „Das Lachen der Medusa“ (1975), übers. von Claudia Simma, in: Esther Hutfless/Gertude Postl/Elisabeth Schäfer (Hg.): *Hélène Cixous. Das Lachen der Medusa, zusammen mit aktuellen Beiträgen*, 2. Aufl., Wien 2017, S. 39–61, hier S. 45.

„sie ‚spricht' nicht, sie wirft ihren bebenden Körper in die Luft, sie läßt sich gehen, sie fliegt, sie geht ganz und gar in ihre Stimme ein, mit ihrem Körper unterstreicht sie lebend die ‚Logik' ihrer Rede; ihr Fleisch sagt die Wahrheit. Sie exponiert sich. Tatsächlich materialisiert sie fleischlich was sie denkt, sie bedeutet es mit ihrem Körper."[16]

Und hier möchte ich den Begriff *Frau* wieder ergänzen mit: marginalisierte Körper aller Art. Als Gegenmittel zum *Phallogozentrismus* soll bei Cixous die *écriture féminine* dienen, die sich zwar der logozentrischen Sprache bedienen muss, diese aber aufzulösen versucht, indem vom Körper her geschrieben wird. *Écriture feminine* bezeichnet „einen Schreibstil, der eine andere Ökonomie im Umgang mit der Sprache und der Schrift einführt; eine Ökonomie, die sich aus einem als weiblich *bezeichneten* Erfahrungshorizont speist".[17] „Und warum schreibst Du nicht?", fragt Cixous. „Schreib! Schrift ist für Dich, Du bist für Dich, Dein Körper ist Dein, nimm ihn."[18]

Ich schreibe diesen Text in Verbindung mit den Autor*innen, die ich hier anrufe: Sie schreiben körperlich an, gegen eine Gesellschaft, deren Sprache nicht die Sprache ihrer Körper ist. Wie gefährlich ist dieses Sprechen und Schreiben aus dem Inneren? Lidia Yuknavitch fragt hierzu weiter: „What can writing be if we dislocate it from everything we have been told? What might happen if we do it together?"[19] Was ich mir wünsche, im privaten, im akademischen, im künstlerischen Kontext: dass wir unsere Körper mitnehmen, in die Räume, ans Ufer. Immer wieder. Dass wir uns verletzbar machen. Die Sinne öffnen. Mit dem ganzen

[16] Ebd.

[17] Gertrude Postl: „Eine Politik des Schreibens und des Lachens: Versuch einer historischen Kontextualisierung von Hélène Cixous' *Medusa*-Text", in: Esther Hutfless/dies./Elisabeth Schäfer (Hg.): *Hélène Cixous. Das Lachen der Medusa, zusammen mit aktuellen Beiträgen,* 2. Aufl., Wien 2017, S. 21–38, hier S. 28.

[18] Cixous 2017 (1975), S. 40.

[19] Lidia Yuknavitch: *Corporeal Writing* [Homepage-Text]; https://www.corporealwriting.com [25.01.2025].

Körper lesen. Mit dem ganzen Körper schreiben. Mit dem ganzen Körper da sein. Dass wir uns selbst riskieren, indem wir uns in den Schwellenzustand begeben. Nicht weil wir es müssen, sondern weil wir es wollen: um uns einzulassen auf Interdependenzen, auf mehrere Gegenüber, auf das Unsichere. So kann der Körper über seine Haut hinauswachsen und mehrere, viele werden. Silvia Federicis Vorlesungsreihe *Jenseits unserer Haut – Körper als umkämpfter Ort im Kapitalismus* wurde 2020 publiziert und endet mit der Überzeugung, der Körper sei in seiner Fähigkeit, in Bewegung zu bleiben und sich zu verändern, die Grundlage des Widerstands:

„Unser Kampf muss also damit beginnen, uns unseren Körper individuell wie kollektiv wiederanzueignen, sein Widerstandsvermögen wiederzuentdecken und schätzen zu lernen und seine Kräfte auszuweiten und zu preisen. Der Tanz spielt bei dieser Wiederaneignung eine zentrale Rolle. Im Wesentlichen stellt der Akt des Tanzens eine Erforschung und Erfindung dessen dar, was der Körper vermag [...]. Ich bin zu der Ansicht gelangt, dass der Tanz eine Philosophie beinhaltet, denn er ahmt die Prozesse nach, durch die wir mit der Welt interagieren, uns mit anderen Körpern verbinden, uns selbst und unsere Umgebung verändern. [...] Da sich der Körper durch sein Vermögen auszeichnet, berührt zu werden und zu berühren, bewegt zu werden und zu bewegen – eine Fähigkeit, die unerschöpflich ist bis zum Tod –, enthält er eine immanente Politik: die Fähigkeit, sich selbst, andere und die ganze Welt zu verändern.“[20]

Im körperlichen Erleben können wir in Verbindung treten und so handlungsfähig bleiben, können wir in die Zukunft schauen, können wir daran erinnert werden, wo wir herkommen.

Wo kommst Du her?, frage ich.

[20] Federici 2022, S. 127.

„Von weither zurück", antwortet mir Hélène Cixous, „aus dem Immerschon: aus dem ‚Draußen', aus der Heide wo die Hexen sich am Leben halten".[21]

„Ich bin unter Wasser",[22] antwortet Ingeborg Bachmanns Wasserfrau Undine als Verkörperung der Kunst:

„[In diesem] Element, in dem niemand sich ein Nest baut, sich ein Dach aufzieht über Balken [...]. Nirgendwo sein, nirgendwo bleiben. Tauchen, ruhen, sich ohne Aufwand von Kraft bewegen – und eines Tages sich besinnen, wieder auftauchen, durch eine Lichtung gehen [...]. Mit dem Anfang beginnen:
‚Guten Abend.'
‚Guten Abend.'
‚Wie weit ist es zu dir?'
‚Weit ist es, weit.'
‚Und weit ist es zu mir.'"[23]

Was ist also, wenn wir mitgehen, ins Wasser, in die Heide, in den Brunnen, in die Blutbahnen, die Höhle, in unsere Körper? Was erwartet uns? Ein Zustand zwischen Kunst und Leben, zwischen Leben und Tod. Warm und fließend. Immer schon dagewesen. Immer ankommend. Bachmanns Undine antwortet mir weiter:

[21] Cixous 2017 (1975), S. 41.
[22] Bachmann 1992 (1961), S. 191.
[23] Ebd., S. 183.

„Beinahe verstummt,
beinahe noch
den Ruf
hörend.
Komm. Nur einmal.
Komm".[24]

Lidia Yuknavitch antwortet: „Come in. The water will hold you."[25]

[24] Ebd., S. 192.
[25] Yuknavitch 2020, S. 275.

Zur Autorin

Paula Kohlmann (geb. 1987 in Stuttgart) ist freie Kuratorin und Dramaturgin. Sie kuratierte Projekte unter anderem für die Akademie Schloss Solitude und den Kunstverein Wagenhalle e. V. und war Mitbegründerin des unabhängigen Projektraums LOTTE in Stuttgart, der von 2012 bis 2017 bestand. Sie studierte Germanistik und Kunstgeschichte an der Universität Stuttgart und dem King's College London sowie Vergleichende Literaturwissenschaften an der Freien Universität Berlin. Von 2018 bis 2023 war sie als Dramaturgin am Theater Rampe in Stuttgart tätig. Nach Lehraufträgen an der Hochschule für Musik und Theater Leipzig und der Merz Akademie Stuttgart unterrichtet sie seit 2020 an der Staatlichen Akademie der Bildenden Künste Stuttgart im kunstpraktischen Masterstudiengang „Körper, Theorie und Poetik des Performativen". In ihrer kuratorischen Arbeit setzt sich Paula Kohlmann mit künstlerischen Strategien zur Veränderung bestehender Strukturen auseinander, so kuratierte sie 2018 etwa das Festival „Stadt der Frauen*" mit. Seit 2021 ist sie Teil der poetischen Recherche- und Lesegruppe „Dreaming in Women*", mit der sie durch gemeinsames Lesen im öffentlichen Raum verschiedene Körperzustände und damit die jeweiligen Verbindungen von Körper, Text und Ort untersucht.

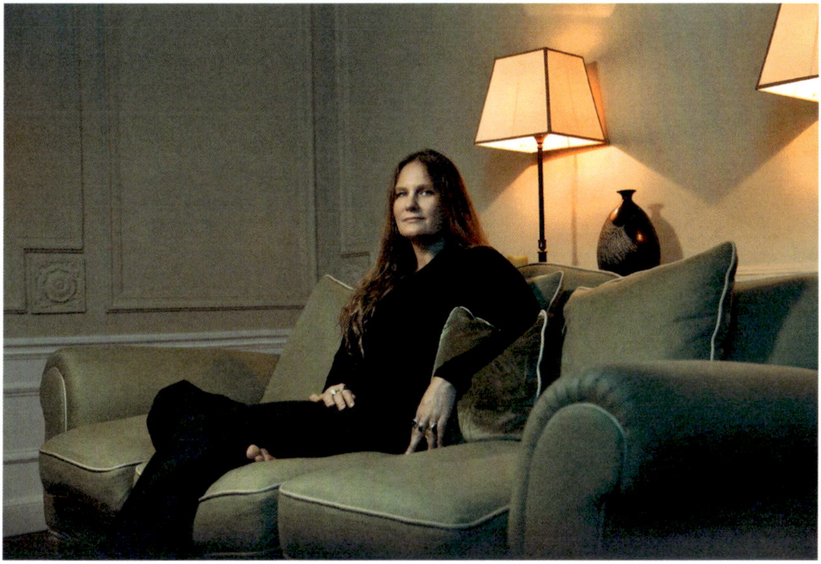

Abb. 6: Lidia Yuknavitch, 2013. Foto | Photo: Andrei Kovalev

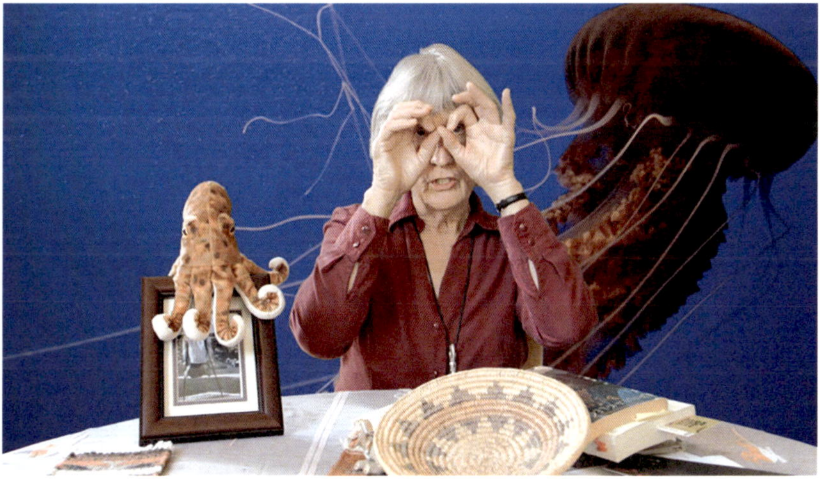

Abb. 7: Donna Haraway in dem Dokumentarfilm | in the documentary *Story Telling for Earthly Survival* von | by Fabrizio Terranova, 2016. Foto | Photo: courtesy Garphoui/CBA

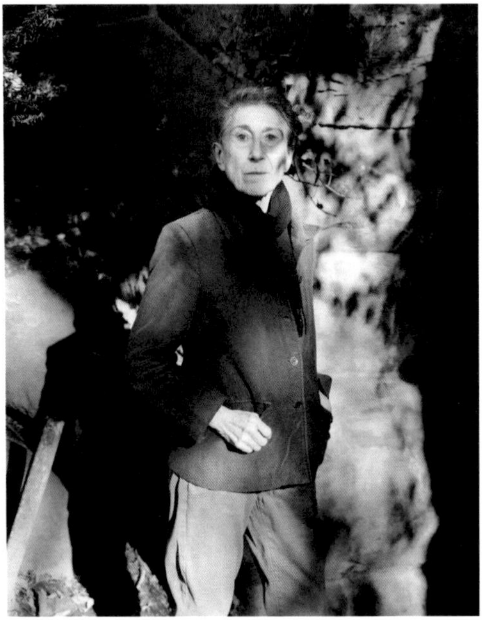

Abb. 8: Silvia Federici, November 2020. Foto | Photo: Sharif Hamza für | for The New York Times

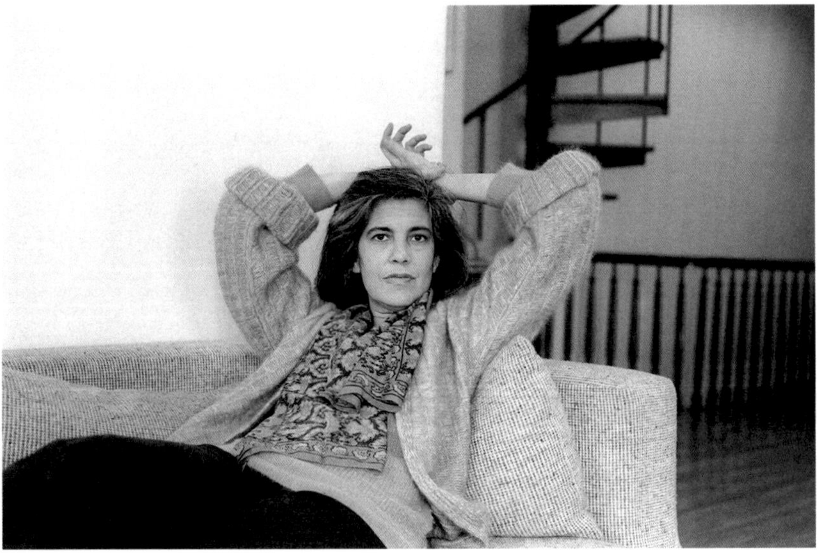

Abb. 9: Susan Sontag, 1995. Foto | Photo: courtesy Sophie Bassouls. All rights reserved 2024/ Bridgeman Images

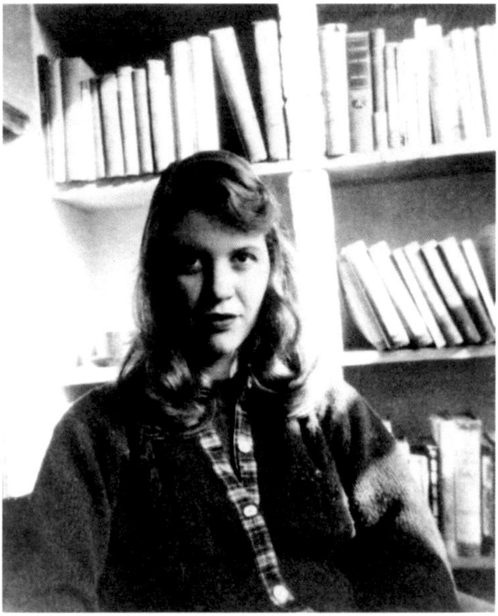

Abb. 10: Sylvia Plath, 1950. Foto | Photo: Bettmann, courtesy getty images

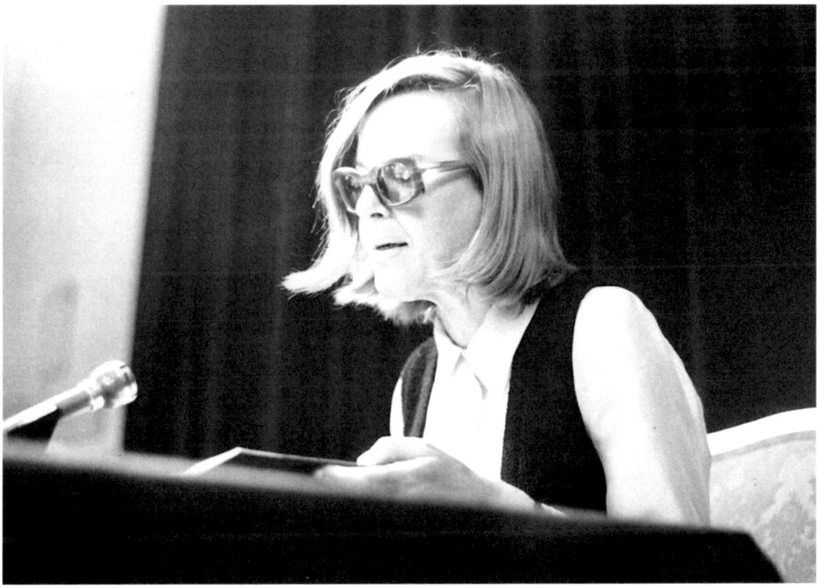

Abb. 11: Ingeborg Bachmann, 1971. Foto | Photo: picture alliance/brandstaetter images/Nora Schuster.

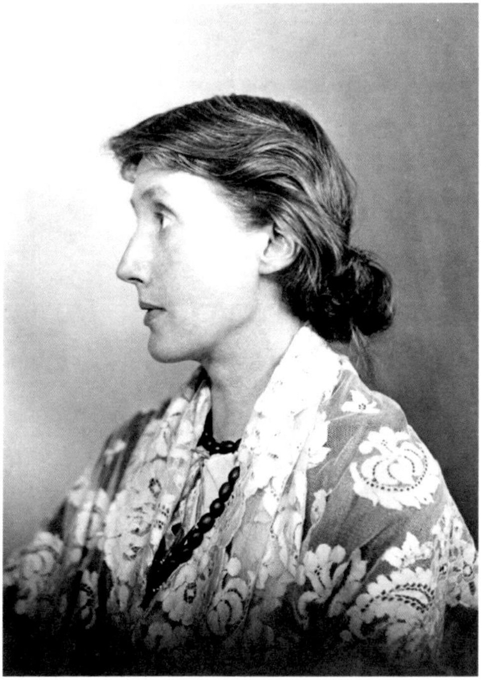

Abb. 12: Virginia Woolf, 1925. Foto | Photo: Mondadori Portfolio, courtesy getty images

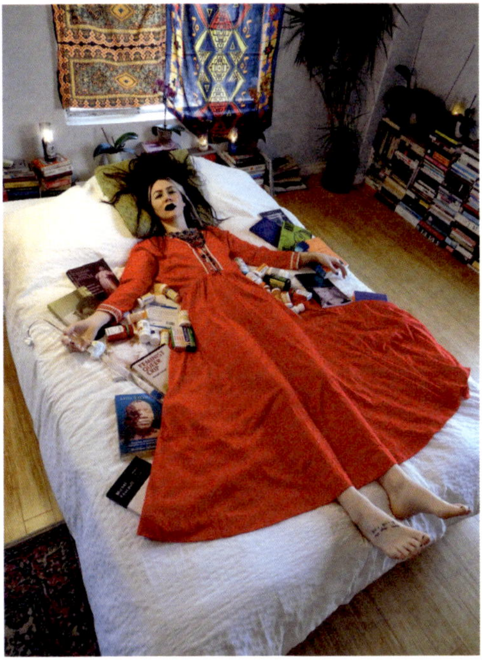

Abb. 13: Johanna Hedva, 2016. Foto | Photo: Pamila Payne

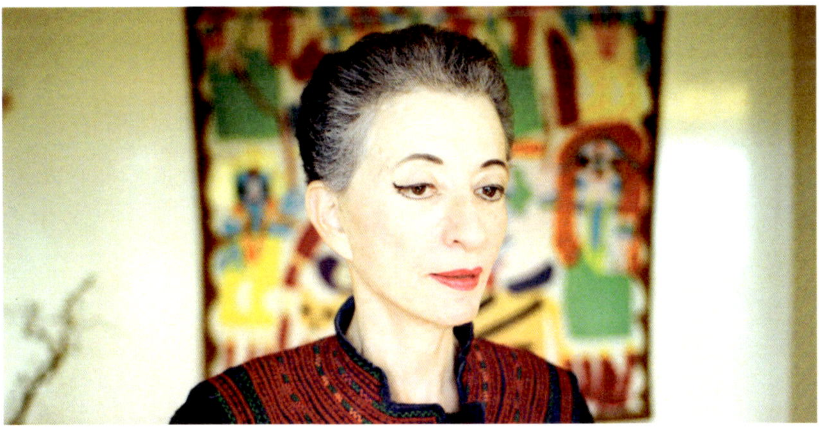

Abb. 14: Hélène Cixous, ca. 2005. Foto | Photo: Léa Crespi/Pasco für | for Le Monde

Abstract

How do we speak about the body? How do we write with the body? How do I inscribe my body into the world, into history? In dialogue with authors and texts from the field of performative writing, this talk asks: What if we eliminate the divisions between body and mind, between experience and knowledge, between art and life? In the search for places from which language can arise, from which art production is possible, it becomes clear: bodily experiences, bodily states, bodily histories influence these places and vice versa: language and corporeality are mutually dependent, they arise from each other. Whether and to what extent is it possible to close myself off or open myself up to this relationality depends on which body I am speaking from?

"Your body is an experience collector, your life is a zeitgeist,"* writes the author Lidia Yuknavitch about the starting point of her texts. The body is an archive of a particular time and experience and thus also a site in which power relations are inscribed. It is an object that is controlled, disciplined, and normalized—also through language. At the same time, the body is the starting point and medium for acquiring knowledge. What memories are stored in our muscles and organs (muscle memory)? And how can we access this knowledge?

In this work of poetic research, we will explore feminist-emancipatory approaches that can help us to recognize the body, language, and art as delicate yet resilient tools for breaking down attributions, norms, and inhibitive structures, and for changing ourselves and our environment.

* Lidia Yuknavitch: *Corporeal Writing*, 12.12.2015 [workshop video, TC 02:47–03:12]; https://www.youtube.com/watch?v=09pUjixyWI4 [25.01.2025].

Paula Kohlmann

Corpo-Reality: On the Relationship between Art Production, Body Knowledge, and Performative Language*

"It's a big deal to make a sentence.
The line between life and death."[1]

Lidia Yuknavitch

Writing as Embodied Liminality

In one of her workshop videos concerning her body-centered practice, which she refers to as "corporeal writing," the American author Lidia Yuknavitch (fig. 6 p. 39) identifies two elementary concepts for telling stories: "Your body is an experience collector" and "your life is a zeitgeist."[2] In doing so, she places the body of each person who collects experiences and the associated state of subjective experience at the center of writing and art production. She describes every body as a valuable archive of a particular time and perspective, thereby legitimizing *all* bodies to tell *their* story.

It is a simple proposition, yet it contradicts the dominant positions from which people still primarily speak, write, and produce knowledge. Knowledge that seems all the more recognized the less the body

* This lecture is a revised version of a lecture given in December 2023 as part of *Bodies Move Differently in Presence: Körper im analogen Raum im Zeitalter digitaler Kommunikation*, symposium and exhibition, October 24 and 25, 2022, Technical University of Munich, Department of Fine Arts.

[1] Lidia Yuknavitch: *The Chronology of Water: A Memoir*, Portland, OR 2010, 208.

[2] Ibid.: *Corporeal Writing*, 12.12.2015 [Workshop video, TC 02:47–03:12]; https://www.youtube.com/watch?v=o9pUjixyWI4 [25.01.2025].

plays a role in it: mind over matter is, so to speak, the guiding principle of our Western thinking, in science and often in art as well. It describes the assumption that the power of the mind generally controls and influences the body and the physical world. However, this is not a matter of establishing a relationship, of mutual interaction, but of a clear power dynamic: the mind is superior to matter.

What is this desire for objectivity as a mode of description, in which a supposedly neutral, disembodied and placeless scientific subject produces universally valid results? "Feminist objectivity means quite simply *situated knowledges*," explains the philosopher of science Donna Haraway,[3] (fig. 7 p. 39) and calls for knowledge to be fundamentally regarded not as neutral or universal, but as 'situated,' which means that every form of knowledge is historically and culturally specific and must therefore be spoken of as a diverse form of knowledge in the plural. With the concept of 'situated knowledge,' Donna Haraway refers to a philosophical view in which subjects cannot be separated from their environment, but are always connected to it and embodied in it. When I locate my body in writing, it also means that I name my position as a writing subject and think about the interconnection of body concepts, belief systems, power relations and relate them to each other.

This complex history of the body can be told by describing the various forms of exclusion and exploitation that affect it. These forms are particularly associated with women's bodies, non-binary bodies, or marginalized bodies. By marginalized bodies, I mean those that are not thought about, that are not assumed, that are pushed to the margins of society, made into something unimportant or even invisible.

[3] Donna Haraway: "Situated Knowledges: The Science Question in Feminism and the Privilege of Partial Perspective," in: *Feminist Studies*, vol. 14, Nr. 3, 1988, 575–599, here 581.

On Bodies that Write

They call it love, we call it unpaid labor—this slogan, part of the international Wages for Housework campaign, made Italian philosopher and activist Silvia Federici (fig. 8 p. 40) famous in 1975. She argues that there is not one, but many stories of the body:

"[...] that is, multiple histories of how the mechanization of the body was articulated, for the racial, sexual, and generational hierarchies that capitalism has constructed from its inception rule out the possibility of a universal standpoint. Thus the history of 'the body' must be told by weaving together the histories of those who were enslaved, colonized, or turned into waged workers or unpaid housewives [...]"[4]

I would like here to tell stories of bodies that write, of authors who do not exclude their bodies from their writing, who turn to autofictional, bodily prose and essays, body theories and performative language: a language that has an effect on those who read it. Language that alters something in reality. Because they provoke physical reactions in me as a reader: the texts of M. Blecher, Ingeborg Bachmann, Hélène Cixous, Sylvia Plath, Silvia Federici, Audre Lorde, Susan Sontag, Lidia Yuknavitch, Virginia Woolf, and many others make my palms sweaty, make my stomach cramp, make me soft, excite me, upset me, make me nervous. Because they risk something, because they draw the words out from the inner self.

"I wrote from the margin, dipping down into the well but never fully gazing down. I drew up the words—books, essays,"[5] Susan Sontag (fig. 9 p. 40) writes in her diaries. She distances herself as a writer, locating herself

[4] Silvia Federici: *Beyond the Periphery of the Skin: Rethinking, Remaking, and Reclaiming the Body in Contemporary Capitalism*, Oakland 2022, 11.
[5] Susan Sontag: *As Consciousness is Harnessed to Flesh: Journals and Notebooks 1964–1980*, David Rieff (ed.), New York 2012, 279.

outside and above the words—though the ‘well’ could be in her own inner self. The description is almost like a dissociative physical experience.

“It’s a big deal to make a sentence,” writes Lidia Yuknavitch: “The line between life and death.”[6]

Taking your own body into writing is a borderline experience and, thus, actually dangerous—it always means becoming aware of your own existence and thus also of your own mortality.

“Dying
Is an art, like everything else.
I do it exceptionally well.”[7]

The poet and writer Sylvia Plath (fig. 10 p. 41) formulates this in her poem *Lady Lazarus*, thereby also addressing her lifelong proximity to death. Even before the poem was published in 1963, she tragically took her own life in London at the age of thirty. The proximity to death is inherent in the art production of female-presenting or non-binary bodies. In a sense, one can only enter into the state of producing from a socially liminal state, always too close to the abyss, on the verge of disappearing.

In her *Todesarten* cycle, the Austrian post-war author Ingeborg Bachmann (fig. 11 p. 41) also dealt with this, shortly before she herself perished—due to a burning cigarette next to which she fell asleep. The only completed novel from the cycle, *Malina* (1971), tells of a love triangle in which the nameless first-person narrator disappears into a crack in the wall at the end. Bachmann’s Undine, from the story *Undine geht* (1961), also disappears—back into the water.[8] The wave-creature

[6] Yuknavitch, 208.
[7] Sylvia Plath: “Lady Lazarus,” in: ibid.: *Ariel: The Restored Edition*, New York 2004, 15.
[8] Ingeborg Bachmann: “Undine geht” (1961), in: ibid.: *Gedichte, Erzählungen, Hörspiel, Essays*, München 1992, 182–192.

Undine, emerging from the water, from the flowing element, the fluid, the indeterminant, from the non-human world, speaks to her counterpart Hans—who can be read not only as a man, but, as emerged in an interview with Bachmann, can be understood, in contrast to Undine, as a "living being,"[9] whereby Bachmann contrasts life with art. Bachmann, for her part, places herself on the side of Hans, always seeking to make poetry possible. In the clearing on the shore, the place where the elements meet, Hans and Undine also meet each other. Here, encounters are possible; here, art can arise. But for this to occur, we must, like Hans, leave behind the language of everyday life, of houses and cars, of people.

The demand for a different, more physical language can also be found in Virginia Woolf (fig. 12 p. 42). She wants it to be "more primitive, more sensual, more obscene" and also calls for "a new hierarchy of the passions,"[10] which should include, above all, physical sensations. In her essay *On Being Ill*, published in 1926, she wonders why there is a lack of literature on a topic that affects everyone:

"Considering how common illness is, how tremendous the spiritual change that it brings [...], it becomes strange that illness has not taken its place with love, battle, and jealousy among the prime themes of literature. Novels, one would have thought, would have been devoted to influenza; epic poems to typhoid; odes to pneumonia, lyrics to toothache."[11]

Even in art, in literature, the body is marginalized and *mind over matter* becomes the rule:

[9] Ingeborg Bachmann in an interview with N. N., 5. November 1964, in: Christine Koschel/Inge von Weidenbaum (eds.): *Ingeborg Bachmann. Wir müssen wahre Sätze finden: Gespräche und Interviews*, München/Zürich 1994, 45f, here 46.
[10] Virginia Woolf: *On Being Ill* (1926), Ashfield, MA 2012, 7.
[11] Ibid., 3.

"But no; with a few exceptions [...] literature does its best to maintain that its concern is with the mind; that the body is a sheet of plain glass through which the soul looks straight and clear, and, save for one or two passions such as desire and greed, is null, and negligible and non-existent. On the contrary, the very opposite is true. All day, all night the body intervenes; blunts or sharpens, colours or discolours, turns to wax in the warmth of June, hardens to tallow in the murk of February."[12]

Here, she describes in a touching way the ability of the body to be in a state of constant change. It is a quality that quickly becomes uncontrollable and exhausting—which is why we turn away from it, in everyday life as in art. Which is why, when we talk about the body, we try to categorize it in a controlled way according to social, academic, or patriarchal expectations: *white*, healthy, able to work, normal, functional.

Talking about other people's bodies, speaking from other bodies, takes courage. *Sick Woman Theory* is an essay published in 2016 by Johanna Hedva (fig. 13 p. 43), a non-binary Korean-American artist, musician, and writer. In it, they write about their own chronic illness and how it prevents them from demonstrating on the streets and thus becoming politically visible as a sick body. For them, turning to one's own body and those of others is an act of resistance.

"The most anti-capitalist protest is to care for another and to care for yourself. To take on the historically feminized and therefore invisible practice of nursing, nurturing, caring. [...] A radical kinship, an interdependent sociality, a politics of care."[13]

[12] Ibid., 4.

[13] Johanna Hedva: "Sick Woman Theory," in: *Mask Magazine*, Nr. 24, 2016, unpaginated. This text is adapted from the lecture, "My Body Is a Prison of Pain so I Want to Leave It Like a Mystic But I Also Love It & Want It to Matter Politically," delivered at Human Resources, sponsored by the Women's Center for Creative Work, in Los Angeles, on October 7, 2015.

They use the term "woman" in the title, Hedva explains, as a label that is challenged by trans-, non-binary, and genderqueer subjectivities in their essay.[14]

"Listen to a woman speak at a public gathering,"[15] wrote the French philosopher and author Hélène Cixous (fig. 14 p. 43) in 1975 in *The Laugh of the Medusa*:

"She doesn't 'speak,' she throws her trembling body forward; she lets go of herself, she flies; all of her passes into her voice, and it's with her body that she vitally supports the 'logic' of her speech. Her flesh speaks true. She lays herself bare. In fact, she physically materializes what she's thinking; she signifies it with her body."[16]

And here I would like to further expand the term "woman" in order to include marginalized bodies of all kinds. In Cixous' work, *écriture féminine* is intended as an antidote to phallogocentrism, which, although the former must make use of logocentric language, it attempts to dissolve it by writing from the body. *Écriture féminine* denotes "a style of writing that introduces a different economy in dealing with language and writing; an economy that draws from a horizon of experience *referred* to as female."[17] "And why don't you write?" Cixous asks. "Write! Writing is for you, you are for you; your body is yours, take it."[18]

[14] Sharanya Gopalakrishnan: "Gender, Sickness and Capitalism: A Look at Johanna Hedva's Sick Woman Theory," in: *Feminism in India*, 26.09.2023; https://feminisminindia.com/2023/09/26/gender-sickness-and-capitalism-a-look-at-johanna-hedvas-sick-woman-theory [25.01.2025].
[15] Hélène Cixous: "The Laugh of the Medusa," Keith Cohen/Paula Cohen (trans.), in: *Signs*, Vol. 1, No. 4., (Summer, 1976), 875–893, here 881.
[16] Ibid.
[17] Gertrude Postl: "Eine Politik des Schreibens und des Lachens: Versuch einer historischen Kontextualisierung von Hélène Cixous' *Medusa*-Text," in: Esther Hutfless/ibid./Elisabeth Schäfer (eds.): *Hélène Cixous: Das Lachen der Medusa, zusammen mit aktuellen Beiträgen*, Wien 2017, 21–38, here 28.
[18] Cixous 1976, 876.

I write this text in solidarity with the authors I am invoking here: they write physically, against a society whose language is not the language of their bodies. How dangerous is this speaking and writing from within? Lidia Yuknavitch goes further, asking: "What can writing be if we dislocate it from everything we have been told? What might happen if we do it together?"[19] What I wish for, in my private, academic, and artistic contexts, is that we may take our bodies with us, into the rooms, onto the shore. Again and again. That we may make ourselves vulnerable. Open our senses. Read with our whole body. Write with our whole body. Show up with our whole body. That we may put ourselves at risk by entering into a transitional state. Not because we have to, but because we want to: to allow ourselves to engage with interdependencies, with multiple counterparts, with the uncertain. In this way, the body can grow beyond its skin and become multiple, many. Silvia Federici's lecture series *Beyond the Periphery of the Skin: Rethinking, Remaking, and Reclaiming the body in Contemporary Capitalism* was published in 2020 and ends with the conviction that the body, in its ability to continue moving and changing, is the basis for resistance:

"Our struggle then must begin with the reappropriation of our body, the revaluation and rediscovery of its capacity for resistance, and expansion and celebration of its powers, individual and collective.

Dance is central to this reappropriation. In essence, the act of dancing is an exploration and invention of what a body can do. [...] I have come to believe that there is a philosophy in dancing, for dance mimics the processes by which we relate to the world, connect with other bodies, transform ourselves and the space around us. [...] Since the power to be affected and to effect, to be moved and to move, a capacity that is indestructible, exhausted only with death, is constitutive of the body,

[19] Lidia Yuknavitch: *Corporeal Writing* [Homepage Text]; https://www.corporealwriting.com [25.01.2025].

there is an immanent politics residing in it: the capacity to transform itself, others, and change the world."[20]

In physical experience, we can enter into an alliance and in this way remain capable of action. We can peer into the future, and we can be reminded of where we come from.

Where do you come from?, I ask.

"From afar," Hélène Cixous answers me, "from always: from 'without,' from the heath where witches were kept alive."[21]

"I am under water," answers Ingeborg Bachmann's water woman Undine,[22] the embodiment of art:

"[In this] element in which no one builds a nest, puts a roof up above the beams [...]. Being nowhere, staying nowhere. Diving, resting, moving without expending energy—and one day reflecting, resurfacing, passing through a opening [...]. Beginning at the start:
'Good evening.'
'Good evening.'
'How far is it to you?'
'It's far, it's far.'
'And it's far to me.'"[23]

So what happens when we go with her, into the water, into the heath, into the well, into the bloodstream, into the cave, into our bodies? What awaits us? A state between art and life, between life and death. Warm

[20] Federici 2022
[21] Cixous 1976, 877.
[22] Bachmann 1992 (1961), 191.
[23] Ibid., 183.

and flowing. Always already being there. Always arriving. Bachmann's Undine answers me further:

"Nearly fallen silent,
nearly still
hearing
the call.

Come. Just once.
Come."[24]

Lidia Yuknavitch answers: "Come in. The water will hold you."[25]

[24] Ibid., 192.
[25] Yuknavitch 2010, 208.

About the Author

Paula Kohlmann (b. 1987 in Stuttgart) is an independent curator and dramaturg. She has curated projects for, among others, the Akademie Schloss Solitude and the Kunstverein Wagenhalle e. V. and co-founded the independent project space LOTTE in Stuttgart, which existed from 2012 to 2017. She studied German literature and art history at the University of Stuttgart and King's College London, as well as comparative literature at the Freie Universität Berlin. From 2018 to 2023, she worked as a dramaturge at Theater Rampe in Stuttgart. After teaching positions at the Leipzig Academy of Music and Theater and the Merz Akademie Stuttgart, she has been teaching at the State Academy of Art and Design Stuttgart in the practical art master's program "Body, Theory, and Poetics of the Performative" since 2020. In her curatorial work, Paula Kohlmann engages with artistic strategies for changing existing structures. In this context, she co-curated the festival "Stadt der Frauen*" in 2018. Since 2021, she has been part of the poetic research and the public reading group "Dreaming in Women*," which examines various physical states and thus the respective connections between body, text, and place.

Abstract

Günther Uecker beschreibt die Welt mit seinem Nagel. Der metallene Stift wird zum Lichtbrecher, der die Realität beugt, fragmentiert und neue Wirklichkeiten zusammensetzt. Zunächst zersplittert der Nagel den Rahmen, erobert die Leinwand, fließt aus ihr heraus über Schränke, Stühle und Tische. Er macht nicht Halt vor „Pianos oder eine[m] Fernsehapparat, der damals noch ein ungeheures Wertobjekt war",* so Uecker. Schließlich benagelt der Künstler die Landschaft, treibt mit schwerem Werkzeug lange Stahlrohre in die dunkle Erde. Jeder Stoß erzeugt einen Takt, jeder Takt reiht sich ein in den Rhythmus der Körpersprache. Uecker hat das Schreibwerkzeug gegen den Hammer eingetauscht, vom Klang der Poesie bleibt das Stakkato des Sicheinbohrenden, des Durchstechens und des Durchdringens. Seine Sprache wurde reduziert bis auf das dumpfe Geräusch der Verletzung, die er sich quasi selbst zufügt, wenn er bis an den Rand der Erschöpfung den Nagel gegen Widerstände einhämmert.

Obgleich Uecker zu den bildenden Künstlern zählt, könnte man ihn auch als einen Poeten sehen: Eine neue Wirklichkeit erschafft er zunächst durch eigene Gedichte, später durch die Zusammenarbeit mit ‚Wortbildnern' – so entsteht mit Bazon Brock zusammen die *sintflut der nägel* (1963) oder mit S. D. Sauerbier *Aussprechen. Niederschreiben. Sich stellen* (2006) –, aber auch das lebenslange Schreiben auf wandgroße Stoffbahnen und das unermüdliche Büchermachen zeugen von Ueckers anhaltender Beschäftigung mit Sprache.

Viel ist über die Nähe von Bild und Text im Uecker'schen Werk bereits geschrieben worden, doch wenig Aufmerksamkeit wurde bislang Ueckers früher Dichtung geschenkt. Wie und vor welchem Hintergrund nun gerade die Nähe zur Lyrik es Uecker erlaubt, sich anderen Menschen, anderen Kulturen, anderen Religionen zu nähern, ohne sich diese ‚einzuverleiben', wird in diesem Beitrag im Rekurs auf die Dichtung von Rose Ausländer (1901–1988) und Paul Celan (1920–1970) sowie im Licht der Dekonstruktion nach Jacques Derrida erkundet.

* Günther Uecker: „Die Einnagelung ins Bewußtsein. Interview mit Rolf-Gunter Dienst" (1970), in: Stephan von Wiese (Hg.): *Günther Uecker. Schriften: Gedichte, Projektbeschreibungen, Reflexionen*, St. Gallen 1979, S. 126–134, hier S. 134.

Barbara Könches

„lassen wir zeichen zurück [...], suchen wir keinen halt, bewegen wir uns." Günther Ueckers poetisches Werk

„Ich möchte mich eben, wenn überhaupt, philosophisch dann auf diese Einfachheit reduzieren: auf die Nichtigkeit des Daseins in der Denkbarkeit des Daseins."[1]

Günther Uecker

Poesie ist mit dem Rhythmus der Worte eine Welt zu erschaffen, die sich anderen durch das Wiederholen der Worte offenbart. Dabei sind folgende Dinge unverzichtbar: die Worte und die Takte. Poesie entsteht immer mindestens zwei Mal an zwei verschiedenen Orten, nämlich zunächst im Moment der Niederschrift und später im Moment der Wiedergabe. Poesie kann stumm sein, ihr Klang schwingt in den Echoräumen der still Lesenden.

Poesie ist zugleich die leichteste und zugänglichste Art von Kunst wie die entlegenste und teuerste. Jeder Mensch lernt vom Ich zum Du über die Sprache, die ihn ein Leben lang im Denken begleitet. „Wovon man nicht sprechen kann, darüber muß man schweigen."[2] Mit diesen Worten beendet Ludwig Wittgenstein sein prägnantes Nachdenken über Sprache im *Tractatus logico-philosophicus*. Im Umkehrschluss bedeutet dies, dass man für all das, über das man sprechen muss, eine Sprache benötigt.

[1] Günther Uecker: „Einführungsinterview [Gedichte]", in: Stephan von Wiese (Hg.): *Günther Uecker. Schriften: Gedichte, Projektbeschreibungen, Reflexionen*, St. Gallen 1979, S. 15–19, hier S. 16.
[2] Ludwig Wittgenstein: *Tractatus logico-philosophicus. Logisch-philosophische Abhandlung*, Frankfurt a. M. 1963 (1921), S. 115.

Diese Sprache ist eine politische, geografische, ethnische, religiöse, grenzenüberspringende, unstete und doch einigende Bewegung, die durch die Menschen hindurchfließt, um eine politische, soziale, religiöse oder kulturelle Heimat zu errichten.

Rose Ausländer, 1901 im vielsprachigen Czernowitz in der Bukowina geboren, findet ihren Zugehörigkeitsort in der deutschen Sprache, wie sie im Gedicht *Mutterland* (1978)[3] schreibt.

Mutterland

Mein Vaterland ist tot
sie haben es begraben
im Feuer

Ich lebe
in meinem Mutterland
Wort

Rose Ausländer

Die Sprache fällt ihr wie vielen anderen in der ehemals österreichisch-ungarischen, dann rumänischen, russischen und heute ukrainischen Stadt Czernowitz nicht einfach zu, sondern „gut deutsch zu sprechen war etwas, das man erreden musste, man konnte es tun, aber das kam nicht von selber."[4]

Die Poesie vervielfältigt sich in den Hörenden/Lesenden. Im Gegensatz dazu steht das Werk der bildenden Kunst singulär und isoliert. Es bedarf

[3] Rose Ausländer: „Mutterland" (1978), in: Cilly Helfrich: *„Es ist ein Aschensommer in der Welt". Rose Ausländer. Biographie*, Weinheim/Berlin 1995, S. 23.

[4] Moshe Barash: „Über Paul Celan. Ein Gespräch mit Cord Barkhausen" (1985), in: Petro Rychlo (Hg.): *Mit den Augen von Zeitgenossen. Erinnerungen an Paul Celan*, Frankfurt a. M. 2020, S. 9–20, hier S. 14.

eines schützenden Hauses, zieht in ein Museum oder in eine Sammlung ein. Diese Exklusivität gerät im Verlauf des 20. Jahrhunderts zunehmend in Verruf. Günther Uecker, 1930 geboren, bezweifelt früh die Autorität der Institution:

Sind diese Museen nicht durch autoritäre Bestimmungen belastet? [...] Ist es schon genug, wenn sich ein Museum den Erfordernissen gegenwärtiger Kunst anpaßt – in einer Zeit, in der der Künstler eine neue Vorstellungswelt entwickelt, die nicht dahin zielt, ein Kunstwerk für Museen herzustellen, sondern versucht, eine neue Welt vorstellbar zu machen?[5]

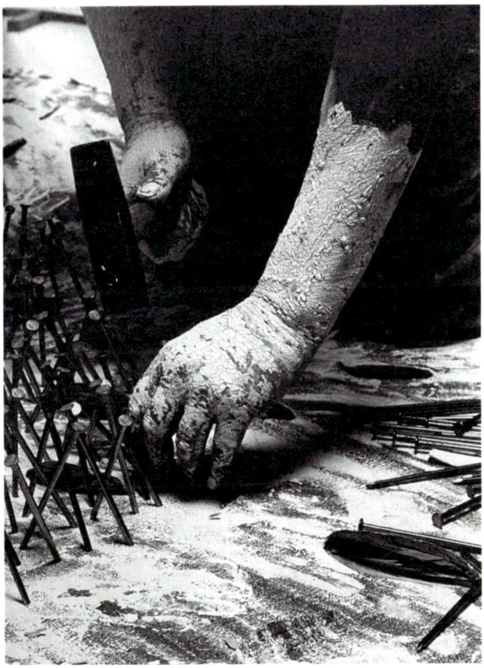

Abb. 15: Günther Uecker, *Bildrituale (Image Rituals)*, 1981. Foto | Photo: Rolf Schroeter

So beginnt der Künstler bereits Ende der 1950er-Jahre mit dem Nagel schreibend, eine andere Welt zu erbauen (Abb. 15). Der metallene Stift wird zum Lichtbrecher, der die Realität beugt, fragmentiert und neue Wirklichkeiten zusammensetzt. Zunächst zersplittert der Nagel den Rahmen, erobert die Leinwand, fließt aus ihr heraus über Schränke, Stühle und Tische. Jeder Stoß erzeugt einen Takt, jeder Takt reiht sich ein in den Rhythmus der Körpersprache. Mutterland ist für

[5] Günther Uecker: „Fragen an das Museum" (1969), in: Stephan von Wiese (Hg.): *Günther Uecker. Schriften: Gedichte, Projektbeschreibungen, Reflexionen*, St. Gallen 1979, S. 118.

Uecker da, wo der „geschundene Mensch“[6] wohnt. Er hat das Schreibwerkzeug des Literaten gegen den Hammer eingetauscht und den Klang einer reimenden Poesie gegen das Stakkato des Sicheinbohrenden, des Durchstechens und des Durchdringenden.

Obgleich er zu den bildenden Künstlern zählt, könnte man ihn auch als einen Poeten sehen, weil er zunächst mit eigenen Gedichten, später mit der Zusammenarbeit mit Literaten, Theaterautoren und Theoretikern[7] und vor allem mit dem lebenslangen Schreiben auf kleinen Notizzetteln oder auf wandgroßen Stoffbahnen und mit dem unermüdlichen Büchermachen seine enge Beziehung zum Wort nie aufgekündigt hat.

Viel ist über die Nähe von Bild und Text im Uecker'schen Werk bereits geschrieben worden, doch wenig Aufmerksamkeit wurde bislang seiner frühen Dichtung geschenkt. Betrachtet man die Sprache bei Uecker, so fällt sehr schnell auf, dass sich wiederkehrende Begriffe und Metaphern einstellen, die sich auf Immaterielles beziehen: Gravitation, Klang/Gesang, Nacht/Dunkelheit, Meer/Wellen/Wasser, Licht, schwingen/schweben, Wind/Stürme, Struktur, Zeit/Erinnerung/Vergangenheit, Phänomen, das Nomadische/Hauslose. Ueckers sprachliches wie bildnerisches Werk setzt da ein, wo die deskriptiven Worte kapitulieren:

Ich komme hier also gleich wieder zur poetischen Formulierung in der Absicht, die Sprache von definitiver Festigkeit zu befreien, also flüssiger zu machen, damit dann doch gerade dieser Vorgang, der zwischen meinen Nägeln stattfindet – wo er auch etwas fixiert ist, aber dazwischen geschieht etwas –, Gegenwart und Wahrnehmung findet.[8]

[6] *Günther Uecker. Der geschundene Mensch*, Ausst.-Kat. Institut für Auslandsbeziehungen, Ostfildern-Ruit 1993.

[7] Vgl. Günther Uecker/Bazon Brock, *sintflut der nägel*, 1963. Günther Uecker/S. D. Sauerbier, *Aussprechen. Niederschreiben. Sich stellen*, 2006; siehe S. D. Sauerbier: „Von Handlungen. Ansichten zu Objekten, Ereignissen und Situationen“, in: *Günther Uecker: Porträt Mensch*, Festschrift des Staatlichen Museums Schwerin, Wien 2016, S. 266–304, hier S. 296f. Vgl. auch „Schriftstück/Sprechstück von Günther Uecker und S. D. Sauerbier“, 29.05.2003 [Akustische Dokumentation]; http://schroeterundberger.de/aussprechen-niederschreiben [25.01.2025].

[8] Günther Uecker: „Einführungsinterview [Reflexionen]“, in: Stephan von Wiese (Hg.): *Günther Uecker. Schriften: Gedichte, Projektbeschreibungen, Reflexionen*, St. Gallen 1979, S. 93–98, hier S. 95.

Hinter der Sichtbarkeit der Zeichen wie hinter dem Konnotat und Denotat der Worte und Sätze verbirgt sich für Uecker eine neue, eine unbekannte Welt, die er sichtbar machen möchte, so wie es die Lyrikerinnen und Lyriker mit Worten ebenfalls tun. Durch das Verkürzen, das Weglassen, durch die Dichte von Klang und Assoziationsraum erschafft die Poetik des Wortes wie die des Nagels einen fließenden Blick auf die Dinge hinter den Dingen, auf „das unendlich Unsichtbare“, wie Rose Ausländer es in ihrem Gedicht *In dir* (1980)[9] benennt:

In dir

Über dir
Sonne Mond Sterne

Hinter ihnen
unendliche Welten

Hinter dem Himmel
unendliche Himmel

Über dir
was deine Augen sehen

In dir
alles Sichtbare
und
das unendlich Unsichtbare

Rose Ausländer

[9] Rose Ausländer: „In dir“ (1980), in: Cilly Helfrich: *„Es ist ein Aschensommer in der Welt“. Rose Ausländer. Biographie*, Weinheim/Berlin 1995, S. 273.

Und ohne Analogien überstrapazieren zu wollen, dürfen wir die gleiche Sehnsucht, aber auch ein sehr ähnliches Vokabular in dem Gedicht *zeichen des übergangs* (1964)[10] von Günther Uecker wiedererkennen.

zeichen des übergangs

in den zwischenräumen
wünsche gehen verloren
gehen leer aus jeder zeit
die nägel nehmen spuren zurück
sind zeichen des übergangs
verschwinden wo sie sich zeigen
der ort ist der beweis
unsichtbar, wo sie sich im endlichen verlieren
sichtbar das los zwischen den schritten [...]

Günther Uecker

Durch die Bewegung – sei es die Blickrichtung der Augen, sei es die Ausrichtung des Geistes – wird, so Uecker, die „Verhärtung oder die Vergitterung der Welt [...] dann frei fließend in den inneren Vorstellungen und dabei auch neu denkbar".[11]

Einem Gitter, genauer einem *Sprachgitter* nähert sich der ebenfalls in Czernowitz geborene Paul Celan (1920–1970) in dem gleichnamigen, 1959 erschienenen Gedichtband. Angeregt durch eine Postkarte, auf der das Sprechgitter des Pfullinger Klosters (Abb. 16) abgebildet ist, wählt

[10] Günther Uecker: „zeichen des übergangs" (1964), in: Stephan von Wiese (Hg.): *Günther Uecker. Schriften: Gedichte, Projektbeschreibungen, Reflexionen*, St. Gallen 1979, S. 36–37, hier S. 36.

[11] Günther Uecker: „Den Menschen von der Kunst erlösen. Interview von Gudrun Inboden/Stephan von Wiese" (1976), in: Stephan von Wiese (Hg.): *Günther Uecker. Schriften: Gedichte, Projektbeschreibungen, Reflexionen*, St. Gallen 1979, S. 149–158, hier S. 158.

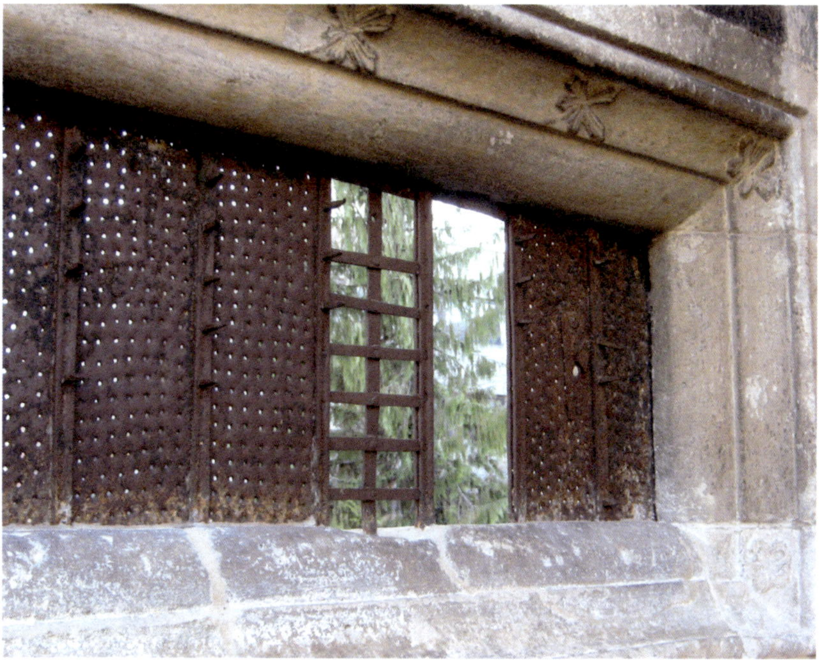

Abb. 16: Sprechgitter oder Redfenster aus dem 14. Jahrhundert im Klostergarten in Pfullingen | The 14th century "speech-grille" located in the garden of the Poor Clares cloister in Pfullingen. Foto | Photo: CC by Vux

er das Bild einer beschwerlichen oder erschwerten Kommunikation als Leitmotiv für seinen vierten Gedichtband.[12]

Ursprünglich stellte das in eine Mauer des sogenannten Parlatoriums eingebaute Sprechgitter eine durchlöcherte Metallplatte dar, durch welche die Nonnen des Klarissenordens, die ansonsten von der Außenwelt abgeschlossen waren, mit Menschen außerhalb der Klostermauern kommunizieren konnten. Die Bauweise des ‚Sprechraums' (Parlatorium) zwang die Nonnen zu knien, während die jenseits der Mauer vor dem Gitter Stehenden sich strecken mussten, um eine Unterhaltung führen

[12] Der Verleger Günther Neske aus Pfullingen schickte Paul Celan die Postkarte mit dem Motiv des Sprechgitters. Er bereitete 1957/58 eine Festschrift für Martin Heidegger vor, dessen Publikation *Identität und Differenz* er 1957 herausgegeben hatte. Neske erbat bei Celan einen Beitrag für die Festschrift, an der Celan sich jedoch nicht beteiligte.

zu können. In den ersten Zeilen der titelgebenden Lyrik[13] evoziert Celan die Begegnung durch das dichte Gitter:

> **Sprachgitter**
>
> Augenrund zwischen den Stäben.
>
> Flimmertier Lid
> rudert nach oben,
> gibt einen Blick frei.
>
> Iris, Schwimmerin, traumlos und trüb:
> der Himmel, herzgrau, muß nah sein. [...]
>
> Paul Celan

Während der Leser oder die Leserin des Gedichts zunächst automatisch an Augenpaare denken mag, wie die der Nonnen, so oszillieren die Worte im nächsten Abschnitt zwischen der Assoziation von „Iris" als der Bezeichnung für die Regenbogenhaut, die die Pupille umgibt, und der Vorstellung der Pflanze Iris, der Schwertlilie, die ihren Namen von dem altgriechischen Begriff für ‚Regenbogen' erhielt. Iris, die griechische Göttin oder vielleicht doch eine irdische Person? Das Flimmern der farbigen Wortassoziationen wird abrupt beendet durch das Trübe. Wobei auch hier unklar bleibt, ob das Adjektiv der Schwimmerin gilt oder der Erinnerung an sie. Jedes Wort überlagert das nächste, Töne und Bilder gleiten ineinander über, schwingen von einer Deutung zur nächsten. Es entsteht eine Welt nicht im Wort (Logos), sondern im Zwischenbereich der kargen Wörter, die reichhaltige Assoziationen auslösen, wodurch ‚sichtbar' wird, was dazwischen liegt.

[13] Paul Celan: „Sprachgitter" (1959), in: *Paul Celan. Die Gedichte*, hg. von Barbara Wiedemann, Frankfurt a. M. 2005, S. 99.

In dem Gedicht *werden wir unsichtbar sichtbar* (1963)[14] beschreibt Günther Uecker einen Weg aus der Sprachlosigkeit:

> **werden wir unsichtbar sichtbar**
>
> [...]
> lassen wir zeichen zurück,
> sich verschiebend, verwischend.
> verlassen wir die welt der gegenstände,
> durchdringen wir die zäune, bretter und leinwände,
> werden wir unsichtbar sichtbar,
> wo die welt des schweigens offenbar wird.
> reste einer sich verwandelnden welt,
> lassen wir sie zurück,
> und benutzen wir sie nicht als wände und gitter, die uns blind machen,
> suchen wir keinen halt, bewegen wir uns.
>
> Günther Uecker

Auch hier also Gitter, „die uns blind machen", ein Gitter, durch dessen Strukturen zu sprechen vielleicht Halt bieten könnte, doch keine Freiheit erlauben würde. Auch Uecker verlässt das sichere Terrain der Sprachvereinbarung („lassen wir zeichen zurück"), um durch die Transposition („sich verschiebend, verwischend") zu einer neuen, veränderten, befreienden Welt zu gelangen. Für beide, Künstler wie Lyriker, ist es lebensnotwendig, dem „Getriebensein", wie Uecker sagt, einen Ausdruck zu verleihen: „Sonst wäre diese manische Bestimmtheit selbstzerstörend".[15]

[14] Günther Uecker: „werden wir unsichtbar sichtbar" (1963), in: Stephan von Wiese (Hg.): *Günther Uecker. Schriften: Gedichte, Projektbeschreibungen, Reflexionen*, St. Gallen 1979, S. 30–31, hier S. 30f.

[15] Günther Uecker im Gespräch mit Manfred Engeser: „‚Tägliches Ringen mit dem Leviathan'", in: *Günther Uecker. Handlungen*, Ausst.-Kat. Kunsthalle Dominikanerkirche, hg. von Geuer & Breckner GmbH, Düsseldorf 2010, S. 66–72, hier S. 70.

Zwischen den düsteren, nervösen Sprachbildern Celans und dem zwischen den Wörtern eine Welt erbauenden Uecker vermittelt die versöhnliche Lyrik in *Verschmerzen* (1981)[16] der älteren Rose Ausländer:

Verschmerzen

Schön
wenn der verwundete Mensch
seine Narben
verschmerzt

sich gesellt
zum stillen Stein
zum beredten Wasserfall

und sich erkennt
im Blick der Nachbarpupille
Rose Ausländer

Die Dichterin, die ihre letzten Lebensjahre in Düsseldorf verbrachte,[17] versucht sich an einer Geste der Annäherung zwischen den Menschen. Sie schreibt verkürzt: „Schön wenn", was bedeutet, es wäre schön, wenn „der verwundete Mensch", wie sie weiter ausführt, „seine Narben verschmerzt". Es bleibt hierbei offen, ob sie davon ausgeht, dass dies angesichts von Leid, Gewalt und Gräueltaten wie dem Holocaust/der Shoa überhaupt möglich sein kann. Dennoch und angesichts des historischen, bis dahin undenkbaren Genozids schreibt Ausländer in der Sprache der Täter. Es ist ihrer persönlichen Größe zuzuschreiben, ihrer Kraft und

[16] Rose Ausländer: „Verschmerzen" (1981), in: Cilly Helfrich: *„Es ist ein Aschensommer in der Welt". Rose Ausländer. Biographie*, Weinheim/Berlin 1995, S. 280.
[17] Rose Ausländer lernte den 19 Jahre jüngeren Paul Celan im Getto von Czernowitz (1941–1944) kennen und besuchte ihn 1957 in Paris. Sie lebte seit 1965 in Düsseldorf, wo sie 1988 starb.

Menschlichkeit, dass sie in einem Gedicht wie *Verschmerzen* den Weg sucht hin auf ein anderes Du, hin auf einen anderen Menschen, der auch einer oder eine sein könnte, welche oder welcher im nationalsozialistischen Deutschland beteiligt gewesen sein könnte. Das könnte ein Täter, eine Täterin gewesen sein, es könnte ein Wegsehender, eine Wegsehende gewesen sein, es könnte eine oder einer der zahllosen Vertreter oder Vertreterinnen des Wir-haben-von-nichts-gewusst gewesen sein.

Den Weg hin auf das Du, auf den anderen Menschen beschreibt Ausländer als ein Erkennen „im Blick der Nachbarpupille". Auch hier bleibt offen, ob sie damit meint, dass der „verwundete Mensch" sich wiedererkennt als ein versehrtes Individuum in dem Sinn, dass der Nachbar Anteil an der Verletzung haben könnte, oder ob der „verwundete Mensch" sich generell als Mensch, sprich als menschlich im Sinne des Humanismus in einem menschlichen Augenpaar selbst erkennt. In den Versen *Weiß nicht wie* (1979) fragt Rose Ausländer nach der Möglichkeit, „heute noch dichten" zu können, die Antwort ist so lapidar wie existenziell: „es schreibt sich mir zu".[18]

Ebenso fällt Uecker sein Material zu, er „befreit die Energien, die der Materie in ihrer Wahrhaftigkeit innewohnen".[19] Das physische Ringen um die „Fraktur als Schrift des Mitgefühls",[20] so Uecker, ein „Handwerk",[21] wie Ausländer es beschreibt, um zu „überleben",[22] woraus Jacques Derrida die Sinnhaftigkeit von Leben generell ableitet, denn „Überleben, das ist nicht einfach das, was übrigbleibt, es ist das Leben in seiner größtmöglichen Intensität."[23]

[18] Rose Ausländer: „Weiß nicht wie" (1979), in: Cilly Helfrich: *„Es ist ein Aschensommer in der Welt". Rose Ausländer. Biographie*, Weinheim/Berlin 1995, S. 265.

[19] Uecker/Engeser 2010, S. 68.

[20] Ebd.

[21] Rose Ausländer: „Handwerk" (1977), in: Cilly Helfrich: *„Es ist ein Aschensommer in der Welt". Rose Ausländer. Biographie*, Weinheim/Berlin 1995, S. 296.

[22] Rose Ausländer: „Alles kann Motiv sein" (1971), in: *Rose Ausländer. Die Nacht hat zahllose Augen. Prosa*, hg. von Helmut Braun, Frankfurt a. M. 1995, S. 91–95, hier S. 93.

[23] Jacques Derrida/Jean Birnbaum: „Das Leben, das Überleben. Vom Ethos des Denkens und von der Chance des europäischen Erbes", übers. von Markus Sedlaczek, in: *Lettre International*, Nr. 66, 2004, S. 10–13, hier S. 13.

Vom Humanismus zum anderen

In einem schmalen Büchlein hielt Martin Gessmann den „ununterbrochene[n] Dialog" – so der Titel – zwischen Jacques Derrida und Hans-Georg Gadamer fest.[24] Das Gespräch zwischen den beiden Philosophen umkreist die Interpretation von Gedichten Paul Celans, einmal aus der Sicht dessen, der als ‚Begründer der Dekonstruktion' (Derrida) gilt, das andere Mal aus der Sicht des Erneuerers der Hermeneutik (Gadamer). Mit stupendem Staunen, Erkenntnissen und Einsichten entlässt der Text Derridas den Leser und die Leserin, weit weniger überzeugt Gadamers Aufsatz *Wer bin Ich und wer bist Du? Kommentar zu Celans Gedichtfolge ‚Atemkristall'*. Diese Divergenz mag in den je unterschiedlichen Essays, der Gedichtauswahl oder in den der Interpretation zugrunde liegenden philosophischen Voraussetzungen begründet sein, doch Derridas Lesart „zwischen zwei Unendlichkeiten, das Gedicht"[25] *Große, glühende Wölbung* (1967) aufzufächern, wird Celan mit seinen hermetischen wie gleichzeitig weit offenen Sprachbildern nicht nur gerecht, sondern Derrida zeichnet gleichsam den Spannungsbogen von der Ästhetik in die Ethik auf. Die Verse der *Großen, glühenden Wölbung* schließen mit dem Satz: „Die Welt ist fort, ich muß dich tragen."[26] Nachdem der Philosoph den Begriff „tragen" unterschiedlich ausgelegt und etymologisch analysiert hat, wendet er sich der „Welt" zu, deren Vernichtung oder Verlöschung in Edmund Husserls Phänomenologie geradezu notwendig würde. Erst durch die ausschließliche Ausgrenzung von Welt komme das Ich zu seinem reinen Selbst-Bewusstsein. Das Du, das Alter Ego, finde ausschließlich durch das Mit-Denken, durch die Analogie Eingang in das Ego. So folgert Derrida:

[24] Jacques Derrida/Hans-Georg Gadamer: *Der ununterbrochene Dialog*, hg. von Martin Gessmann, Frankfurt a. M. 2004.

[25] Jacques Derrida: „Der ununterbrochene Dialog: zwischen zwei Unendlichkeiten, das Gedicht", übers. von Martin Gessmann, Christine Ott und Felix Wiesler, in: Jacques Derrida/Hans-Georg Gadamer: *Der ununterbrochene Dialog*, hg. von Martin Gessmann, Frankfurt a. M. 2004, S. 7–50.

[26] Paul Celan, zit. in: ebd., S. 42.

Ich muß es also tragen, *dich* tragen, dorthin wo die Welt sich entzieht, dort liegt meine Verantwortung. Aber ich kann den anderen nicht mehr tragen, auch dich nicht, wenn *tragen* bedeutet, den anderen in sich selbst, in die Anschauung seines eigenen egologischen Bewußtseins einzuschließen. Es geht darum, zu tragen, ohne sich anzueignen. Tragen heißt nicht mehr ‚mit sich bringen' [comporter], einschließen, in sich begreifen, sondern *sich* zur unendlichen Unaneigenbarkeit des anderen *hinzubegeben*, in Richtung auf seine absolute Transzendenz in meinem Inneren selbst, das heißt in mir außer mir. Und ich bin nur, kann nur, *darf* nur sein, ausgehend von dieser seltsamen, aus den Fugen geratenen Tragweite des unendlich anderen in mir. Ich muß den anderen tragen und *dich* tragen, der andere muß mich tragen.[27]

Dieses ausführliche Zitat macht deutlich, wo die Herausforderung in der Kommunikation, im Denken der Intersubjektivität, im Umgang mit dem anderen liegt: Der Verlust von Welt, der Verlust von transzendentalen Voraussetzungen erzwingt eine aktive Bezugnahme des Ich auf das Du. Eine Art ethischer Imperativ als Voraussetzung von Welt, in der beide, Ich und Du, in einer ständigen Bewegung ihre Differenz umkreisen. Man „begreift" einander nicht, sondern man umkreist einander, man trägt sich zu.

Man muss bei Günther Uecker das Einschlagen der Nägel ebenso wie das Schreiben arabischer, hebräischer oder chinesischer Schriftzeichen auf einer Metaebene als Ausdruck eines solchen ethischen Imperativs des Hinbegebens-auf-andere verstehen. Auf geheimnisvolle Art ist dieser bildende Künstler über das ‚normale' Maß hinaus an die Sprache gebunden, immer wieder schreibt er Briefe, „Liebesbriefe", wie er seine Gedichte „als Ausdruck des Moments, wo Gedanken sich mit Sinnlichkeit paaren",[28] charakterisiert, aber auch wandgroße Tücher werden als *Brief an Peking* (2015) adressiert.

[27] Ebd., S. 47f.
[28] Uecker 1979, S. 15.

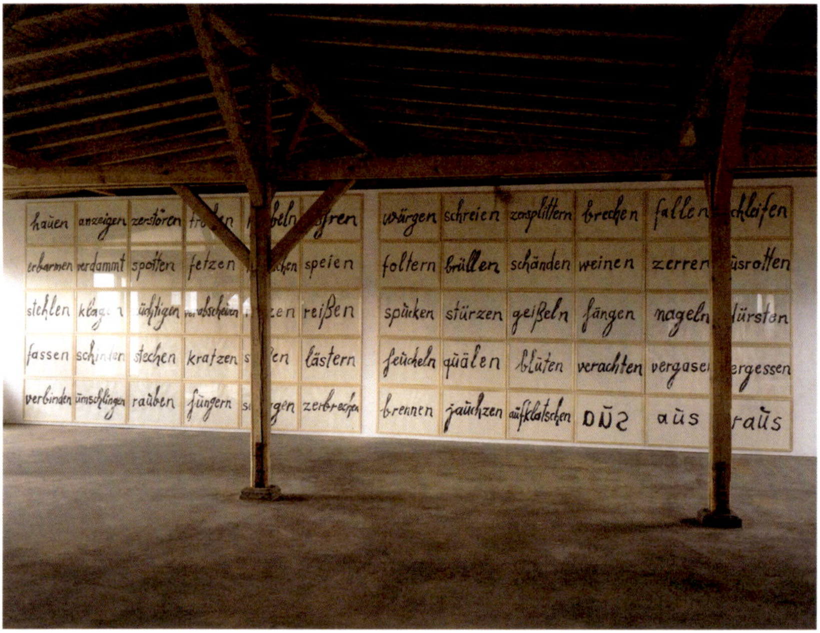

Abb. 17: Günther Uecker, *60 Wörter aus dem Alten Testament – Verletzung der Menschen durch den Menschen* (*60 Words from the Old Testament – Man's Abuse of Man*), 1992, Tusche, Papier, verglaste Holzrahmen | Ink, paper, glazed wooden frames, 360 × 546 cm. Foto | Photo: Nic Tenwiggenhorn, courtesy ifa – Institut für Auslandsbeziehungen

Wortakkumulationen mit *Verletzungen des Menschen durch den Menschen* (1992–2015, Abb. 17) in unterschiedlichen Sprachen und Schriften füllen große Ausstellungssäle und auch die *Heimatdichtung* (Abb. 18), ein Objekt aus dem Jahr 1983, verbleibt zumindest dem Titel nach an die Sprache gebunden. Wie ein Abhängiger umkreist Uecker die – vielleicht innig geliebte – Sprache, der er zugleich zutiefst misstraut: „Und die Herrschaft des Worts war für mich suspekt.“[29] Zu viel und zu häufig hat Uecker in jungen Jahren Propaganda erlebt – als Kind und Jugendlicher nationalsozialistische, als Student kommunistische. Aber durch seine „eingeschlagenen Ereignisse“, so berichtet er selbst, haben sich Zwischenräume geöffnet.[30] Der Nagel, so könnte man es pointiert aus-

[29] Ebd., S. 16.

[30] Ebd.

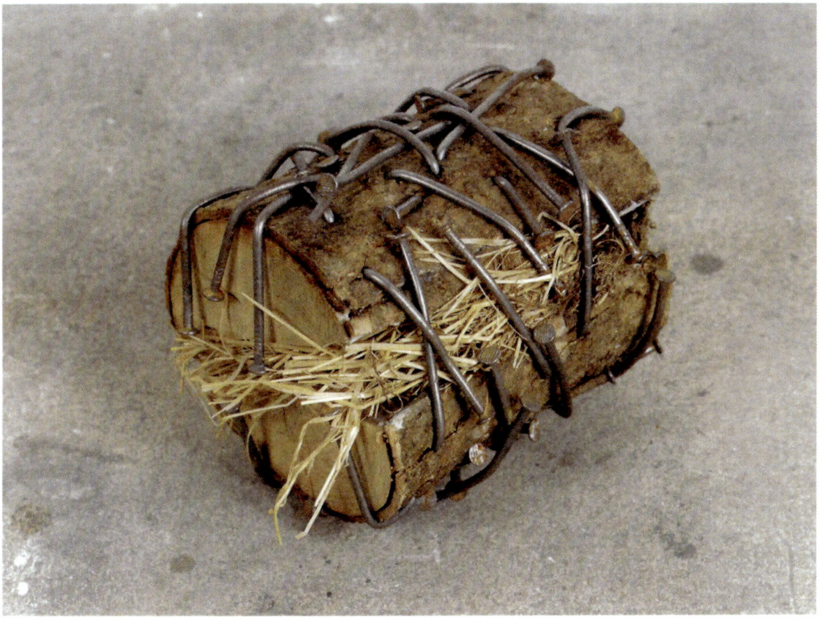

Abb. 18: Günther Uecker, *Heimatdichtung* (*Homeland Poetry*), 1983, gespaltener Holzstamm, trockenes Gras und Moos, Nägel | Split tree trunk, dry grass and moss, nails, 17 × 13 cm. Foto | Photo: Nic Tenwiggenhorn

drücken, befreit die Sprache aus der doktrinären Besetzung, ermöglicht Uecker einen neuen Zugang. Aus dem Zwischenraum der Nagelobjekte entsteht eine neue flirrende Wirklichkeit, die Raum lässt für das Über-die-Sprache-Hinausweisende. Der Künstler fasst sein Tun wie folgt zusammen:

Eine unalphabetische Ausdrucksweise, die als Scheitern empfunden werden kann. Auch als Scheitern menschlichen Zusammenseins. Selbst wenn keine gemeinsame alphabetische Ausdrucksweise vorliegt, kann man dieses Gefühl der Verletzung des Menschen verstehen und Einsichten gewinnen in andere kulturelle Entwicklungen.[31]

Das, was Uecker die „unalphabetische Ausdrucksweise" nennt, beschreibt den performativen Akt des An-den-Rand-der-Sprache-Gehens,

[31] Uecker/Engeser 2010, S. 68 und S. 138f.

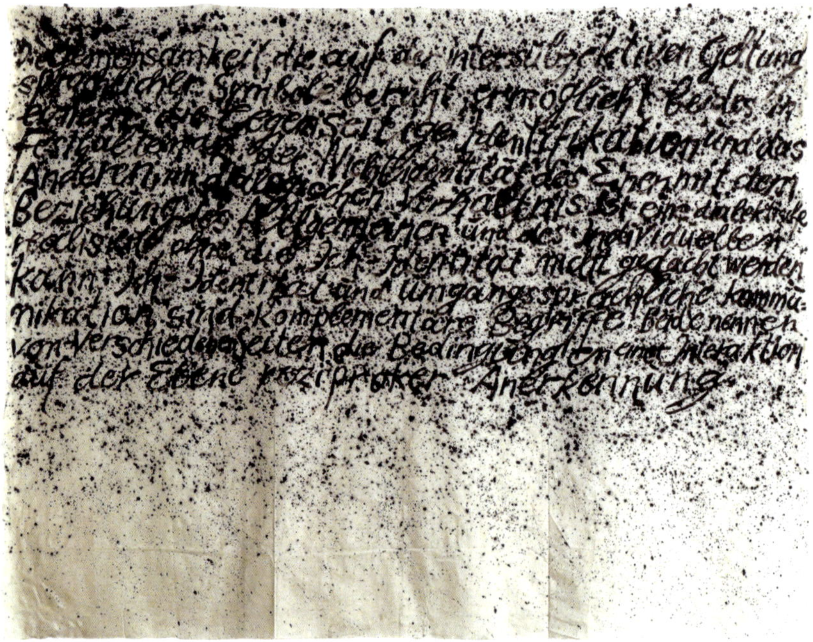

Abb. 19: Günther Uecker, *Wort – Schrift – Zeichen (Habermas-Tücher)* | *Word – Writing – Sign (Habermas Cloths)*, 1999, Tücher, Tusche, 11-teilig | Cloths, Chinese ink, 11-part

was einem Paradox gleichkommt. Während er in *Wort – Schrift – Zeichen* (1999, Abb. 19) über die Möglichkeit von Kommunikation schreibend nachdenkt, vermeidet er es, das Ergebnis der Reflexion im Wort, sprich in der Alphabetisierung wiederzugeben. Es entsteht die Visualisierung von Schrift, die damit dem Logos entzogen wird. Die Zeichen, unabhängig von der Ausgangssprache, werden zu semantischen Rätseln. Man liest: „Ich-Identität und umgangssprachliche Kommunikation sind komplementäre Begriffe. Beide benennen von verschiedenen Seiten die Bedingungen einer Interaktion."[32] Während die Oberfläche des Bildes Schrift vorführt, lenkt die semantische Ebene – wie der Titel besagt – vom Wort über die Schrift zum Zeichen. Indem Uecker Texte wie visuelle Zeichen behandelt, entgeht er dem Logos und sucht aktiv nach einem Raum für

[32] Günther Uecker, *Wort – Schrift – Zeichen*, 1999, abgedruckt in: *Uecker*, Ausst.-Kat. Kunstsammlung Nordrhein-Westfalen, K20, Berlin 2015, S. 180f.

Begegnung vom Ich zum Du. Diese Bewegung, dieser performative Akt stellt eine generelle künstlerische Entscheidung dar, die genährt wird von dem historischen Hintergrund der von den Nationalsozialisten begangenen „Verbrechen gegen die deutsche Sprache“ (Derrida) und die gleichzeitig der Gefahr einer „einfache[n] Geistlosigkeit, [der] Verharmlosung der Sprache“ (Derrida) entgeht.[33] 1976 spricht der Künstler selbst davon, dass ihm die „Welt total verstellt“ war, durch die „zwölf Jahre Unkultur“ und die „sehr starke Tendenz zu Agitation und Propaganda“ im sozialistischen Realismus.[34]

Das „Mutterland“ ist für Rose Ausländer die Sprache, die ihr so etwas wie Heimat bietet, obgleich sie um die Versehrtheit dieser Heimat weiß. Das bedeutet hier konkret, dass die deutsche Sprache selbst zugleich von Tätern und Opfern benutzt wird, dadurch wird sie zum verbindenden Element, dem gegenüber man jedoch skeptisch sein muss, denn man weiß ja nicht, wer aus der Sprachgemeinschaft Täter und wer Opfer ist. Ähnlich wie Rose Ausländer verhält sich Paul Celan zur Sprache, denn auch er arbeitet mit der deutschen Sprache, findet in ihr seine geistige Heimat. Zugleich müssen Ausländer und Celan mit dieser Sprache das Trauma des Genozids an den Juden und Jüdinnen mitdenken und fühlen, das sie ebenso persönlich betrifft. Uecker, jünger und Nicht-Jude, hat sicherlich einen anderen Zugang zur deutschen Sprache, doch offensichtlich bewegt auch ihn eine tiefe Ambivalenz seiner Muttersprache gegenüber – aus der doppelten historischen Erfahrung von Propaganda heraus. Daher misstraut auch er ihr zutiefst und sucht nach einer anderen Sprache.

Obgleich das schwierige ‚Erbe‘[35] der deutschen Sprache dem Künstler, dem Dichter und der Dichterin Distanz abverlangt, eignen sie

[33] Jacques Derrida: „Die Sprache gehört keinem. Interview von Evelyn Grossman mit Jacques Derrida“ (2000), übers. von Helga von Loewenich, in: Petro Rychlo (Hg.): *Mit den Augen von Zeitgenossen. Erinnerungen an Paul Celan*, Frankfurt a. M. 2020, S. 291–294, hier S. 293.

[34] Uecker 1979 (1976), S. 153.

[35] An dieser Stelle ist keine Relativierung der unterschiedlichen persönlichen Standpunkte, Ausgangspunkte und Erfahrungen gemeint. Vielmehr geht es grundsätzlich darum, wie man nach dem Holocaust/der Shoa mit und in der deutschen Sprache leben kann, sich verständigen kann.

sich genau diese Sprache als Werkzeug an, da sie ihnen das ‚Über-Leben' sichert. Paul Celan schreibt selbst in der Zeit seiner rumänischen Zwangsinternierung mit „wundgearbeiteten Hände[n] [...] deutsche Verse"[36] und dies bleibt so bis zu seinem frühen Tod 1970, obgleich er seit 1948 in Frankreich lebt und die französische Sprache ebenso gut beherrscht wie die deutsche.[37] Rose Ausländer verbringt die letzten Jahre ihres Lebens ausschließlich als Schreibende in der deutschen Sprache.[38] Günther Uecker schreibt mit dem Nagel:

> In meinen Werken ist wahrnehmbar, dass dieser Wandel des Schattens eines Stabes, wie eines Nagels in einem Feld, und die Vielfalt der Nägel eine Sprache bilden, die dieses artikuliert und in einen poetisch wahrnehmbaren Zusammenhang bringt, was man durch Betrachtung als Empfindung verdichten kann. Die Poesie reproduziert sich im Betrachter wie auch im Wandel des betrachteten Gegenstandes.[39]

Es ist sicherlich kein Zufall, wenn Uecker in seinem eigenen Vokabular Begriffe wie „Sprache" und „Poesie" benutzt, mit denen etwas „artikuliert" wird oder die etwas „verdichten". Vielmehr hat er durch seine Kunst eine Transformation des Wortes in den Raum ermöglicht und damit das Wort und den Logos aus der metaphysischen Bindung des Alphabetischen in eine Sphäre dessen übertragen, was in der zeitgenössischen Philosophie mit der *Grammatologie* von Jacques Derrida verbunden wird. Und für beide – Uecker wie Derrida – trifft zu, was Peter Engelmann, der langjährige deutschsprachige Verleger Derridas, über dessen Denken und Absichten resümierte:

[36] Dorothea Müller-Altneu: „Erinnerungen an den jungen Paul Celan", in: Petro Rychlo (Hg.): *Mit den Augen von Zeitgenossen. Erinnerungen an Paul Celan*, Frankfurt a. M. 2020, S. 41–45, hier S. 44.

[37] Celan sprach auch Rumänisch, Russisch, Hebräisch, Englisch und Jiddisch.

[38] Rose Ausländer schrieb vor allem in der Zeit ihres ersten Amerika-Aufenthaltes zwischen 1921 und 1930 auch Gedichte in amerikanischem Englisch.

[39] „Günther Uecker im Gespräch mit Hilla Becher und Marion Ackermann, 28.10.2014, Kaiserswerth", in: *Uecker*, Ausst.-Kat. Kunstsammlung Nordrhein-Westfalen, K20, Berlin 2015, S. 45–51.

Das Verfahren der Dekonstruktion widersetzt sich der Herrschaft der uneingeschränkten und nicht hinterfragbaren allgemeinen Begriffe und kann daher als Kampfansage an jede Form totalitärer Ideologie und Politik verstanden werden.

Positiv formuliert ist Dekonstruktion ein Plädoyer für eine Haltung, welche die Vielfalt der Welt und die Eigenheit der Menschen, Kulturen und Religionen so differenziert wie möglich bedenkt und auf die Verschiedenheit mit Toleranz reagiert statt den Versuch zu machen, alles gleichförmig zu gestalten. [...]

Dekonstruktion muss deshalb nicht auf Kritik und Werte verzichten. Dekonstruktion kann vielmehr als Aufklärung verstanden werden, die sich der strukturellen Gefahr bewusst ist, selbst so zu werden, wie das von ihr Kritisierte.[40]

Die ethische Ebene von Schrift und Sprache scheint für Uecker über die politische oder metaphysische Voraussetzung noch hinauszugehen, denn sie beinhaltet ebenso eine produktionsästhetische Seite, wie Uecker in Bezug auf die literarische Sprache erklärt:

Hierarchie ist orientiert am Verständnis vom Wort, also an der Vorkenntnis von Literatur, und schafft somit abhängige Konsumenten. Die Revolution der Literatur ist deshalb anarchisch orientiert: Literatur führt sich ad absurdum als Surrealismus, Lautgedicht, Dialektik, Manierismus.[41]

Wenn der Künstler *Verletzungswörter*[42] in unterschiedlichen Sprachen und Schriften auf einem wandfüllenden Tableau zusammenstellt, so enteignet er sie dem jeweiligen Sprach- und Kulturraum, er isoliert sie,

[40] Peter Engelmann: „Positionen 2009", in: *Jacques Derrida. Positionen*, hg. von Peter Engelmann, 2., überarb. Aufl., Wien 2009, S. 11–19, hier S. 18f.

[41] Günther Uecker: „Literatur" (1968), in: Stephan von Wiese (Hg.): *Günther Uecker. Schriften: Gedichte, Projektbeschreibungen, Reflexionen*, St. Gallen 1979, S. 111.

[42] Günther Uecker, *Verletzungen des Menschen durch den Menschen* (*Verletzungswörter*), 1992–2015, abgedruckt in: *Uecker*, Ausst.-Kat. Kunstsammlung Nordrhein-Westfalen, K20, Berlin 2015, S. 175.

ent-hierarchisiert die Begriffe, fügt sie zusammen auf einer visuellen Begegnungsebene. Es entsteht eine ort- und auch zeitlose paradoxe Fläche, auf der Schriftzeichen als visuelle Metaphern übrigbleiben, deren ‚Harmlosigkeit' trügerisch über die davor oder dahinter vermutete oder stattgefundene Grausamkeit gegen Menschen hinwegtäuscht. In dieser Hinsicht besteht Ueckers Projekt in der Dekonstruktion der Sprache mit den Mitteln der Kunst.

Zur Autorin

Barbara Könches (geb. 1966 in Düsseldorf) ist seit 2018 Direktorin der ZERO foundation Düsseldorf. Von 2007 bis 2017 war sie Fachbereichsleiterin für Visuelle Kunst in der Kunststiftung NRW, Düsseldorf. 2014 initiierte und kuratierte sie unter anderem das Projekt *25/25/25*. Von 1999 bis 2006 war sie Kuratorin am Zentrum für Kunst und Medientechnologie in Karlsruhe, wo sie unter anderem die Reihe *Philosophie und Kunst* mit Publikationen und Tagungen über Michel Foucault, Gilles Deleuze und Jean Baudrillard leitete. Ihre Promotionsschrift *Ethik und Ästhetik der Werbung. Phänomenologie eines Skandals* erschien 2001. Barbara Könches ist Autorin und Herausgeberin zahlreicher Publikationen, darunter *ZERO-Kunst und Mode* mit einem Essay von Barbara Vinken (in Vorbereitung); *Opening the Archive: The ABCs of ZERO* (2024); *Meeting the Monochrome. ZERO and Dansaekhwa* (2022); *Licht sehen. Medium Fotografie in NRW* (2017); *25 Jahre Künstler Museen* (2015); *Stephan von Huene: Grenzgänger, Grenzverschieber* (2006); *Philosophie und Kunst. Jean Baudrillard* (zusammen mit Peter Gente und Peter Weibel, 2005). Im Rahmen ihrer Forschung zur ZERO-Kunst publizierte sie zahlreiche Texte unter anderem über Otto Piene, Heinz Mack und Nanda Vigo.

Abstract

Günther Uecker depicts the world with his nail. This pen of metal becomes a tool of refraction, one which can bend reality, fragment it, and construct new realities. First the nail splinters the frame, conquers the canvas, flows out from it over cupboards, chairs, and tables. It does not stop at "pianos or a television set, which was still a tremendously valuable object at the time,"* as the artist has said. Finally, he nails into the landscape, driving long steel pipes into the dark earth with heavy tools. Each strike is a beat, each beat falls into the rhythm of the body language. Uecker has exchanged the writing implement for the hammer, and the sound of rhyming verse for the staccato of boring in, puncturing, and penetrating. His language is reduced to the muffled sound of the injury he inflicts on himself, as it were, as he hammers away to the point of exhaustion on the nails, against resistance.

Although Uecker is a visual artist, he could also be seen as a poet: he initially created new realities through his own poems, and later did so through collaborations with 'word-painters,' such as Bazon Brock, in *sintflut der nägel* (1963), or S. D. Sauerbier, in *Aussprechen. Niederschreiben. Sich stellen* (2006). HIs lifelong works of writing on wall-sized banners of fabric, not to mention his tireless book-making, further testify to Uecker's ongoing preoccupation with language.

Much has already been written about the proximity of image and text in Uecker's work, but little attention has so far been paid to his early poetry. This article explores, with reference to the poetry of Rose Ausländer (1901–1988) and Paul Celan (1920–1970) and in light of Jacques Derrida's deconstructive approach, how and against what background this proximity to poetry allows Uecker to approach other people, other cultures, and other religions without 'annexing' them.

* Günther Uecker: "Die Einnagelung ins Bewußtsein: Interview with Rolf-Gunter Dienst" (1970), in: Stephan von Wiese (ed.): *Günther Uecker: Schriften: Gedichte, Projektbeschreibungen, Reflexionen*, St. Gallen 1979, 126–134, here 134.

Barbara Könches

"we leave a trail of signs […], we do not seek footholds, we move." The Poetic Work of Günther Uecker

"I would like to reduce myself philosophically,
if anything, to this simplicity: to the nothingness of
being within the thoughtfulness of being."[1]

Günther Uecker

Poetry is using the rhythm of words to create a world that reveals itself to others through the recurrence of words. For this, the following things are indispensable: words and meter. Poetry always manifests at least twice, in two different places: first in the moment of writing and later in the moment of its rendition. Poetry can be silent, its sound resonating in the echo chambers of the silent reader.

Poetry is both the easiest, most accessible art and the most remote and expensive. Every person comes to understand their own otherness through language, which accompanies them in their thinking through a lifetime. "Whereof one cannot speak, thereof one must be silent."[2] With these words, Ludwig Wittgenstein concludes his concise reflection on language in *Tractatus logico-philosophicus*. Conversely, this means that, for everything of which one must speak, one must have a language.

[1] Günther Uecker: "Einführungsinterview [Gedichte]," in: Stephan von Wiese (ed.): *Günther Uecker: Schriften: Gedichte, Projektbeschreibungen, Reflexionen*, St. Gallen 1979, 15–19, here 16.

[2] Ludwig Wittgenstein: *Tractatus logico-philosophicus*, C. K. Ogden (trans.), London 1922, 90.

This language is a political, geographical, ethnic, religious, border-crossing, unsteady yet unifying movement that flows through people in order to construct a political, social, religious, or cultural home.

Rose Ausländer, born in 1901 in multilingual Czernowitz, in Bukovina, found a sense of belonging in the German language, as she writes in her poem *Mutterland* (1978):[3]

> My fatherland is dead
> they have buried it
> in fire
>
> I live
> in my motherland
> Word

As it was for many inhabitants of the former Austro-Hungarian, then Romanian, Russian, and now Ukrainian city of Czernowitz, for Ausländer this language did not simply come to her, rather, "speaking good German was something you had to achieve; it could be done, but it didn't come naturally."[4]

Poetry becomes manifold in the listener/reader. In contrast, a work of visual art is singular and isolated. It requires a protective home; it is housed in a museum or collection. This exclusivity fell increasingly into disrepute over the course of the 20th century. Günther Uecker, born in 1930, questioned the authority of the institution early on:

[3] Rose Ausländer: "Mutterland" (1978), in: Cilly Helfrich: *"Es ist ein Aschensommer in der Welt": Rose Ausländer: Biographie*, Weinheim/Berlin 1995, 23.

[4] Moshe Barash: "Über Paul Celan: Ein Gespräch mit Cord Barkhausen" (1985), in: Petro Rychlo (ed.): *Mit den Augen von Zeitgenossen: Erinnerungen an Paul Celan*, Frankfurt a. M. 2020, 9–20, here 14.

Are these museums not burdened by their authoritarian regulations? [...] Is it really enough for a museum to adapt to the demands of contemporary art—at a time when the artist is developing a new world of imagination that does not aim to produce a work of art for museums, but rather attempts to make a new world imaginable?[5]

In the late 1950s, Uecker began to build another world by writing with a nail (fig. 15 p. 59). This pen of metal became a tool of refraction that could bend reality, fragment it, and construct new realities. First the nail splinters the frame, conquers the canvas, flows out from it over cupboards, chairs, and tables. Each strike is a beat, with each beat falling into the rhythm of the body language. For Uecker, the motherland is where "man's inhumanity"[6] resides. He has exchanged the tool of the writer for a hammer, and the sound of rhyming verse for the staccato of boring in, puncturing, and penetrating.

Although he is a visual artist, one could also name him as a poet. First with his own poems, later in his collaboration with writers, playwrights, and theorists,[7] and above all through his lifelong practice of writing on small pieces of paper or on wall-sized banners of cloth, as well as his tireless book-making, Uecker never broke his close relationship with the word.

Much has already been written about the proximity of image and text in Uecker's work, but little attention has so far been paid to his early poetry. If we look at language according to Uecker, we quickly notice recurring terms and metaphors that refer to the immaterial: gravity,

[5] Günther Uecker: "Fragen an das Museum" (1969), in: Stephan von Wiese (ed.): *Günther Uecker: Schriften: Gedichte, Projektbeschreibungen, Reflexionen*, St. Gallen 1979, 118.

[6] *Günther Uecker: Der geschundene Mensch*, Ostfildern-Ruit 1993.

[7] Cf. Günther Uecker/Bazon Brock, *sintflut der nägel*, 1963. Günther Uecker/S. D. Sauerbier, *Aussprechen. Niederschreiben. Sich stellen*, 2006; cf. S. D. Sauerbier: "Von Handlungen: Ansichten zu Objekten, Ereignissen und Situationen," in: *Günther Uecker: Porträt Mensch*, Wien 2016, 266–304, here 296f. Cf. also "Schriftstück/Sprechstück von Günther Uecker und S. D. Sauerbier," 29.05.2003 [sound recording]; http://schroeter-undberger.de/aussprechen-niederschreiben [25.01.2025].

sound/song, night/darkness, sea/waves/water, light, swinging/floating, wind/storms, structure, time/memory/past, phenomenon, the nomadic/homeless. Uecker's linguistic and visual work begins where descriptive language capitulates:

> So I come immediately back here, to poetic expression, with the intention of freeing language from a definitive rigidity, of making it more fluid, so that the very process that takes place in between my nails—where it is also somewhat fixed, though something happens in between—can then find presence and be perceived.[8]

Behind the visibility of the signs, as behind the connotation and denotation of the words and sentences, for Uecker a new, unknown world is hidden, one which he wants to make visible, just as the poets do with words. By shortening and omitting, through a density of sound and associative language, the poetics of the word, like that of the nail, creates a fluid understanding of the things behind the things, of "the endless invisible," as Rose Ausländer names it in her poem *In dir* (1980):[9]

> Above you
> Sun Moon Stars
>
> Behind them
> endless worlds
>
> Behind the sky
> endless sky

[8] Günther Uecker: "Einführungsinterview [Reflexionen]," in: Stephan von Wiese (ed.): *Günther Uecker: Schriften: Gedichte, Projektbeschreibungen, Reflexionen*, St. Gallen 1979, 93–98, here 95.

[9] Rose Ausländer: "In dir" ["In You"] (1980), in: Cilly Helfrich: *"Es ist ein Aschensommer in der Welt": Rose Ausländer: Biographie*, Weinheim/Berlin 1995, 273.

Above you
what your eyes see

In you
everything visible
and
the endless invisible

And without wanting to stretch the analogy, we can recognize the same longing, as well as a very similar vocabulary, in the poem *zeichen des übergangs* (1964), by Uecker:[10]

in the spaces between
wishes go missing
emptied at any moment
the nails take back traces
are signs of transition
vanish where they show themselves
the place is the proof
invisible, where they lose themselves in the finite
visible the something between the intervals [...]

According to Uecker, through movement—be it the direction of the eyes, be it the orientation of the mind—the "hardening or the girding of the world [...] can become free-flowing in the inner perception and so can also be understood anew."[11]

[10] Günther Uecker: "zeichen des übergangs" ["sign of the transition"] (1964), in: Stephan von Wiese (ed.): *Günther Uecker: Schriften: Gedichte, Projektbeschreibungen, Reflexionen*, St. Gallen 1979, 36–37, here 36.

[11] Günther Uecker: "Den Menschen von der Kunst erlösen: Interview von Gudrun Inboden/Stephan von Wiese" (1976), in: Stephan von Wiese (ed.): *Günther Uecker: Schriften: Gedichte, Projektbeschreibungen, Reflexionen*, St. Gallen 1979, 149–158, here 158.

Paul Celan who was born in 1920, also in Czernowitz, makes his own approach to a grid, or, more precisely, to a *"Speech-Grille,"* in an eponymous volume of poetry published in 1959. Inspired by a postcard depicting the "speaking grille" at a monastery in Pfullingen, Germany, he chose the image of difficult or impeded communication as the leitmotif for this, his fourth volume of poetry (fig. 16 p. 63).[12]

Originally, the speaking grille, built into a wall of the so-called 'parlatorium,' was a perforated metal plate through which the nuns of the Poor Clares order, who were otherwise closed off from the outside world, could communicate with people outside the convent walls. The construction of the 'speaking room' (parlatorium) was such that it forced the nuns to kneel, while those standing on the other side of the wall in front of the grille were forced to stretch in order to hold a conversation. In the first lines of the eponymous lyric,[13] Celan evokes an encounter through the dense lattice:

> Eyes round between the bars.
>
> Flittering lid
> paddles upward,
> breaks a glance free.
>
> Iris, the swimmer, dreamless and drab:
> heaven, heartgrey, must be near.

While the reader of the poem may at first automatically think of a pair of eyes, perhaps those of a nun, the words in the next section oscillate

[12] Paul Celan received a postcard with the motif of the "speaking grille" [*Sprachgitter*] from the Pfullingen, Germany-based publisher Günther Neske. In 1957/58, Neske was preparing a commemorative publication for Martin Heidegger, whose *Identity and Difference* had been published in 1957. Neske asked Celan for a contribution to the commemorative publication, but Celan did not participate.

[13] Paul Celan: "Speech-Grille" (1959), in: *Selected Prose and Poems of Paul Celan*, John Felstiner (trans.), New York/London 2001, 106.

between the association of 'iris,' the colored area of the eye surrounding the pupil, and an iris, that is, the flowering plant, which took its name from the ancient Greek word for 'rainbow.' Iris, the Greek goddess, or perhaps an earthly person after all? The flickering of colorful word associations is brought to an abrupt end by the 'drab.' Here, too, it remains unclear whether the adjective applies to the 'swimmer' or a memory of her. Each word overlaps the next, sounds and images glide into one another, swaying from one interpretation to the next. A world is created not in the Word (logos), but in the region in between the barren words, which trigger rich associations that render 'visible' that which lies in between.

In the poem *werden wir unsichtbar sichtbar* (1963),[14] Günther Uecker describes a way out of speechlessness:

we become invisibly visible

[...]
we leave behind signs,
shifting, blurring them.
we leave the world of objects,
penetrate the fences, boards and canvases,
we become invisibly visible,
where the world of silence is revealed.
remnants of a transforming world,
let us leave them behind,
and not use them as walls and grids, which make us blind,
we do not seek footholds, we move.

[14] Günther Uecker: "werden wir unsichtbar sichtbar" ["we become invisibly visible"] (1963), in: Stephan von Wiese (ed.): *Günther Uecker: Schriften: Gedichte, Projektbeschreibungen, Reflexionen*, St. Gallen 1979, 30–31, here 30f.

So here, too, grids "which blind us," a grid whose structures speech might offer a 'foothold,' but not freedom. Uecker, too, leaves the safe terrain of linguistic convention ("we leave behind signs") in order, through transposition ("shifting, blurring"), to arrive at a new, altered, liberating world. For artist and poet, it is vital to give expression to a "being driven," as Uecker says, "otherwise this manic determinacy would be self-destructive."[15]

Between Celan's sombre, nervous linguistic images and Uecker's world-building, the older Rose Ausländer offers a more forgiving lyricism in *Verschmerzen* (1981):[16]

> would be nice
> if the wounded man
> got over
> his scars
>
> joined with
> the silent stone
> the eloquent waterfall
>
> and recognized himself
> in the gaze of the neighboring pupils

The poet, who spent the last part of her life in Düsseldorf,[17] attempts to depict a gesture of approach between people. She writes, in abbreviated form, "would be nice," meaning that "it would be nice if," as she

[15] Günther Uecker in conversation with Manfred Engeser: "'Tägliches Ringen mit dem Leviathan,'" in: *Günther Uecker: Handlungen*, Düsseldorf 2010, 66–72, here 70.

[16] Rose Ausländer: "Verschmerzen" ["Getting Over"] (1981), in: Cilly Helfrich: *"Es ist ein Aschensommer in der Welt": Rose Ausländer: Biographie*, Weinheim/Berlin 1995, 280.

[17] Rose Ausländer met Paul Celan, who was 19 years her junior, in the Czernowitz ghetto (1941–1944) and visited him in Paris in 1957. She lived in Düsseldorf from 1965 until her death in 1988.

goes on to say, "the wounded man got over his scars." It remains open as to whether she imagines this to be even a possibility in the face of suffering, violence, and atrocities, such as those committed during the Holocaust/Shoah. Nevertheless, and in the face of the historic, previously unthinkable genocide, Ausländer writes in the language of the perpetrators. It is attributable to her human generosity, her strength and humanity, that in a poem like *Verschmerzen* she seeks a path to another, a 'You,' another person, one who could also have taken part in National Socialism. They might have been a perpetrator, they might have been an opportunist, they might have been one of the countless members of the "We-knew-nothing's."

Ausländer describes this approach to the 'You,' to the other person, as a recognition "in the gaze of the neighboring pupils." Here, too, it remains open whether she means that the "wounded man" recognizes himself as an injured individual in the sense that his neighbor might have taken part in that injury, or whether the "wounded man" recognizes himself generally, in a humanist sense, as a human being, in a pair of eyes opposite. In the verses of *Weiß nicht wie* (1979), where Rose Ausländer asks about the possibility of "still being able to write poetry today," the answer is as succinct as it is existential: "it writes itself to me."[18]
In the same way, material devolves on to Uecker, as he "liberates the energies that reside in matter in its truthfulness."[19] The physical struggle for, as Uecker puts it, the "fracture as the writing of compassion,"[20] or a "craft,"[21] as Ausländer calls it, is practiced in order to "survive,"[22] from which Jacques Derrida derives the meaningfulness of life in general, for

[18] Rose Ausländer: "Weiß nicht wie" ["Don't Know How"] (1979), in: Cilly Helfrich: *"Es ist ein Aschensommer in der Welt": Rose Ausländer: Biographie*, Weinheim/Berlin 1995, 265.

[19] Uecker/Engeser 2010, 68.

[20] Ibid.

[21] Rose Ausländer: "Handwerk" (1977), in: Cilly Helfrich: *"Es ist ein Aschensommer in der Welt": Rose Ausländer: Biographie*, Weinheim/Berlin 1995, 296.

[22] Rose Ausländer: "Alles kann Motiv sein" (1971), in: Helmut Braun (ed.), *Rose Ausländer: Die Nacht hat zahllose Augen: Prosa*, Frankfurt a. M. 1995, 91–95, here 93.

"survival, that is not simply what remains, it is life in its greatest possible intensity."[23]

From Humanism to the Other

In a small booklet, Martin Gessmann documented an "uninterrupted dialogue"—the book's title—between Jacques Derrida and Hans-Georg Gadamer.[24] The conversation between the two philosophers revolves around the interpretation of Paul Celan's poems, both from the perspective of the man who is considered the 'founder of deconstruction' (Derrida), and from the perspective of the innovator of hermeneutics (Gadamer). While Derrida's text stuns readers with its tremendous erudition and insights, Gadamer's essay[25] is far less convincing. This divergence of the two essays may be due to the choice of poems or the philosophical assumptions underlying the respective interpretations, but Derrida's reading, "Between Two Infinities, the Poem,"[26] which unpacks Celan's *Große, glühende Wölbung* (1967), not only does justice to the poet with its hermetic and simultaneously wide-open linguistic images, but also traces, in a way, the tension of the movement from aesthetics to ethics. The verses of *Große, glühende Wölbung* conclude with the line: "The world is gone, I must carry you."[27] After the philosopher has interpreted the term "carry" in various ways and analyzed it etymologically, he turns to "world," the destruction or extinction of which would be, in Edmund Husserl's phenomenology, virtually made necessary. Only

[23] Jacques Derrida/Jean Birnbaum: "Das Leben, das Überleben: Vom Ethos des Denkens und von der Chance des europäischen Erbes," Markus Sedlaczek, in: *Lettre International*, Nr. 66, 2004, 10–13, here 13.

[24] Jacques Derrida/Hans-Georg Gadamer: *Der ununterbrochene Dialog*, Frankfurt a. M. 2004.

[25] Hans-Georg Gadamer: "Wer bin Ich und wer bist Du? Kommentar zu Celans Gedichtfolge 'Atemkristall'," in: ibid., 55–96.

[26] Jacques Derrida: "Der ununterbrochene Dialog: Zwischen zwei Unendlichkeiten, das Gedicht," Martin Gessmann, Christine Ott und Felix Wiesler (trans.), in: ibid., 7–50.

[27] Paul Celan, cited in: ibid., 42.

through the absolute exclusion of the world can the ego arrive at its pure self-consciousness. The 'You,' the alter ego, finds its way into the ego only through a 'thinking-with,' through analogy. As Derrida concludes:

> I must therefore carry it, carry *you*, to that place where the world revokes itself, there lies my responsibility. But I can no longer carry the other, not even you, if *carrying* means enclosing the other in itself, in the contemplation of its own ego-logical consciousness. It is about carrying without taking as one's own. 'To carry' no longer means 'to bear' [*comporter*], to enclose, to encompass within oneself, but rather to reside in the infinite inaccessibility of the other, to enter his absolute transcendence into the interior of my self, that is, into the me outside of me. And I am only, can only, *may* only be, insofar as this strange, unraveled magnitude of the infinite other is within me. I must carry the other and carry *you*, the other must carry me.[28]

This extended quotation makes clear where the challenge lies in communication, in thinking intersubjectively, in dealing with the other: the loss of world, the loss of transcendental preconditions, forces the 'I' into an active state of referral to the 'You.' A kind of ethical imperative as a precondition for the world, in which both 'I' and 'You' circle in a constant movement around their difference. They do not "grasp" each other, they circle each other, they carry each other.

In Uecker's work, the hammering in of nails, as well as the writing of Arabic, Hebrew, or Chinese characters, must be understood on a meta-level as an expression of just such an ethical imperative of residing in the other. In a peculiar way, this visual artist is bound to language beyond any 'normal' measure; he constantly writes letters, "love letters," characterizes his poetry "as expression of the moment in which thought

[28] Ibid., 47f.

pairs with sensuality,"[29] as well as creating the wall-sized banners he addresses as *Brief an Peking* (*Letter to Beijing*, 2015).

With *Verletzungen des Menschen durch den Menschen* (1992–2015), accumulations of words in different languages and scripts fill large exhibition halls, while *Heimatdichtung*, an object from 1983, also maintains a tie to language, at least via its title (fig. 17+18 p. 70–71). Like an addict, Uecker circles around—perhaps dearly beloved—language, which he nonetheless also deeply distrusts: "And the dominion of the word was suspicious to me."[30] Uecker experienced propaganda too much and too often at a young age—of the National Socialist variety as a child and teenager, Communist as a student. But, as he himself reports, the "events he was struck by" opened up in-between spaces.[31] The nail, one could say, frees language from its doctrinaire occupation and permits Uecker to take a new approach. A new, shimmering reality emerges from the spaces between the nails, leaving room for that which is beyond language. The artist summarizes his activities as follows:

An un-alphabetic means of expression that can be perceived as a failure. Also as a failure of human togetherness. Even if there is no common alphabetical means of expression, one can understand this feeling of human injury and gain insights into other cultural developments.[32]

What Uecker calls the "un-alphabetic means of expression" describes the performative act of going to the edge of language, an almost paradoxical position. While in *Wort - Schrift - Zeichen* (1999) (fig. 19 p. 72) he meditates on the possibility of communication through writing, he avoids reproducing the results of this reflection verbally, i.e. alphabetically. Emerging instead is a visualization of writing, which is thereby

[29] Uecker 1979, 15.
[30] Ibid., 16.
[31] Ibid.
[32] Uecker/Engeser 2010, 68 and 138f.

withdrawn from the logos. The signs, regardless of the source language, become semantic riddles. One reads: "'I'-identity and vernacular communication are complementary concepts. Both name, from different sides, the conditions for interaction."[33] While the surface of the image presents writing, the semantic level—as the title implies—steers from the word via writing to the sign. By treating texts as visual signs, Uecker escapes the logos and can actively search for the space in which encounters of the 'I' with the 'You' can occur. This movement, this performative act, represents a general artistic decision that is fed by the historical background of what Derrida calls the "crimes against the German language" committed by the National Socialists and, at the same time, avoids the danger of a "simple mindlessness, [the] trivialization of language" (Derrida).[34] In 1976, Uecker himself said that the "world was totally altered" for him by the "twelve years of un-culture" and the "very strong tendency towards agitation and propaganda" in socialist realism.[35]

For Rose Ausländer, the "motherland" is the language that offered her something like home, although she was aware of the corruption of this homeland. In concrete terms, this means that the German language itself is used by both perpetrators and victims, making it a unifying element, but about which one must be skeptical because it is never known who in that language community is a perpetrator and who is a victim. Paul Celan relates to language in a similar way to Ausländer, insofar as he also worked in the German language and found his spiritual home in it. At the same time, Ausländer and Celan must use this language to think and feel the trauma of the genocide of the Jews, which also affected them personally. Uecker, younger and non-Jewish, certainly has a different approach to the German language, but he too is obviously moved by

[33] Günther Uecker, *Wort – Schrift – Zeichen*, 1999, reproduced in: *Uecker*, Berlin 2015, 180f.

[34] Jacques Derrida: "Die Sprache gehört keinem: Interview von Evelyn Grossman mit Jacques Derrida" (2000), Helga von Loewenich (trans.), in: Petro Rychlo (ed.): *Mit den Augen von Zeitgenossen: Erinnerungen an Paul Celan*, Frankfurt a. M. 2020, 291–294, here 293.

[35] Uecker 1979 (1976), 153.

a deep ambivalence towards his mother tongue due to his experience of two historical kinds of propaganda. Therefore, he also deeply distrusts the German language and searches for another one.

Although the difficult 'legacy'[36] of the German language demands a distancing from it on the part of the artist and the two poets, they adopt precisely this language as their tool because it ensures their "survival." Even during his forced internment in Romania, Paul Celan wrote, with "wound-worked hands [...], German verses"[37] and continued to write in that language until his early death in 1970, even though he had been living in France since 1948 and had mastered the French language as he had the German one.[38] Ausländer spent the last years of her life writing exclusively in German.[39] Günther Uecker writes with a nail:

> In my works one can sense that this change of the shadow of a stick, like a nail in a field, and the variety of nails form a language that articulates this and brings it into a context that is poetically graspable, which through contemplation can be condensed into a sensation. Poetry reproduces itself in the observer as well as in the alteration of the object being observed.[40]

It is certainly no coincidence that Uecker uses terms such as "language" and "poetry" in his own vocabulary in order to "articulate" or "condense" something. Indeed, through his art he has enabled a transformation of the word into space and thus transferred the word and the logos

[36] This is not the place to relativize the different personal points of view, origins, and experiences. Rather, we are looking fundamentally at how one can live with and in the German language after the Holocaust/Shoah, how one can communicate.

[37] Dorothea Müller-Altneu: "Erinnerungen an den jungen Paul Celan," in: Petro Rychlo (ed.): *Mit den Augen von Zeitgenossen: Erinnerungen an Paul Celan*, Frankfurt a. M. 2020, 41–45, here 44.

[38] Celan also spoke Romanian, Russian, Hebrew, English, and Yiddish.

[39] Rose Ausländer also wrote poems in English, especially during her first stay in the United States between 1921 and 1930.

[40] "Günther Uecker im Gespräch mit Hilla Becher und Marion Ackermann, 28.10.2014, Kaiserswerth," in: *Uecker*, Berlin 2015, 45–51.

from the metaphysical binding of the alphabetical into a sphere of what is associated in contemporary philosophy with Derrida's *Grammatology*. And, in both Uecker and Derrida, we can see what Peter Engelmann, Derrida's long-time German-language publisher, summarized of this thinking and its intentions:

> The process of deconstruction opposes the dominance of unrestricted and unquestionable general concepts and can therefore be understood as a declaration of war on every form of totalitarian ideology and politics.
>
> In positive terms, deconstruction is a plea for an attitude that considers the diversity of the world and the uniqueness of people, cultures, and religions in as differentiated a way as possible and reacts to diversity with tolerance instead of attempting to make everything uniform. [...]
>
> Deconstruction therefore does not have to dispense with criticism and values. Rather, deconstruction can be understood as a process of elucidation that is aware of the structural danger of itself becoming like that which it criticizes.[41]

For Uecker, the ethical dimension of writing and language seems to go beyond political or metaphysical prerequisites, because they also contain a production-aesthetic side, as Uecker explains in relation to literary language:

> Hierarchy is oriented towards the understanding of the word, that is, to the prior knowledge of literature, and thus creates dependent consumers. The revolution of literature is therefore anarchically oriented: literature is lead ad absurdum into surrealism, sound poems, dialectics, mannerism.[42]

[41] Peter Engelmann: "Positionen 2009," in: *Jacques Derrida: Positionen*, Wien 2009, 11–19, here 18f.

[42] Günther Uecker: "Literatur" (1968), in: Stephan von Wiese (ed.): *Günther Uecker: Schriften: Gedichte, Projektbeschreibungen, Reflexionen*, St. Gallen 1979, 111.

When the artist compiles his "words that hurt"[43] in different languages and scripts on a wall-filling tableau, expropriating them from their particular linguistic and cultural spaces, he isolates them, de-hierarchizing the terms, and brings them together on a visual level of encounter. The result is a placeless and timeless paradoxical surface on which characters remain as visual metaphors whose 'harmlessness' deceptively conceals the cruelty against people that is assumed to have taken place before or behind them. In this respect, Uecker's project consists of the deconstruction of language via the means of art.

[43] Günther Uecker, *Verletzungen des Menschen durch den Menschen (Verletzungswörter)*, 1992–2015, reproduced in: *Uecker*, Berlin 2015, 175.

About the Author

Barbara Könches (b. 1966 in Düsseldorf) has been Director of the ZERO foundation Düsseldorf since 2018. From 2007 to 2017, she was Head of the Visual Arts Department at the Kunststiftung NRW, Düsseldorf. In 2014, she initiated and curated the *25/25/25* project, among others. From 1999 to 2006, she was a curator at the Center for Art and Media in Karlsruhe, where she directed the *Philosophy and Art* series with publications and conferences on Michel Foucault, Gilles Deleuze, and Jean Baudrillard, among others. Her doctoral thesis *Ethik und Ästhetik der Werbung: Phänomenologie eines Skandals* was published in 2001. She is the author and editor of numerous publications, including *ZERO-Kunst und Mode*, with an essay by Barbara Vinken (forthcoming); *Opening the Archive: The ABCs of ZERO* (2024); *Meeting the Monochrome: ZERO and Dansaekhwa* (2022); *Seeing Light: Medium Fotografie in NRW* (2017); *25 Jahre Künstler Museen* (2015); *Stephan von Huene: Grenzgänger, Grenzverschieber* (2006); *Philosophie und Kunst: Jean Baudrillard*, together with Peter Gente and Peter Weibel (2005). As part of her research on ZERO art, she has published numerous texts on Otto Piene, Heinz Mack, and Nanda Vigo, among others.

Abstract

Die Handlung als interaktiver Prozess zwischen Subjekt und Objekt ist ein Kernelement der ästhetischen Rezeption im ostasiatischen Kulturraum. So ist der Prozess des Handelns für die ostasiatische ästhetische Rezeption oft wichtiger als das vollendete Werk und seine isolierte Betrachtung. Der vorliegende Beitrag widmet sich dem Vorhaben, dieses Phänomen auf der Basis religions- und kulturwissenschaftlicher Erkenntnisse und unter Bezugnahme auf die sogenannte japanische Kunstweg-Lehre analytisch darzustellen. In Auseinandersetzung mit der Begriffseinheit *wabi sabi*, einem Hauptelement der ästhetischen Erfahrung, werden Dimensionen der sinnlichen Erfahrbarkeit aufgezeigt, die auch die Beziehungen von Material und Immateriellem, Hand und Handlung bestimmen. So beleuchtet der Beitrag das historische, künstlerische und konzeptuelle Fundament der 1954 in der japanischen Hafenstadt Osaka gegründeten Gutai-Gruppe im Hinblick auf mögliche Berührungspunkte mit Ansätzen aus dem ZERO-Kontext. Dabei artikulieren sich zugleich die grundlegenden Potenziale einer interdisziplinären kunstwissenschaftlichen Forschung wie auch die konkrete Notwendigkeit einer interdisziplinär angelegten Erforschung der Schaffenswege und Werkzusammenhänge der Gutai-Künstlergruppe, wenn es darum geht, ihren Anteil an der globalen Entwicklung der zeitgenössischen Kunst zu ermessen. Wie der Beitrag aufzeigt, vermag ein solcher interdisziplinärer Forschungsansatz gezielt jene inter- und transkulturellen Elemente zu erhellen, deren Entfaltung nur in prozessualen Handlungen und durch ein prozessuales Werkverständnis komplex erfasst werden kann.

Xiao Xiao

Zugänge zur künstlerischen Handlung

Über die Potenziale einer interkulturellen philosophischen Perspektive in der kunstwissenschaftlichen Forschung

Das Handeln steht gemeinhin im Gegensatz zum Denken. Natürlich ist auch mit dem Handeln stets ein Gedanke verbunden. Im Gegensatz dazu sei mit Denken hier jedoch ein philosophisches Denken gemeint, in dem auf analytischer Ebene ein Dialog zwischen der Vernunft und dem eigenen Bewusstsein stattfindet. In meinem heutigen Vortrag positioniere ich dieses philosophische Denken als Gegenpol zum praxisorientierten Handeln, das aus meiner Sicht in einem künstlerischen Schaffensprozess die zentrale Rolle einnimmt.

Zu Beginn möchte ich einen Satz aus einem Brief des französischen Impressionisten Paul Cézanne an den Schriftsteller Émile Zola zitieren: „Ich arbeite; wenig Ergebnisse, und zu weit vom allgemein Verständlichen entfernt".[1] Diese Nachricht des Wegbereiters der modernen Malerei an den Begründer des literarischen Naturalismus macht deutlich, dass in der Moderne der experimentelle Charakter der Kunst immer mehr in den Mittelpunkt des künstlerischen Schaffens gerückt ist. Die Tatsache, dass in Museen und Galerien meist nur das Endergebnis eines künstlerischen Prozesses zu sehen ist (oder was dafür gehalten wird), ist ein klassisches Problem der Malerei, aber auch der Kunstvermittlung; ein Problem, das kuratorisch selten mitbedacht wird. Die sämtlichen Schritte, die den Künstler zu jenem ‚Endbild' geführt haben, die er in seiner eigenen Zeit durchlaufen hat, sind dem Betrachter oder der Be-

[1] Paul Cézanne in einem Brief an Émile Zola, 14. April 1878, zit. in: Götz Adriani: *Paul Cézanne. Leben und Werk*, München 2006, S. 32.

trachterin letztlich nie vollständig zugänglich. Paradoxerweise ist es aber für eine vertiefte ästhetische Rezeption unerlässlich, diese Schritte zu erhellen.

Auch die zeitgenössische künstlerische Aktion zeichnet sich durch ihren experimentellen Charakter aus. In der experimentellen Handlung versuchen die Kunstschaffenden, das Verhältnis zwischen dem handelnden Subjekt und der dieses Subjekt umgebenden Umwelt zu hinterfragen. Vor diesem Hintergrund kann die Aktion als ein interaktiver Prozess betrachtet werden, der nicht im Voraus geplant werden kann und daher Raum für Spontaneität lässt. In der japanischen Kunstweg-Lehre wurde – bereits lange vor dem Aufkommen der Aktionskunst – die künstlerische Handlung als das eigentliche Kunstwerk thematisiert. Die japanische Kunstweg-Lehre entstand in der Muromachi-Zeit (1392–1573) und der Edo-Zeit (1600–1867), also über einem Zeitraum von 475 Jahren hinweg, und nimmt in der Weltgeschichte der Kunstlehren nicht zuletzt durch die Vielzahl an Künsten, in denen sie zur Anwendung kommt, eine einzigartige Stellung ein.[2] Im Mittelpunkt der Kunstweg-Lehre, die sich als Ausdruck des künstlerischen Selbstbewusstseins herausbildete, steht der künstlerische Schaffensprozess, den auch die japanische Gutai-Gruppe bewusst in den Mittelpunkt stellte. Die 1954 gegründete Gutai-Gruppe wiederum stand mit Mitgliedern der ZERO-Gruppe unter anderem aus Deutschland und den Niederlanden in intensivem Kontakt, wodurch sich auch die Frage nach dem möglichen Einfluss der japanischen spirituellen Kultur auf das internationale Kunstgeschehen stellt.

[2] Vgl. Ryōsuke Ōhashi: „Zum japanischen Kunstweg. Die ästhetische Auffassung der Welt“, in: Hans Belting/Lydia Haustein (Hg.): *Das Erbe der Bilder. Kunst und moderne Medien in den Kulturen der Welt*, München 1998, S. 149–162, hier S. 149.

Material und Geist in der Gutai-Praxis

Durch die spirituelle Prägung des Zen-Buddhismus und des Shintoismus in Japan kommt dem Naturmaterial eine besondere Bedeutung zu. Diese spirituelle kulturelle Prägung ist in Japan allgegenwärtig und verständlicherweise auch in die Kunstweg-Lehre eingeflossen. Vorerst sei an dieser Stelle nur kurz erwähnt, dass sowohl der Zen-Buddhismus als auch der Shintoismus in Japan keine Bekenntnisreligionen sind. Die Idee ihrer Spiritualität ist, dass ein Individuum oder eine Gemeinschaft mit den spirituellen Kräften in der Natur interagiert und diesen interaktiven Prozess bewusst und achtsam wahrnimmt. Aus diesem Grund existieren kaum theoretische theologische Schriften der beiden Religionen. Statt einer Theorie steht in der künstlerischen Praxis der Übungsweg, das heißt der Handlungsprozess, im Mittelpunkt. Die auf dieser spirituellen Idee basierende Kunstweg-Lehre ist Ausdruck des Selbstbewusstseins der Kunstschaffenden, die durch das praktische Handeln mit den naturgegebenen Materialien eine Beziehung zwischen Menschen und Naturmaterial erfahrbar machen. Das Gutai-Manifest ist in diesem Sinne die Stellungnahme eines Handelnden:

„Die Gutai-Kunst verändert das Material nicht: sie verleiht ihm Leben. Gutai-Kunst verfälscht das Material nicht. In der Gutai-Kunst reichen sich der menschliche Geist und das Material die Hand, obwohl diese gewöhnlich einander entgegengesetzt sind. Das Material geht nicht in den Geist ein. Der Geist zwingt nicht das Material zur Unterordnung.“[3]

In der Gutai-Kunstpraxis ist die Verbindung zwischen einem handelnden, fühlenden Subjekt und einem materiellen, gegenständlichen Objekt ein stetiges Thema. In diesem Zusammenhang möchte ich auf die japanische Wortverbindung *wabi sabi* eingehen, deren Vorkommen sich bis in

[3] Jirō Yoshihara: „Das Gutai-Manifest“ (1956), in: Barbara Bertozzi/Klaus Wolbert (Hg.): *Gutai. Japanische Avantgarde 1954–1965*, Ausst.-Kat. Mathildenhöhe, Darmstadt 1991, S. 364–369, hier S. 364.

die Zeit der Arts-and-Crafts-Bewegung zu Beginn des 20. Jahrhunderts zurückverfolgen lässt. *Wabi sabi* lässt sich streng genommen nicht eins zu eins in die deutsche Sprache übersetzen. Sinngemäß beschreibt *wabi* eine einsame, dunkle, aber dennoch strahlende Atmosphäre; und als Gegenstück dazu steht *sabi* für die hoffnungslose Dimension der Einsamkeit im Sinne einer hoffnungslosen Verlassenheit. Philosophisch gesehen könnte man diese Begriffseinheit dialektisch verstehen, ein Umschlagen vom Negativen ins Positive. Wie man sieht, handelt es sich bei den Worten *wabi* und *sabi* nicht um Begriffe, die man hermeneutisch erklären könnte; ich ziehe es vor, mit *wabi sabi* auf einen Gefühlszustand hinzuweisen, der als das Hauptelement des Schönheitsempfindens in der modernen japanischen Kunst gilt.

Das Gefühl, das entsteht, wenn die Hände einen Gegenstand oder ein Material berühren, wird im japanischen Kunsthandwerk zum Ziel einer künstlerischen Handlung. Dabei ist zu beachten, dass die Grenze zwischen Kunst und Design im gesamten ostasiatischen Raum fließend ist. Im japanischen Kunsthandwerk werden Gebrauchsgegenstände wie Gefäße aus Keramik, Porzellan, Ton und Lehm hergestellt. Ihr Stellenwert ist vergleichbar mit dem Stellenwert von Kunstwerken im europäischen Verständnis – nur dass sie ausdrücklich mit den Händen berührt werden, sowohl in der Produktionsphase als auch im alltäglichen Gebrauchsprozess. Die Hände sind dabei der zentrale Zugang zur Ästhetik, die nicht theoretisch begründet, sondern in ihrer sinnlichen Dimension erfasst werden kann. Über den Tastsinn erschließt sich das Schöne, das sich in der Materialität eines Gegenstandes verbirgt. Ich konstruiere das Schöne in einer sinnlichen Erfahrbarkeit, die ich hier als präsprachliche Wahrnehmung bezeichnen möchte. In dieser sinnlichen Erfahrbarkeit steht statt der Vernunft im kantischen Sinne der menschliche Körper im Mittelpunkt.

Nach dieser Auffassung sind Gebrauchsgegenstände dann gelungen, wenn die ursprüngliche Qualität des Naturmaterials durch handwerkliche Techniken zum Ausdruck gebracht wurde. Für den Handlungsprozess bedeutet dies, dass die haptisch erfahrbare Materialeigenschaft darüber entscheidet, in welcher Form und mithilfe welcher Herstellungstechnik ein natürlicher Rohstoff seine ursprüngliche Qualität dergestalt freisetzen kann, dass diese Qualität sich in die menschliche Alltagswelt integrieren lässt und mit den menschengemachten Kulturen Interaktion entsteht. Dieser Entscheidungsprozess basiert auf der Intuition des Künstlers beziehungsweise der Künstlerin und wird durch zahlreiche Experimente vollzogen, in denen sich das künstlerische Selbstbewusstsein im konkreten Umgang mit dem Material herausbildet. Innerhalb der europäischen Denktradition finde ich einen Berührungspunkt dieses japanischen ästhetischen Empfindens in Martin Heideggers Dialog *Aus einem Gespräch von der Sprache. Zwischen einem Japaner und einem Fragenden*, wo Heidegger dieses Schöne philosophisch anhand einer ästhetischen Rezeption japanischer Prägung als Durchscheinen des Übersinnlichen durch das Sinnliche erklärt.[4] Die Hand setzt ein interaktives Handeln zwischen Menschen und Material voraus; sie ist der Zugang zu unsichtbaren Phänomenen. Wenn das künstlerisch-geistige Ergebnis aus diesem Handlungsprozess ausgeblendet würde, wäre nicht rezipierbar, wie das Übersinnliche durch das Tastsinnliche in statischer Form durchscheinen kann.

Folgen für die wissenschaftliche Rezeption

Vor diesem Hintergrund wird erst deutlich, warum die Gutai-Künstler*innen eine performative Kunstform bevorzugten und inwiefern ihre performativen Prozesse darauf gerichtet waren, die impliziten Aussagen des Materials selbst zum Ausdruck zu bringen. In diesem bewusst durchgeführten Prozess spiegelt sich das Bewusstsein des Menschen von sich selbst als denkendes, fühlendes Wesen wider. Das philosophisch-konst-

[4] Martin Heidegger: „Aus einem Gespräch von der Sprache. Zwischen einem Japaner und einem Fragenden“ (1953/54), in: *Martin Heidegger. Gesamtausgabe*, 1. Abteilung: *Veröffentlichte Schriften 1910–1976*, Bd. 12: *Unterwegs zur Sprache*, hg. von Friedrich-Wilhelm von Herrmann, Frankfurt a. M. 1985, S. 79–146, hier S. 96.

ruktive Denken wird in diesem Handlungsprozess bewusst ausgeschaltet, um der Intuition, die aus dem unmittelbaren, nicht diskursiven und nicht reflexiven Erkenntnisprozess gewonnen wird, den Vorrang zu geben. Mit diesem Prozess arbeitet auch Günther Uecker, wenn er, wie er angibt, sein künstlerisches Schaffen unter Ausschaltung des Denkens vollzieht.[5] Die Dimension des Unlogischen, die zur präsprachlichen Erfahrung gehört, wurde in meiner Forschungsarbeit *Philosophie und Künste Ostasiens im Werk von Günther Uecker* als Logik des künstlerischen Schaffens beleuchtet und anerkannt.[6]

Mit dieser Haltung positionieren die Kunstschaffenden ihren Handlungsprozess als Interaktion zwischen Menschen und Natur, zwischen Impulsivität und Statik, zwischen Unsagbarem und Definiertem. Die Handlung wird als verbindendes Element geehrt. Daraus folgt der Satz im Gutai-Manifest: „In der Gutai-Kunst reichen sich der menschliche Geist und das Material die Hand."[7]

Ein performativer Handlungsprozess mit experimentellem Charakter fördert die Offenheit eines Künstlers, der ergebniszentriert arbeitet und sein Interesse auf Grenzüberschreitungen richtet, denen er in einem ergebnisoffenen Handlungsprozess begegnen kann. Was uns die Gutai-Künstler*innen mit ihrer avantgardistischen Kunst hinterlassen haben, besteht so gesehen darin, dass sie ihre Kunst aus dem traditionellen Verständnis der Kunstweg-Lehre als Übungsweg mit spirituell-religiösem Hintergrund in die europäische Position der modernen Kunst überführt haben. So haben sie zur Formierung des Leitgedankens ‚Kunst um der Kunst willen' aus der japanischen Tradition heraus beigetragen.

[5] So sagt Günther Uecker beispielsweise in einem Interview: „Ich habe selber in meinem Leben sehr viel daran gearbeitet, Gedanken auszulöschen [...]. Also es sind Zustände, die dann erreicht sind, wenn ich mich [für] Tage auf ein Werk konzentriere und dann darin arbeite – total bewusstlos. Keine Reflexion, und keine Korrektur". Günther Uecker im Gespräch mit Christian Lund, Dezember 2014. Louisiana Museum of Modern Art in Humlebæk: *Günther Uecker Interview: Poetry Made with a Hammer*, 13.06.2017 [Videointerview, TC 27:53–28:23]; https://vimeo.com/221392520 [25.01.2025].

[6] Vgl. Xiao Xiao: *Philosophie und Künste Ostasiens im Werk von Günther Uecker*, Weilerswist-Metternich 2023.

[7] Yoshihara 1991 (1956), S. 364.

Anhand dieses kurzen Überblicks lässt sich, wie ich hoffe, erahnen, wie lohnend es für die kunstwissenschaftliche Forschung zur zeitgenössischen Kunst wäre, die inter- und transkulturellen Elemente näher zu untersuchen, und zwar in Kombination mit entsprechend ausgewählten, konkreten Kunstwerken, auf die Frage hin, wie diese Werkelemente sich zueinander in bestimmten Prozessen unter bestimmten Einflüssen verhalten. Philosophisch gestützt könnte dies der Versuch werden, den Begriff der freien Kunst in der zeitgenössischen globalen Perspektive neu zu erschließen. Auch die Beleuchtung der Frage, wie und mit welchen Argumenten das Geistige im künstlerischen Schaffen zu fassen wäre, könnte mithilfe eines interkulturellen philosophischen Ansatzes durchaus neue Dimensionen eröffnen.

Zur Autorin

Xiao Xiao (geb. 1983 in Chengdu, China) ist promovierte Kunstwissenschaftlerin und Kunstvermittlerin. Von 2002 bis 2006 studierte sie Industriedesign an der Xihua University in Chengdu. 2012 schloss sie den Bachelorstudiengang Design und Designwissenschaft an der Hochschule für angewandte Wissenschaft und Kunst in Hildesheim ab. Als Stipendiatin der Friedrich-Naumann-Stiftung für die Freiheit studierte sie anschließend den Masterstudiengang Kulturvermittlung an der Universität Hildesheim, wo sie 2015 einen Master of Arts in Kulturvermittlung und Kunstwissenschaft erhielt. 2022 wurde sie an der Universität Hildesheim promoviert. Das Günther Uecker Institut zeichnete Xiao Xiao während ihrer Promotionszeit mit dem Forschungsstipendium 2017 aus. Ihre Dissertationsschrift *Philosophie und Künste Ostasiens im Werk von Günther Uecker* erschien 2023. Als freie Autorin schreibt sie über Kunst und interkulturelle Philosophie.

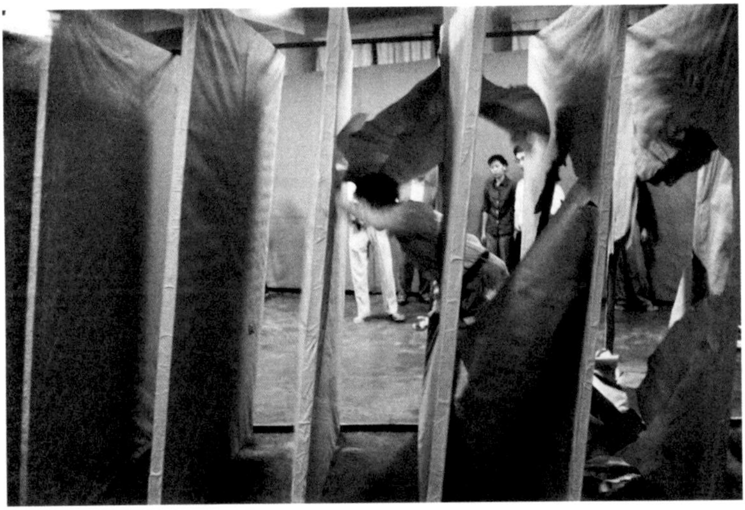

Abb. 20–24: Saburō Murakami, *Passing Through*, 1956, Aktion während der zweiten Gutai-Ausstellung | Action during the second Gutai exhibition, Silbergelatineabzug | Silver gelatin print, 20,7 × 31,5 cm, Sammlung der | Collection of Tate Gallery London, 2012. Foto | Photo: Kiyoji Ōtsuji

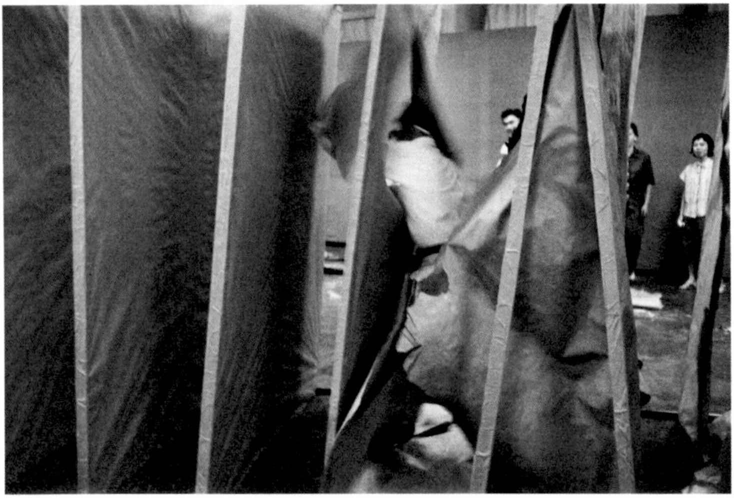

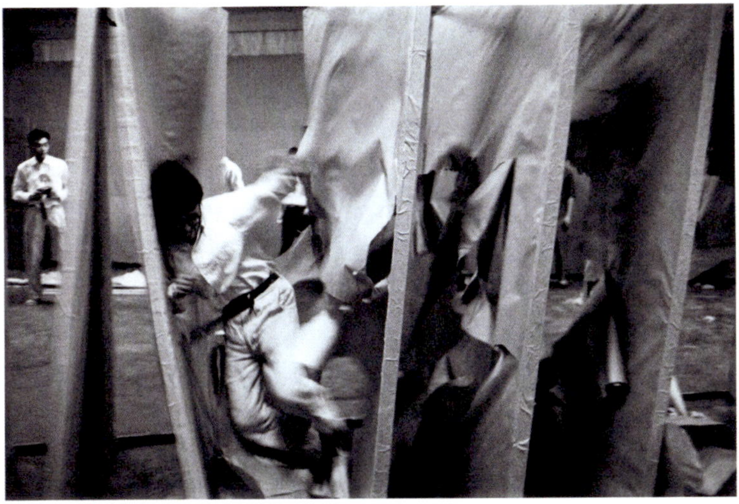

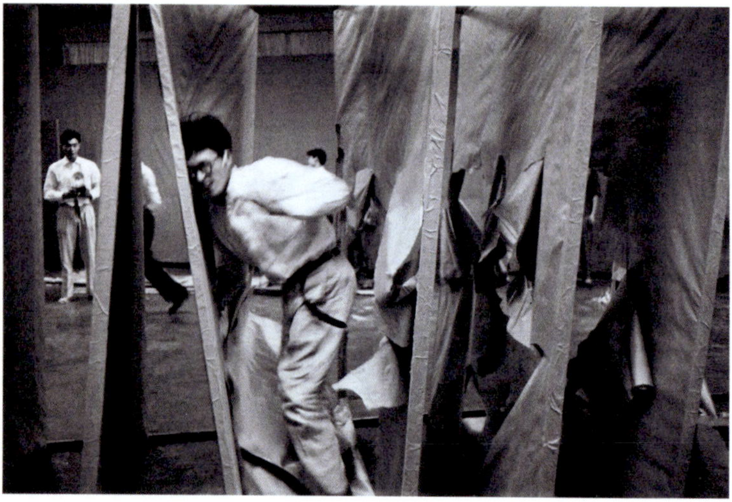

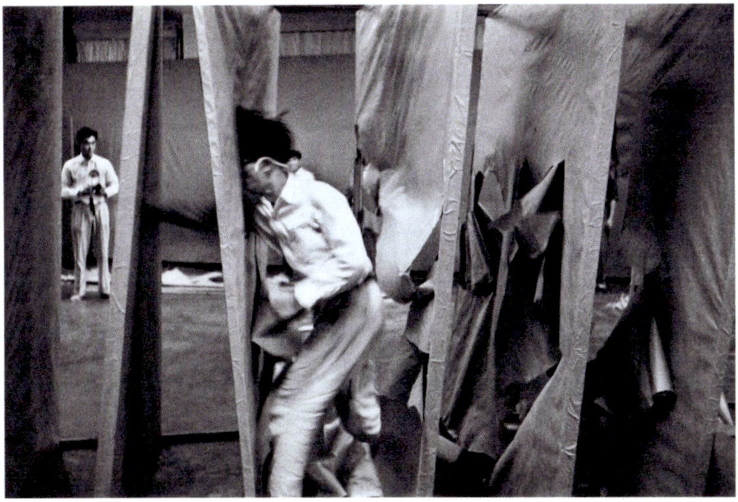

Abstract

Action as an interactive process between subject and object is a core element of aesthetic reception in the East Asian cultural sphere. In East Asian aesthetic reception, the process of action is often more important than the completed work and its isolated observation. This article is an analytical presentation of this phenomenon on the basis of findings from religious and cultural studies and with reference to the Japanese 'art way' doctrine. In an examination of the conceptual unit *wabi-sabi*, a central element of aesthetic experience, dimensions of sensual experience are shown that also determine the relationships between the material and the immaterial, between hand and action. This text sheds light on the historical, artistic, and conceptual foundations of the Gutai art association, founded in 1954 in the Japanese port city of Osaka, including possible points of contact with approaches from the ZERO context. At the same time, it articulates the fundamental potential of interdisciplinary art historical research as well as the concrete necessity of interdisciplinary research into the creative paths and work contexts of the Gutai artist group in assessing their contribution to the global development of contemporary art. This article shows that such an interdisciplinary research approach can shed light on those inter- and transcultural elements whose development can only be captured in a complex way through looking at processual actions and a processual understanding of the works.

Xiao Xiao

Approaches to Artistic Action
On the Potential for an Intercultural Philosophical Perspective in Art Historical Research

Action generally stands in contrast to thought. Of course, an action is always linked with a thought. In contrast, however, thinking here refers to philosophical thinking, in which a dialogue between reason and one's own consciousness takes place on an analytical level. In my lecture today, I position this philosophical thinking as the antithesis of practice-oriented action, which in my view plays the central role in the artistic creative process.

To begin with, I would like to quote from a letter written by Paul Cézanne to Émile Zola: "I am working; poor results and too far removed from the general understanding."[1] This message from the pioneer of modern painting to the founder of literary naturalism makes it clear that in the modern age, the experimental character of art had increasingly become the focus of artistic creation. The fact that museums and galleries usually only show the end result of an artistic process (or what is considered to be the end result) is a classic problem of painting, but also of art mediation; a problem that is rarely taken into consideration by curators. All the steps that have led the artist to the 'final image,' which he has gone through in his own time, are ultimately never fully accessible to the viewer. Paradoxically, however, it is essential for an in-depth aesthetic reception to shed light on these steps.

[1] Paul Cézanne in a letter to Émile Zola, April 14, 1878, quoted in: John Rewald (ed.): *Paul Cezanne: Letters*, Marguerite Kay (trans.), New York 1995, 159.

Contemporary artistic action is also characterized by its experimental nature. In the experimental act, the artist attempts to question the relationship between the acting subject and the environment surrounding this subject. Against this background, the action can be seen as an interactive process that cannot be planned in advance and therefore leaves room for spontaneity. In the Japanese art path doctrine—long before the emergence of action art—artistic action was thematized as the actual work of art. The Japanese 'art way' teaching doctrine emerged in the Muromachi period (1392–1573) and the Edo period (1600–1867), i.e. over a period of 475 years, and occupies a unique position in the world history of art teachings, not least due to the large number of arts in which it is applied.[2] At the center of the doctrine, which developed as an expression of artistic self-confidence, is the creative process, which the Japanese Gutai group also consciously focused on. The Gutai group, founded in 1954, was, in turn, in close contact with members, primarily from Germany and the Netherlands, of the ZERO group, which brings us to the question of the possible influence of Japanese spiritual culture on the international art scene.

Material and Spirit in the Gutai Practice

Due to the spiritual influence of Zen Buddhism and Shintoism in Japan, natural materials hold a special significance. This spiritual-cultural influence is omnipresent in Japan and has understandably also been incorporated into the 'art way' teachings. At this point, it should be briefly mentioned that, in Japan, both Zen Buddhism and Shintoism are not confessional religions. The idea of their spirituality is that an individual or community interacts with the spiritual forces in nature, consciously and mindfully perceiving the interactive processes therein. For this

[2] Cf. Ryōsuke Ōhashi: "Zum japanischen Kunstweg: Die ästhetische Auffassung der Welt," in: Hans Belting/Lydia Haustein (eds.): *Das Erbe der Bilder: Kunst und moderne Medien in den Kulturen der Welt*, Munich 1998, 149–162, here 149.

reason, there are hardly any theoretical theological writings in either religion. Instead of theory, artistic practice focuses on the way of practice, i.e. the process of action. The 'art way' doctrine, based on this spiritual idea, is an expression of the self-confidence of the artists, who make it possible to experience a relationship between people and natural materials through practical action with the natural materials. In this sense, the Gutai Manifesto is the statement of a practitioner:

"Gutai Art does not alter matter. Gutai Art imparts life to matter. Gutai Art does not distort matter. In Gutai Art, the human spirit and matter shake hands with each other while keeping their distance. Matter never compromises itself with the spirit; the spirit never dominates matter."[3]

In the Gutai art practice, the connection between an acting, feeling subject and a material, concrete object is a constant theme. In this context, I would like to discuss the Japanese word *wabi-sabi*, which can be traced back to the Arts and Crafts movement at the beginning of the 20th century. Strictly speaking, *wabi-sabi* cannot be translated one-to-one into other langugages. *Wabi* denotes a lonely, dark, yet radiant atmosphere; while, as a counterpart to this, *sabi* stands for the hopeless dimension of loneliness in the sense of a hopeless abandonment. From a philosophical point of view, this conceptual unit could be understood dialectically, as a reversal from the negative to the positive. As you can see, the words *wabi* and *sabi* are not terms that can be explained hermeneutically; I prefer to use *wabi-sabi* to refer to an emotional state that is considered the main element of the sense of beauty in modern Japanese art.

The feeling that arises when the hands touch an object or a material is the goal of artistic action in Japanese arts and crafts. It should be noted that the boundary between art and design is fluid throughout East Asia. In Japanese arts and crafts, everyday objects such as vessels

[3] Yoshihara Jirō: "Gutai bijutsu sengen," Reiko Tomii (trans.), Geijutsu Shinchō 7, no. 12 (December 1956), 202ff.

are made from ceramics, porcelain, clay, and earthenware. Their significance is comparable to that of works of art in the European understanding, except that they are explicitly made to be touched with the hands, both in the production phase and in the process of their everyday use. It is the hands that are the central means of access to aesthetics, which is not based in theory, but can be grasped in its sensual dimension. The sense of touch reveals the beauty hidden in the materiality of an object. I construct beauty through a sensory experience, which I will refer to here as pre-linguistic perception. In this sensory experience, the human body is of central importance instead of reason in the Kantian sense.

According to this view, utilitarian objects are considered successful when the original quality of the natural material has been expressed through craftsmanship. For the action process, this means that the haptically perceptible, material property dictates in which form and with the help of which manufacturing technique a natural, raw material can release its original quality in such a way that this quality can be integrated into the everyday, human world and an interaction with man-made culture can develop. This decision-making process is based on the artist's intuition and is carried out through numerous experiments in which artistic self-confidence is formed through the concrete handling of the material. In the European tradition of thought, I locate a point of contact with this Japanese aesthetic sensibility in Martin Heidegger's "Dialogue on Language," where Heidegger explains this beauty philosophically on the basis of a Japanese-style aesthetic reception as the "shining through" of the suprasensible in the sensual.[4] The hand presupposes an interactive action between people and material; it is the access to invisible phenomena. If the artistic-spiritual result were to be excluded from this process of action, it would not be possible to perceive how the suprasensible can shine through the tactile in a static form.

[4] Martin Heidegger: "A Dialogue on Language (between a Japanese and an Inquirer)," in: *On the Way to Language*, Peter D. Hertz (trans.), 1–54, here 14.

Implications for Scientific Reception

Against this background, it becomes clear why the Gutai artists preferred a performative art form and to what extent their performative processes were aimed at drawing out the implicit expressivity of the materials themselves. In this consciously executed process is reflected the human awareness of themself as a thinking, feeling being. Philosophical-constructive thought is consciously turned off in this process of action in order to give priority to intuition, which is gained from an immediate, non-discursive, and non-reflective process of knowledge. Günther Uecker also works with this process when, as he describes it, he carries out his artistic creation by turning off thought.[5] The dimension of the illogical, which is part of the pre-linguistic experience, was illuminated and recognized as the logic of artistic creation in my research work *Philosophy and the Arts of East Asia in the Work of Günther Uecker*.[6]

With this approach, artists position their process of action as an interaction between people and nature, between impulsiveness and static equilibrium, between the unspeakable and the defined. The action is credited as the unifying element. Hence the sentence in the Gutai Manifesto: "In Gutai Art, the human spirit and matter shake hands."[7]

A performative process of action with an experimental character promotes the openness of an artist who works with a focus on results and is interested in crossing boundaries, which he can encounter in an open-ended process of action. What the Gutai artists have left us with their avant-garde art, including the fact that they have transferred their art from the traditional understanding of the 'art way' doctrine as a path

[5] In an interview, Günther Uecker stated: "I myself have worked a lot in my life on erasing thoughts [...]. So these are states that are reached when I concentrate on a work [for] days and then work in it—totally unconsciouslu. No reflection and no correction." Günther Uecker in conversation with Christian Lund, December 2014. Louisiana Museum of Modern Art in Humlebæk: *Günther Uecker Interview: Poetry Made with a Hammer*, 13.06.2017 [video interview, TC 27:53-28:23]; https://vimeo.com/221392520 [25.01.2025].

[6] Cf. Xiao Xiao: *Philosophy and Arts of East Asia in the Work of Günther Uecker*, Weilerswist-Metternich 2023.

[7] Yoshihara 1956, 202.

of practice with a spiritual-religious background into European modern art. In this way, they drew from the Japanese tradition to contribute to the formation of the guiding principle of 'art for art's sake.'

I hope that this brief overview gives an idea of how worthwhile it would be for historical research on contemporary art to examine inter- and transcultural elements more closely, in combination with appropriately selected, specific works of art, with regard to the question of how these works relate to each other in certain processes and under certain influences. With philosophical support, this could lead us to an opportunity to re-examine the concept of the fine arts from a contemporary, global perspective. An intercultural philosophical approach could also open up new dimensions by shedding light on the question of how and with what arguments the spiritual in artistic creation can be grasped.

About the Author

Xiao Xiao (b. 1983 in Chengdu, China) holds a doctorate in art history and is an art educator. From 2002 to 2006, she studied industrial design at Xihua University in Chengdu. In 2012, she completed her bachelor's degree in design and design science at the University of Applied Sciences and Arts in Hildesheim. As a scholarship holder of the Friedrich Naumann Foundation for Freedom, she studied in the Master's program in Cultural Mediation at the University of Hildesheim, where she received a Master of Arts in Cultural Mediation and Art Studies in 2015. She received her doctorate from the University of Hildesheim in 2022. The Günther Uecker Institute awarded Xiao Xiao its 2017 research grant during her doctoral studies. Her dissertation *Philosophy and the Arts of East Asia in the Work of Günther Uecker* was published in 2023. As a freelance author, she writes about art and intercultural philosophy.

Abstract

Wann tritt Performance als Protest in Erscheinung und was haben Proteste – auch außerhalb des künstlerischen Feldes – mit Performance zu tun? Entlang dieser Fragen skizziert der Beitrag einen historischen Bogen von den performativen Tendenzen im Umfeld von ZERO bis zu aktuellen Entwicklungen wie den Klimaprotesten im Museum. Performance rückt dabei als eine politische, möglicherweise subversive Ausdrucksform in den Blick, die sowohl im Moment ihrer Aufführung als auch durch ihre mediale Vermittlung gleichermaßen wirksam werden kann. Näher betrachtet wird unter diesen Gesichtspunkten die Protestaktion der Just-Stop-Oil-Aktivist*innen in der Londoner National Gallery 2023, die Präsenz der Occupy-Bewegung auf der 7. Berlin Biennale 2012, das ungefragte Erscheinen von Lorraine O'Grady als *Mlle Bourgeoise Noire* auf einer Vernissage am New Museum in New York 1981, das Blood Bath der Guerrilla Art Action Group 1969 im Foyer des Museum of Modern Art sowie das Prinzip der ZERO-Demonstrationen von 1961/62 und die Aktion *Museen können bewohnbare Orte sein* von 1968 unter der Beteiligung von Günther Uecker.

Lisa Beißwanger

Performance als Protestform

Ausgangspunkt für diesen Beitrag war die Einladung, aus der Perspektive der Performance- und Museumsgeschichte auf die Frage nach künstlerischem Handeln, künstlerischen Aktionen und ihrer Performativität zu blicken. Daraus ergab sich der Ansatz, über Performance und/als Protest nachzudenken und dabei Hannah Arendts Idee vom politischen Tätigsein zum Ausgangspunkt zu nehmen.

Aus kunsthistorischer Perspektive über Performance als Protest nachzudenken, erlaubt eine Zuspitzung der übergeordneten Frage nach dem Verhältnis von Kunst und Politik. Zunächst, da Performance eine verkörperte, handelnde Kunstform ist und ihr damit schon von vornherein eine im Sinne Arendts direkte Verbindung zu politischem Handeln innewohnt.[1] Der Fokus auf das Moment des Protests bedeutet zudem eine Zuspitzung auf die *kritisch*-politische Dimension der Kunst, in Abgrenzung zu *affirmativ*-politischer Kunst, die nicht weniger politisch ist, aber eine andere Stoßrichtung hat. Dieser Beitrag stellt einige mehr oder weniger subjektiv ausgewählte Beispiele zur Diskussion. Ihre zentrale Gemeinsamkeit ist, dass sie einen Bezug zum Museum oder zu ähnlichen Kunstinstitutionen haben, sodass zumindest auf der Ebene des Aufführungsortes eine partielle Vergleichbarkeit besteht. Der Beitrag nimmt in den Blick, wie und warum Performance als Protest in Erscheinung tritt, was Proteste – auch außerhalb des künstlerischen Feldes – mit Performance zu tun haben könnten und was beide Phänomene aus kulturhistorischer Perspektive verbindet. Die These ist, dass es sich in allen Fällen um Aushandlungsprozesse an der sogenannten ästhetischen Grenze handelt (in anderen Worten: der schwer zu greifenden Schwelle

[1] Vgl. dazu Susanne Kogler: „Denkfiguren des Politischen nach 1945. Zu Politik, Kunst und Wissenschaft bei Hannah Arendt", in: dies./Kordula Knaus (Hg.): *Musik – Politik – Gesellschaft. Michael Walter zum 65. Geburtstag*, 1. Aufl., Berlin/Heidelberg 2023, S. 33–55.

zwischen Kunst und Leben) und diesen Prozessen im Sinne der Ästhetik Jacques Rancières ein disruptiv-politisches Potenzial innewohnt.[2]

Zu den Begriffen ‚Performance' und ‚Protest'

Zunächst gilt es einige Begriffe zu klären. Wenn hier von einer *Performance* die Rede ist, dann sei in erster Linie eine Aufführung und weniger Performance als Medium oder Werk gemeint. Indem Performer*innen vor einem zunächst nicht näher definierten Publikum auftreten, stellen sie Öffentlichkeit her und handeln damit im Arendt'schen Sinne politisch. – An dieser Stelle sei daran erinnert, dass Arendt das Theater als „die politische Kunst par excellence" beschreibt und zwar unter Rückbezug auf die griechische Tragödie.[3]

Der Begriff *Protest* kommt vom lateinischen *protestare* und bedeutet ‚etwas öffentlich kundtun' beziehungsweise ‚öffentlich Zeugnis ablegen'. Die Assoziation von Protest mit Widerspruch oder Widerstand gegen herrschende Zustände ist hingegen relativ neu. Im Folgenden wird der Begriff in dieser modernen Zuspitzung verwendet. Es wird also um das widerständig-politische Potenzial von Performance gehen.

Um überhaupt in Erscheinung zu treten, bedarf Protest einer wahrnehmbaren und erfahrbaren Form. Hier kommt die Kunst ins Spiel. Vor allem im heutigen Medienzeitalter sind Protestbekundungen auf die Herstellung starker Bilder ausgerichtet – man könnte sogar sagen, sie sind auf diese angewiesen, um sichtbar und damit wirksam werden zu können.[4] Solche starken Bilder werden nicht immer, aber oft durch

[2] Jacques Rancière: *Die Aufteilung des Sinnlichen. Die Politik der Kunst und ihre Paradoxien*, hg. und übers. von Maria Muhle, 2., durchges. Aufl., Berlin 2008.

[3] Hannah Arendt: *Vita activa oder Vom tätigen Leben*, 20. Aufl., München/Berlin/Zürich 2019, S. 233f.

[4] T. V. Reed schreibt hierzu: „To stage protest is to enter into the domain of the arts, a fact that is arguably more important than ever in the increasingly media-saturated contemporary world." T. V. Reed: „Protest as Artistic Expression", in: Kathrin Fahlenbrach/Martin Klimke/Joachim Scharloth (Hg.): *Protest Cultures. A Companion* (= Protest, Culture & Society, Bd. 17), New York/Oxford 2016, S. 77–93, hier S. 78.

die Inszenierung performativer Ausnahmemomente erzeugt, wie Peter Mörtenböck und Helge Mooshammer in ihrem Aufsatz *Performance des Protests* argumentieren.[5] Mit Judith Butler sei dem noch die Betonung der Körperlichkeit von Protesten hinzugefügt. Butler kritisiert Arendt für ihre eher unkörperliche Vorstellung politischen Handelns und definiert Protest – erneut unter Bezugnahme auf Arendt – als „bodies that act together".[6]

Kunst und/als Protest?

Der Kulturwissenschaftler T. V. Reed nennt zwei Grundbedingungen, die erfüllt sein müssen, damit die Verbindung von Kunst und Protest überhaupt hergestellt werden kann: *Erstens* müsse es einen Konsens im Kunstfeld geben, dass Kunst „fundamentally political" sei.[7] *Zweitens* müssten Aktivist*innen anerkennen, dass Protest *immer* eine ästhetische Dimension habe.[8] Beides scheint heute Konsens, ist historisch gesehen aber keine Selbstverständlichkeit. So verstanden zum Beispiel viele frühe Konzeptkünstler*innen und möglicherweise auch die ZERO-Mitglieder ihre Arbeit als unpolitisch oder zumindest nicht als direkte Reaktion auf, Einmischung in oder Abbildung von tagespolitischen Ereignissen.

In der politischen Theorie wiederum galt die Ästhetisierung der Politik (man denke zum Beispiel an Walter Benjamins Aufsatz zum Kunstwerk im Zeitalter mechanischer Reproduzierbarkeit) als hochproblematisch, da hier die Kunst in den Dienst politischer Propaganda zu geraten droht. Eine anders gelagerte, aber nicht weniger skeptische

[5] Peter Mörtenböck/Helge Mooshammer: „Performance des Protests", in: *Kunstforum International*, Nr. 224, 2013, S. 122–135.
[6] Judith Butler: „Bodies in Alliance and the Politics of the Street", in: *transversal*, Nr. 9, 2011, S. 1–13, hier S. 3; https://transversal.at/pdf/journal-text/1616 [25.01.2025]. Es handelt sich bei dem Text von Judith Butler um einen Vortrag, gehalten am 7. September 2011 in Venedig. Hannah Arendt spricht hingegen von einem unsichtbaren „Gewebe menschlicher Bezüge"; Arendt 2019, S. 225.
[7] Reed 2016, S. 77.
[8] Ebd.

Haltung klingt auch in den internen Debatten der 68er-Bewegung um die sogenannte ‚direkte Aktion' an. Hier wurde die Frage diskutiert, wie viel Ästhetik die politische Aktion vertrage. Guy Debord oder Herbert Marcuse sind hier zwei der (wenigen) Protagonist*innen, die Kunst als Medium des Protests zumindest in Erwägung zogen.

Die angedeuteten Widersprüche einer Verbindung von Ästhetik und Politik scheinen, wie bereits erwähnt, heute beinah aufgehoben. Man könnte sogar behaupten, dass Kunst und Aktivismus, besonders wenn es um performative Praktiken geht, eine enge Symbiose eingegangen sind. Dabei werden nicht nur aktivistische Potenziale in die Kunst integriert, sondern auch, wie das unter anderem T. V. Reed feststellt, künstlerische Praktiken und Ausdrucksformen direkt oder indirekt von politischen Aktivist*innen adaptiert.[9] Dies gilt es nun an den ausgewählten Beispielen zu überprüfen, beginnend mit dem historisch neusten.

Klimaaktivismus – eine politische Performance?

Das erste Beispiel ist eine Protestaktion der Just-Stop-Oil-Aktivist*innen in der Londoner National Gallery im November 2023. Einige von der Gruppe selbst veröffentlichte Videos und Fotos zeigen, wie zwei Gruppenmitglieder das Sicherheitsglas vor Diego Velázquez' berühmten *Venus*-Gemälde (der sogenannten *Rokeby Venus*, 1647–1651) mit Hämmern traktieren, um sich anschließend vor dem Bild aufzustellen und ihr Anliegen zu skandieren, nämlich die Beendigung staatlich geförderter Ölgewinnungsmaßnahmen in Großbritannien (Abb. 25). Ihre konkrete Botschaft lautete:

„Women did not get the vote by voting; it is time for deeds not words. It is time to Just Stop Oil. […] Politics is failing us. It failed women in 1914

[9] „Dramatic form has surely influenced activists, sometimes directly, more often indirectly." Ebd., S. 78.

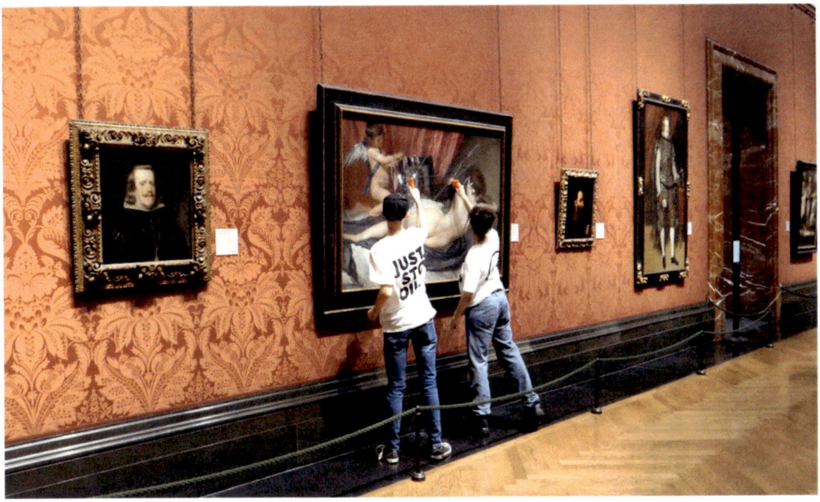

Abb. 25: Just-Stop-Oil-Aktivist*innen attackieren | Just Stop Oil activists vandalizing Diego Velázquez' *Venus* (1647–1651), National Gallery, London, 6. November 2023. Video-Standbild | Video Still: Just Stop Oil

and it is failing us now. New oil and gas will kill millions. If we love art, if we love life, if we love our families we must Just Stop Oil."[10]

Die Aktivist*innen bezogen sich mit ihrer Aktion auf eine frühere Aktion der Suffragette Mary Richardson, die im Jahr 1914 einen ähnlichen Übergriff auf dasselbe Gemälde verübt hatte – deshalb der Hinweis auf das Frauenwahlrecht. War diese Intervention ein Kunstwerk? Wohl eher nicht, jedenfalls erheben die Aktivist*innen nicht den Anspruch, Kunst zu machen oder Künstler*innen zu sein. Und doch handelt es sich bei der Aktion um eine performative oder theatrale Zeichenhandlung. Die Aktivist*innen bedienen sich der Performance als Proteststrategie. Dabei zielt die Handlung nicht primär auf ein Publikum vor Ort (zumal ihr vermutlich das Abwarten des unbeobachteten Moments vorausgegangen war), sondern sie wurde fotografiert und gefilmt, um eine möglichst

[10] Presseinformation auf der Webseite von Just Stop Oil: „‚Women Didn't Get the Vote by Voting; It's Time for Deeds Not Words' – Just Stop Oil Supporters Smash Suffragette Painting", 06.11.2023; https://juststopoil.org/2023/11/06/women-didnt-get-the-vote-by-voting-its-time-for-deeds-not-words-just-stop-oil-supporters-smash-suffragette-painting [25.01.2025].

große mediale Verbreitung erfahren zu können und weit über den Museumsraum hinaus zu wirken.[11]

7. Berlin Biennale – *Occupy Biennale*

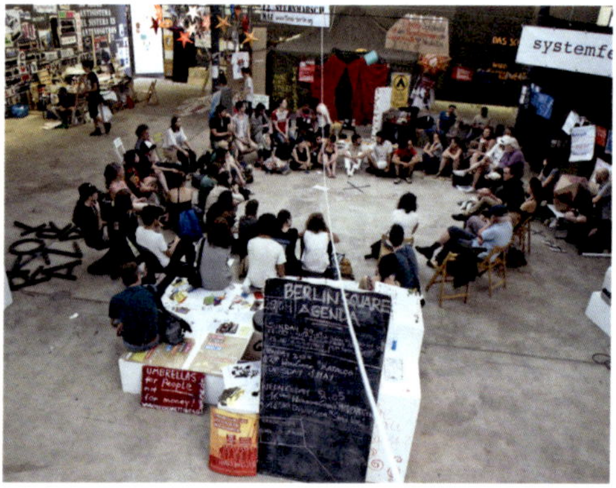

Abb. 26: Indignados und | and 15M, 7. Berlin Biennale – *Occupy Biennale*, 27. April – 1. Juli 2012. Foto | Photo: Marcin Kaliński

Aktivismus im musealen Kontext ist auch Thema des zweiten Beispiels aus dem Jahr 2012.[12] Damals lud der Kurator Artur Żmijewski Mitglieder der Occupy-Bewegung ein, im Rahmen der 7. Berlin Biennale das Erdgeschoss der Kunst-Werke Berlin für politische Auseinandersetzungen und Diskussionen zu nutzen (Abb. 26). Die Occupy-Bewegung *außerhalb* des Kunstkontextes war ein weltweites Phänomen, das vor allem durch die physische Besetzung öffentlicher und halböffentlicher Räume in Erscheinung trat. Dabei ist im Vergleich zu den Klimaprotesten interessant, dass es weniger um konkrete Forderungen ging als um den Ausdruck eines allgemeinen Unbehagens gegenüber den politischen Verhältnissen im Zeitalter des Neoliberalismus. Der Übertritt dieser Bewegung in einen Ausstellungsraum irritierte viele Kritiker*innen, die das politische Potenzial der Bewegung durch den Akt der Inte-

[11] Vgl. dazu T. J. Demos: „Is There a Future for Just Stop Oil's Art Protests?", in: *Art Review*, 11.01.2023; https://artreview.com/is-there-a-future-for-just-stop-oil-art-protests [25.01.2025].

[12] Siehe dazu z. B. Kate Farrington: „The Failure of Aesthetics in the Occupy Movement, Seen through the Lens of the 7th Berlin Biennale", in: *artcore journal*, 23.01.2013; https://artcorejournal.net/2013/01/23/the-failure-of-aesthetics-in-the-occupy-movement-seen-through-the-lens-of-the-7th-berlin-biennale-by-kate-farrington [25.01.2025].

gration in die Institution Kunst als korrumpiert betrachteten. Allerdings wurde auch der ‚realen' Occupy-Bewegung außerhalb des Museums von einigen Kultur- und Kunstwissenschaftler*innen eine theatrale Qualität zugesprochen. W. J. T. Mitchell zum Beispiel spricht von *Inszenierungen von Besetzung*, bei denen es in erster Linie darum gehe, als neue Gemeinschaft in Erscheinung zu treten.[13] Insofern ist es vielleicht nur konsequent, die ästhetische Grenze zu übertreten und Protest in den musealen Raum, man könnte auch sagen: einen Ort der Inszenierung, zu verlagern.[14] Wie dem auch sei, durch die Einbindung der Aktivist*innen in eine Kunstausstellung wird der Grat zwischen Kunst und Leben sowie jener zwischen Kunst und Politik extrem schmal. Es scheint dies besonders in der gegenwärtigen, zunehmend politisch engagierten Kunst ein verbreitetes Phänomen zu sein.

Lorraine O'Grady: *Mlle Bourgeoise Noire* (1980–1983)

Nun aber zu einer ‚echten' Kunstperformance, und zwar Lorraine O'Gradys Impersonifikation der *Mlle Bourgeoise Noire*. Diese merkwürdige Schönheitskönigin tauchte Anfang der 1980er-Jahre uneingeladen auf einigen New Yorker Kunstvernissagen auf, darunter die Vernissage der Gruppenausstellung *Persona* im New Museum 1981, wo die Fotografien entstanden sind, die den folgenden Überlegungen zugrunde liegen (Abb. 27). Bei ihrem dortigen Auftritt trug *Mlle Bourgeoise Noire* ein Kleid aus weißen Handschuhen und brachte eine Peitsche mit, an deren Riemen Blumen hingen, die sie an das Publikum verteilte. Dann ließ sie die Peitsche knallen – eine Anspielung auf Sklaverei, Rassismus und Diskriminierung – und skandierte ein Gedicht, in dem es um die Befreiung Schwarzer Künstler*innen aus der Unterdrückung in der weiß dominier-

[13] Siehe hierzu W. J. T. Mitchell: „Image, Space, Revolution. The Arts of Occupation", in: *Critical Inquiry*, Jg. 39, Nr. 1, 2012, S. 8–32.

[14] „What if the entire biennial was a concealed performance of the ‚meeting of the worlds of politics and art?'"; Farrington 2013.

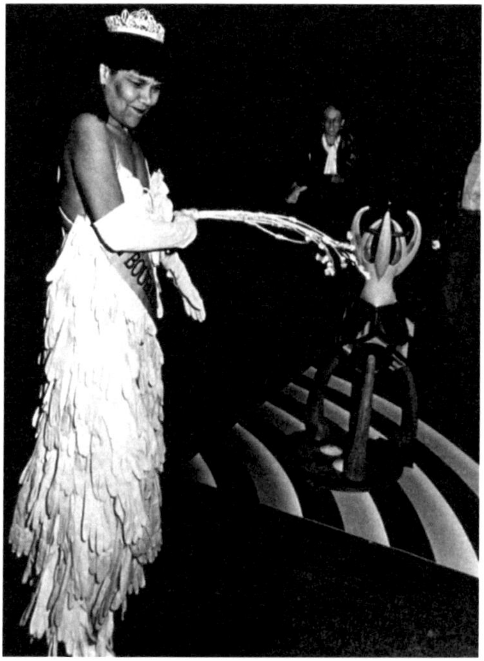

Abb. 27: Lorraine O'Grady während der Performance | during her performance *Mlle Bourgeoise Noire*, New Museum, New York, 18. September 1981

ten Kunstwelt ging. Der Duktus erinnert dabei ein wenig an den der Klimaaktivist*innen:

„THAT'S ENOUGH don't
you know
sleeping beauty needs
more than a kiss to awake
now is the time for an IN-
VASION!"[15]

Also auch hier ein deutlicher ‚Call to Action'. Nach eigenen Aussagen versuchte O'Grady mit solchen Interventionen die unterschwelligen Diskriminierungsmechanismen der Kunstwelt durch direkte Konfrontation am Ort des Geschehens, dem Museum, „uncomfortably personal" werden zu lassen.[16] Das Medium Performance ist dafür wegen der Möglichkeit einer direkten körperlichen Konfrontation bestens geeignet. Dabei ist zu betonen, dass, obwohl O'Grady nicht als sie selbst, sondern in einer Rolle auftritt, ihre Erfahrung und ihre Identität als Schwarze Künstlerin und Frau für die Wirksamkeit dieser Performance entscheidend ist. O'Grady hatte, anders als die Klimaaktivist*innen, in

[15] Lorraine O'Grady, zit. in: Nick Mauss: „The Poem Will Resemble You: The Art of Lorraine O'Grady", in: *Artforum*, Jg. 47, Nr. 9, 2009, S. 184–189, hier S. 185; https://lorraineogrady.com/wp-content/uploads/2022/10/090501-artforum-nick-mauss-poem-will-resemble-you-essay-lorraine-ogrady.pdf [25.01.2025].

[16] Lorraine O'Grady in einem Interview mit Courtney Baker, 26. November 1998; https://lorraineogrady.com/wp-content/uploads/2015/11/Courtney-Baker-Lorraine-OGrady_Email-Interview_Unpublished.pdf [25.01.2025].

erster Linie das Kunstsystem im Blick, also den Ort und das Publikum einschließlich der vermutlich anwesenden Künstlerkolleg*innen, auf deren Vernissage sie auftrat. Die entstandenen Bilder trugen hier zur Historisierung ihrer Aktion bei und gerieten – mit einigem zeitlichen Versatz – zu einer wichtigen Inspirationsquelle für rassismuskritische und feministische Tendenzen in der Kunst, der Kunstwissenschaft und weit darüber hinaus.

GAAG: *Blood Bath* (1969)

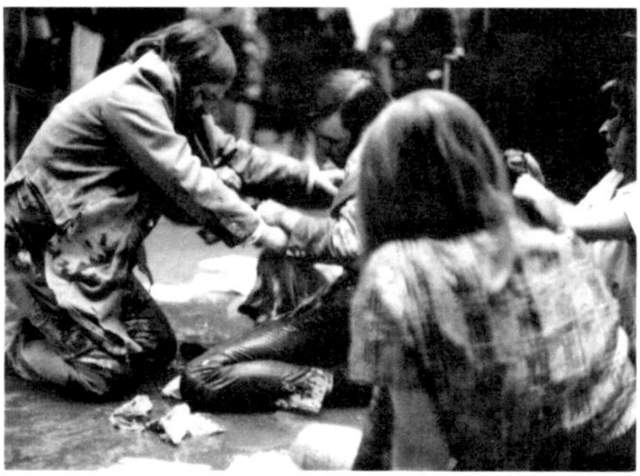

Abb. 28: Guerrilla Art Action Group, *A Call for the Immediate Resignation of All the Rockefellers from the Board of Trustees of the Museum of Modern Art (Ein Aufruf zum sofortigen Rücktritt aller Rockefellers aus dem Kuratorium des Museum of Modern Art)*, auch | also known as: *Blood Bath*, Aktion im | action in Museum of Modern Art, New York, 10. November 1969, von links nach rechts | from left to right: Jean Toche, Jon Hendricks, Poppy Johnson (vorn | foreground), Silvianna Goldsmith. Foto | Photo: Ka Kwong Hui, courtesy Jon Hendricks

Wie O'Gradys Auftritte baute auch die folgende Aufführung darauf, als Kunst wahrgenommen zu werden, während sie als politische Aktion die politische Konstitution des Museums hinterfragte. Es handelt sich um das berüchtigte *Blood Bath*, das vier Mitglieder der Künstler*innengruppe Guerrilla Art Action Group (GAAG) 1969 im Foyer des New Yorker Museum of Modern Art inszenierten (Abb. 28). Ebenfalls uneingeladen stürmten sie in das Museum und rissen sich in einem inszenierten Streit die Kleider vom Leib. Dabei verschütteten sie Rinderblut und verstreuten Kopien eines Manifestes, in dem sie den Rücktritt aller Mitglieder der Rockefeller-Familie aus dem Vorstand des Museums forderten. Die GAAG warf ihnen vor, Profit aus dem Vietnamkrieg zu schlagen und das verdiente ‚schmutzige‘ Geld (‚blood money‘) durch Museumsspenden reinzuwaschen.[17] Die Proteststrategie der Gruppe lässt sich als eine ‚direkte Aktion‘ im Sinne der 68er-Bewegung lesen, deren Inspiration nicht zuletzt militärisch konnotierte Guerilla-Taktiken waren, die in der linkspolitischen Szene der Zeit großen Zuspruch fanden.[18] Zugleich orientierten sie sich an damals neuen Formen aktivistischen Theaters.[19] Mit dieser Aktion machte die Gruppe die Grausamkeit des Krieges, die der New Yorker Alltags- und Museumsrealität sonst so fern war, für einige Augenblicke im Museum greifbar. Damit fand sie auch ein Bild für das, was sie den Rockefellers vorwarf, nämlich eine direkte Verbindung des Museums mit diesem Krieg. Diese symbolische Dimension war für das Konzept des Auftritts zentral. Die Gruppe legte nämlich großen Wert darauf – anders als etwa die Klimaaktivist*innen –, dass ihr Protestakt eine Kunstaktion sei. Das war zu jener Zeit, bevor Performance zu einem eigenständigen Medium wurde, radikal neu. Mit der Erklärung des Protests zur Kunst erweiterte die Gruppe nicht nur den Kunstbegriff, sondern erhoffte sich auch, einer eventuellen Strafverfolgung zu entgehen. Die Freiheit der Kunst wurde so zur politischen Waffe. Wie bei den Klimaaktivist*innen ist auch hier eine kalkulierte Medienwirksamkeit hervorzuheben, der die Künstler*innen bei den meisten ihrer Aktionen mit Presseinformationen in Bild und Text Vorschub leisteten.

ZERO & Günther Uecker

Im Vergleich zu den genannten Aktionen wirken die performativen Ansätze der ZERO-Gruppe erst einmal recht zahm. Anders als bei parallelen Avantgardebewegungen wie dem Nouveau Réalisme stand Performance

[17] Eine ausführliche Darstellung dieser und weiterer Aktionen in: Jon Hendricks/Jean Toche/Pat Steir/Paula Greif (Hg.): *GAAG: The Guerrilla Art Action Group, 1969–1976. A Selection*, Faksimile-Ausgabe, New York 2011.

[18] Vgl. Lisa Beißwanger: *Performance on Display – Zur Geschichte lebendiger Kunst im Museum*, Berlin 2021, S. 61, Anm. 95.

[19] Vgl. ebd., S. 57, Anm. 70.

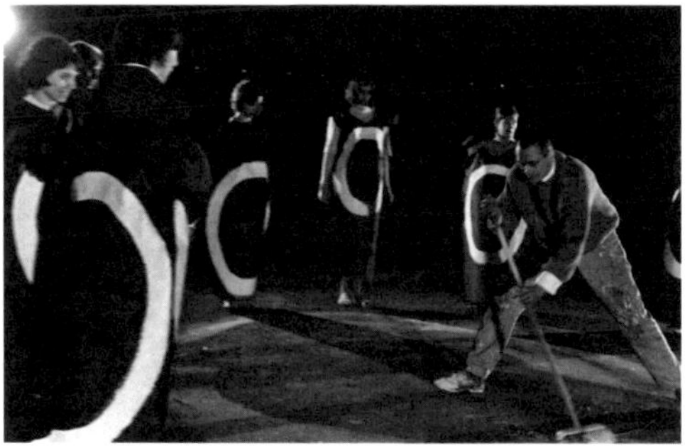

Abb. 29: ZERO-Fest, Rheinwiesen, Düsseldorf, 17. Mai 1962. Foto | Photo: Reiner Ruthenbeck, courtesy Stiftung Kunstfonds, Künstler:innenarchiv / Nachlass | Estate Reiner Ruthenbeck

für ZERO weniger im Vordergrund, sodass die Gruppe in der kanonisierten Performancegeschichte bislang kaum eine Rolle spielt.[20] Auch kommentierten ZERO-Werke in der Regel keine tagespolitischen Ereignisse. Der Kunsthistoriker Martin Papenbrock schloss die Gruppe deshalb aus seinen Überlegungen zur politischen Aktionskunst der Zeit aus.[21] Wie die Kuratorin Margriet Schavemaker herausgearbeitet hat, gab es eine ganze Reihe performativer ZERO-Aktionen beziehungsweise „Demonstrationen", wie es die Künstler selbst nannten.[22] Diese fanden häufig als eine Art Begleitprogramm beispielsweise zu Ausstellungseröffnungen statt. In einem solchen Zusammenhang malte Günther Uecker 1961 mit einem Besen einen großen weißen Kreis auf die Straße vor der Galerie Schmela, während um ihn herum Frauen und Männer standen, behängt mit großen schwarzen Pappschildern, auf denen eine große weiße Null gemalt war.[23] Eine ähnliche Aktion wiederholte er im Folgejahr bei einem ZERO-Event

[20] Vgl. Margriet Schavemaker: „Performing ZERO", in: dies./Dirk Pörschmann (Hg.): *Zero*, Ausst.-Kat. Martin-Gropius-Bau/Stedelijk Museum Amsterdam/ZERO foundation Düsseldorf, Köln 2015, S. 211–223, hier S. 222f.

[21] Martin Papenbrock: „Happening, Fluxus, Performance. Aktionskünste in den 1960er Jahren", in: Martin Klimke/Joachim Scharloth (Hg.): *1968. Handbuch zur Kultur- und Mediengeschichte der Studentenbewegung* (= Schriftenreihe der Bundeszentrale für politische Bildung, Bd. 697), Lizenzausgabe, Bonn 2008, S. 137–150, hier S. 137.

[22] Schavemaker 2015, S. 211.

[23] Günther Uecker, *Weiße Zone Düsseldorf*, Galerie Schmela, 5. Juli 1961. Die Aktion ist aufgeführt in: Dieter Honisch: *Uecker*, Werkverzeichnis bearb. von Marion Haedeke, Stuttgart 1983, S. 184, Nr. 232/233; Katrin Salwig/Klaus Gereon Beuckers: „Verzeichnis der Aktionen von Günther Uecker 1959–1975", in: ders. (Hg.): *Günther Uecker. Die Aktionen*, Petersberg 2004, S. 219–229, hier S. 219, Nr. 3. Die Aktion fand anlässlich der Ausstellung *ZERO – Edition, Exposition, Demonstration* statt und ist auch bekannt unter dem Titel *Straße weiß gestrichen*.

in den Düsseldorfer Rheinwiesen (Abb. 29).[24] Bei ihren Aktionen zeigten die ZERO-Künstler ein Gespür für publikumswirksame Inszenierungen und eine starke Affinität zur Mediatisierung ihrer performativen Handlungen. Schavemaker vergleicht ihr Vorgehen deshalb mit crossmedialen Marketingstrategien.[25]

Nennenswert, da im musealen Rahmen der Staatlichen Kunsthalle Baden-Baden durchgeführt, ist auch die Aktion *Museen können bewohnbare Orte sein* von Günther Uecker und Gerhard Richter. Sie fand im April 1968 statt, also anderthalb Jahre nach der Auflösung der ZERO-Gruppe im November 1966. Die beiden Künstler verbrachten eine ganze Woche in den Ausstellungsräumen. Im gestreiften Schlafanzug, der wie ein Sträflingsanzug anmutete, und im Morgenmantel veranstalteten Uecker und Richter allerlei Schabernack, den kein Publikum, dafür aber die Kameralinse zu sehen bekam.

Die genannten Demonstrationen und Aktionen sind keine Proteste im Sinne der oben eingeführten Beispiele. Sie prangern keine Missstände an und diskutieren oder kommentieren auch keine tagespolitischen Ereignisse. Dennoch ließe sich argumentieren, dass dem performativen oder demonstrativen Moment auch ohne konkrete politische Botschaft eine politische Dimension eignet und zwar durch die Beteiligung an der sogenannten Entgrenzung der Künste. Der Fokus auf den Prozess und der Einbezug des Künstler*innenkörpers in das Kunstwerk machte Performance als Protest überhaupt erst möglich. Martin Papenbrock zufolge eignet der Entgrenzung der Künste sogar etwas grundlegend Politisches, denn der „Paradigmenwechsel vom Objekt zur Handlung als Form und Ausdruck der Kunst" sei „nicht nur kunsttheoretisch, sondern auch gesellschaftspolitisch motiviert" gewesen.[26] Ähnliches mag auch für das Schaffen gedanklicher Freiräume durch die Betonung der Zweckfreiheit der Kunst oder der Kunst als Spiel gelten, wie sie für ZERO eine wichtige Rolle spielten. Darüber hinaus lässt sich die genannte Museumsaktion

[24] Günther Uecker, *Weißer Kreis Zero*, Rheinwiesen Düsseldorf, 17. Mai 1962; WV Honisch 1983, Nr. 281/282; AV Salwig/Beuckers 2004, Nr. 4.

[25] Schavemaker 2015, S. 213.

[26] Papenbrock 2008, S. 137.

und das dort zelebrierte ‚Fehlverhalten' als ein Debord'sches Détournement und damit als Auflehnung gegen die Konventionen der elitären Kunstwelt lesen. Im Gegensatz zu den Guerilla-Auftritten Lorraine O'Gradys oder der GAAG zielte die avantgardistisch-subversive Haltung der ZERO-Künstler in erster Linie auf ein bestimmtes Kunstverständnis und wurde so – zumindest vorerst – kunstfeldintern wirksam.

Fazit

Als verkörperte Kunstform ist Performance im Sinne Hannah Arendts und Judith Butlers immer politisch, wobei Performance als Protest mit Kritik und Widerstand assoziiert ist und eine gleichermaßen formale wie auch inhaltliche Stoßrichtung haben kann. Damit im Sinne T. V. Reeds Kunst beziehungsweise im vorliegenden Fall künstlerische Performances als Protest wahrnehmbar werden konnten, bedurfte es der – zunächst scheinbar neutralen beziehungsweise formalen – Entgrenzung der Künste und einer Integration des Körpers in das Spektrum der Kunstmedien. Künstler*innen wie die ZERO-Mitglieder waren an diesem Schritt intensiv beteiligt. Im Gegenzug eigneten sich auch Protestbewegungen zunehmend performative oder theatrale Strategien an und rückten so zumindest in die Nähe zur Kunst. Dass es sich hier keineswegs um eine lineare Entwicklung handelte, bedarf wahrscheinlich keiner Erwähnung. Man denke nur an die Suffragette, die mit ihrem Museumsprotest all den anderen genannten Akteur*innen um Jahrzehnte zuvorkam. Auch ist kaum zu entscheiden, ob zuerst die Kunst politisch wurde oder die politische Aktion künstlerisch-ästhetische Dimensionen annahm. Wahrscheinlich ist ein wechselseitiger Austauschprozess. Vor dem Hintergrund eines übergreifenden Performance-Imperativs im Zeitalter des Neoliberalismus wird die politische Aktion aber auch als ein höchst ambivalentes Phänomen sichtbar, das zwischen Widerstand und Affirmation changiert und die Grundsatzfrage nach der Wirksamkeit von Performance als Protest aufwirft.

Was die ästhetische Grenze betrifft, so handelte es sich bei der GAAG und Lorraine O'Grady tendenziell eher um Performance als Protest, während es bei Occupy und den Klimaaktivist*innen eher um Protest als Performance geht. Dabei hängt die jeweilige Zuschreibung in erster Linie von den Intentionen und Selbstverständnissen der Akteur*innen und weniger von der performativen oder ästhetischen Qualität ihrer Aktion ab. Je nach Blickwinkel lassen sich diese Grenzen aber auch anders ziehen. Eine Gemeinsamkeit der vorgestellten Protestperformances, ob Kunst oder nicht, ist die Bedeutung medialer Vermittlung für ihr Wirksamwerden. Dabei ist sowohl die Intention als auch die Qualität des Wirksamwerdens unterschiedlich: im Kontext der Klimaproteste sehr unmittelbar über Pressearbeit, bei den Auftritten von Lorraine O'Grady mehr in der späteren Rezeption. In allen Fällen antwortet die Mediatisierung auf eine Aufmerksamkeitsökonomie, die alle Lebensbereiche – in einer bis heute stetig zunehmenden Intensität – durchdringt und die immer zugleich eine Ökonomie der Bilder ist. Damit setzt sich die Symbiose von Kunst, Performance und Aktivismus auch jenseits des Aufführungsmoments fort. Der eingangs angesetzte Handlungsbegriff wird dabei allerdings aufgeweicht, zumindest in seinem unmittelbaren körperlichen Bezug, und vom Begriff der Performanz abgelöst, wie ihn der Sprachwissenschaftler John L. Austin im Kontext der Sprechakttheorie geprägt hat. Ob im direkten Handeln und Erleben oder vermittelt über Bilder, der gesellschaftspolitische Einfluss künstlerischer Kritik und politischer Aktionen ist in allen Fällen nur schwer zu messen, doch ist er in der Breite des Phänomens performativer Proteste nicht zu unterschätzen.

Zur Autorin

Lisa Beißwanger ist promovierte Kunsthistorikerin mit einem Fokus auf das 20. und 21. Jahrhundert. Zu ihren Forschungsschwerpunkten gehören die Geschichte der Performancekunst und ihre Schnittstellen zur Architektur, die Geschichte der Kunstgeschichte sowie Bildungsarchitekturen der 1960er-Jahre. Aktuell ist sie Juniorprofessorin für Kunstwissenschaft und Kunstgeschichte an der Universität Koblenz. Zuvor war sie Wissenschaftliche Mitarbeiterin am Fachbereich Architektur der Technischen Universität Darmstadt. Ihre Dissertation, die sie an der Justus-Liebig-Universität Gießen abschloss, erschien 2021 unter dem Titel *Performance on Display – Zur Geschichte lebendiger Kunst im Museum* im Deutschen Kunstverlag.

Abstract

When does performance manifest as protest and what do protests—even outside of the sphere of the arts—have to do with performance? Pursuing these questions, this article outlines a historical arc from the performative tendencies of the ZERO group to current developments such as the recent climate protests in museums. Performance comes into focus as a political, possibly subversive form of expression that can be equally effective both in the aspect of its being performed and through its mediation. From this perspective, this contribution takes a closer look at the Just Stop Oil activists' protest action at the National Gallery in London in 2023, the Occupy movement's presence at the 7th Berlin Biennale in 2012, Lorraine O'Grady's unrequested appearance as *Mlle Bourgeoise Noire* at an opening at the New Museum in New York in 1981, the *Blood Bath* of the Guerrilla Art Action Group in 1969 in the foyer of the Museum of Modern Art, the strategies of the ZERO demonstrations of 1961/62, and the action *Museen können bewohnbare Orte sein* of 1968, in which Günther Uecker took part.

Lisa Beißwanger

Performance as a Form of Protest

The starting point for this presentation was an invitation to observe, from the perspective of performance and museum history, the issues of the artistic act, artistic actions, and their performativity. This led to my taking the approach of considering performance and/or protest using Hannah Arendt's idea of political action as a basis.

Considering performance as a form of protest from an art-historical perspective allows the overarching question regarding the relationship between art and politics to be brought to a head. First of all, since performance is an embodied, action-based art form, it has from the outset a direct connection to political action in Arendt's sense.[1] The focus on the aspect of protest also means a focus on the *critical*-political dimension of art, in contrast to *affirmative*-political art, which is no less political, but has a different thrust. This article presents some more or less subjectively selected examples for discussion. Their central common feature is that they have a connection to the museum or similar art institutions, such that, at least at the level of the performance venue, they can be viably compared to one another. I will look at how and why performance appears as protest, what protest—even outside of the artistic sphere—could have to do with performance, and what connects the two phenomena as seen from a cultural-historical perspective. The thesis is that in all cases we are dealing with processes of negotiation at the so-called aesthetic border (in other words: the elusive threshold between art and life) and that these processes have, in the sense of Jacques Rancière's aesthetics, an inherent disruptive-political potential.[2]

[1] Cf. Susanne Kogler: "Denkfiguren des Politischen nach 1945: Zu Politik, Kunst, und Wissenschaft bei Hannah Arendt," in: ibid./Kordula Knaus (eds.): *Musik – Politik – Gesellschaft: Michael Walter zum 65. Geburtstag*, Berlin/Heidelberg 2023, 33–55.

[2] Jacques Rancière: *The Politics of Aesthetics: The Distribution of the Sensible*, Gabriel Rockhill (trans.), London/New York 2004.

On the Terms 'Performance' and 'Protest'

First of all, a few terms must be clarified. When I speak here of performance, I refer primarily to the active presentation or enactment itself and less to performance as a medium or work. By appearing in front of an initially undefined audience, the performer establishes a public realm and, thus, acts, in the Arendtian sense, politically. We should recall at this point that Arendt, referring back to Greek tragedy, describes theater as "the political art *par excellence*."[3]

The term protest comes from the Latin *protestare* and means 'to render something public' or 'to bear public witness.' The association of protest with opposition or resistance to prevailing conditions is, however, relatively new. In the following, the term is used in this expanded modern form. The focus will therefore be on the politically resistant potential of performance.

Protest requires a discernible and tangible form in order to appear at all. This is where art comes into play. Particularly in today's media age, expressions of protest are geared towards the creation of strong images—one could even say that the former are dependent on the latter in order to be visible and, thus, effective.[4] Such strong images are not always, but often, created through the performative staging of 'exceptional moments,' as Peter Mörtenböck and Helge Mooshammer argue in their essay *Performance des Protests*.[5] In light of Judith Butler's writings, an emphasis on the physicality of protests should also be made here. Butler has criticized Arendt for her somewhat incorporeal

[3] Hannah Arendt: *The Human Condition*, Chicago 1958, 188.

[4] As T. V. Reed writes: "To stage protest is to enter into the domain of the arts, a fact that is arguably more important than ever in the increasingly media-saturated contemporary world." T. V. Reed: "Protest as Artistic Expression," in: Kathrin Fahlenbrach/Martin Klimke/Joachim Scharloth (eds.): *Protest Cultures: A Companion*, New York/Oxford 2016, 77–93, here 78.

[5] Peter Mörtenböck/Helge Mooshammer: "Performance des Protests," in: *Kunstforum International*, Nr. 224, 2013, 122–135.

conception of political action, defining protest—again with reference to Arendt—as "bodies that act together."[6]

Art and/as Protest?

The cultural theorist T. V. Reed identifies two basic conditions that must be fulfilled in order for the connection between art and protest to be established at all: Firstly, there must be a consensus within the art field that art is "fundamentally political."[7] Secondly, activists must recognize that protest *always* has an aesthetic dimension.[8] Though both conditions seem to be the consensus today, they are, however, historically speaking not givens. Many early conceptual artists, for example, and perhaps also members of the ZERO group, understood their work as apolitical or, at least, as not being in direct reaction to, an interference into, or a depiction of contemporary political events.

In political theory, on the other hand, the aestheticization of politics (think, for example, of Walter Benjamin's essay "The Work of Art in the Age of Mechanical Reproducibility") was considered highly problematic, as art was threatened to be used in the service of political propaganda. A different, but no less skeptical attitude can also be heard in the internal debates of the 1968 movement about so-called 'direct action.' Here, the question was discussed of just how much aesthetics political action could tolerate. Guy Debord and Herbert Marcuse are two of the (few) figures who at least considered art as a medium of protest.

As already mentioned, today the implied contradictions of a connection between aesthetics and politics seem to have been virtually eliminated. One could even argue that art and activism, especially when

[6] Judith Butler: "Bodies in Alliance and the Politics of the Street," in: *transversal*, Nr. 9, 2011, 1–13, here 3; https://transversal.at/pdf/journal-text/1616 [25.01.2025]. The text by Judith Butler is a lecture given in Venice on September 7, 2011. Hannah Arendt, on the other hand, speaks of an invisible "web of human relationships." Arendt 1958, 184.

[7] Reed 2016, 77.

[8] Ibid.

it comes to performative practices, have entered into a close symbiosis. Not only is an activist potential integrated into art, but also, as T. V. Reed and others have noted, artistic practices and forms of expression are directly or indirectly adapted by political activists.[9] We can now examine this using some selected examples, starting with the most recent historical one.

Climate Activism: A Political Performance?

The first example is a protest action by Just Stop Oil activists at London's National Gallery in November 2023. Videos and photos released by the group itself show how two of its members used hammers to smash the safety glass covering a famous painting by Diego Velázquez, his so-called *Rokeby Venus* (1647–1651), and then stood in front of the image and announced their demand, namely, for an end to state-subsidized oil extraction measures in the U.K. (fig. 25 p. 123). Their specific message was:

"Women did not get the vote by voting; it is time for deeds not words. It is time to Just Stop Oil. [...] Politics is failing us. It failed women in 1914 and it is failing us now. New oil and gas will kill millions. If we love art, if we love life, if we love our families we must Just Stop Oil."[10]

With their action, the activists were referring to an earlier one by suffragette Mary Richardson, who carried out a similar attack on the same painting in 1914—hence the reference to women's suffrage. Was this

[9] "Dramatic form has surely influenced activists, sometimes directly, more often indirectly." Ibid., 78.

[10] From a press release on the website of Just Stop Oil: "'Women Didn't Get the Vote by Voting; It's Time for Deeds Not Words' – Just Stop Oil Supporters Smash Suffragette Painting," 06.11.2023; https://juststopoil.org/2023/11/06/women-didnt-get-the-vote-by-voting-its-time-for-deeds-not-words-just-stop-oil-supporters-smash-suffragette-painting [25.01.2025].

intervention a work of art? Probably not, and the activists themselves, at least, do not claim to be making art or to be artists. And yet the action was a performative or theatrical act of mark-making. The activists employed performance as a protest strategy. Though the action was not primarily aimed at an on-site audience (especially given that it was presumably preceded by waiting for an unobserved moment), it was, however, photographed and filmed in order to achieve the widest possible media distribution and to have an impact far beyond the museum space. [11]

7th Berlin Biennale: *Occupy Biennale*

A second example, from 2012, also concerns activism in a museum context.[12] Curator Artur Żmijewski invited members of the Occupy movement to use the first floor of the KW Institute for Contemporary Art for political debates and discussions as part of the 7th Berlin Biennale (fig. 26 p. 124). Outside of the art context, the Occupy movement was a worldwide phenomenon that manifested primarily through physical occupations of public and semi-public spaces. In comparison to the climate protests, it is interesting to note that the Occupy movement was less about concrete demands and more about an expression of a general discontent with the political conditions in the age of neoliberalism. The movement's transfer into an exhibition space bothered many critics, who saw the political potential of the movement as corrupted by the act of integration into the institution of art. However, some scholars of culture and art had also attributed a theatrical quality to the 'real' Occu-

[11] Compare on this point: T. J. Demos, "Is There a Future for Just Stop Oil's Art Protests?," in: *Art Review*, 11.01.2023; https://artreview.com/is-there-a-future-for-just-stop-oil-art-protests [25.01.2025].

[12] Cf. Kate Farrington, "The Failure of Aesthetics in the Occupy Movement, Seen through the Lens of the 7th Berlin Biennale," in: *artcore journal*, 23.01.2013; https://artcorejournal.net/2013/01/23/the-failure-of-aesthetics-in-the-occupy-movement-seen-through-the-lens-of-the-7th-berlin-biennale-by-kate-farrington [25.01.2025].

py movement outside the museum. W. J. T. Mitchell, for example, writes of a "dramatic performance" of occupation that is primarily about the emergence as a new community.[13] In this respect, it is perhaps only logical to cross the aesthetic boundary and shift protest into the museum space, which one might also call a space of dramatic staging.[14] Be that as it may, by integrating the activists into an art exhibition, the divide between art and life and between art and politics becomes extremely narrow. This seems to be a particularly widespread phenomenon in contemporary, increasingly politically engaged art.

Lorraine O'Grady: *Mlle Bourgeoise Noire* (1980–1983)

But now to a 'real' art performance, namely Lorraine O'Grady's impersonation of Mlle Bourgeoise Noire. This peculiar beauty queen appeared as an uninvited guest at several New York art openings in the early 1980s, including the opening of the group exhibition Persona at the New Museum in 1981, where the photographs on which the following reflections are based were taken (fig. 27 p. 126). At her appearance there, Mlle Bourgeoise Noire wore a dress made of white gloves and brought along a whip with, hanging from its straps, flowers, which she distributed to the audience. She then cracked the whip—an allusion to slavery, racism, and discrimination—and chanted a poem about the liberation of Black artists from oppression in the white-dominated art world. The style is somewhat reminiscent of the climate activists:

"THAT'S ENOUGH don't you know
sleeping beauty needs

[13] Cf. W. J. T. Mitchell, "Image, Space, Revolution: The Arts of Occupation," in: *Critical Inquiry*, Vol. 39, Nr. 1, 2012, 8–32, here, 10.

[14] "What if the entire biennial was a concealed performance of the 'meeting of the worlds of politics and art?'"; Farrington 2013.

more than a kiss to awake
now is the time for an INVASION!"[15]

Here we have another clear 'call to action.' According to her own statements, O'Grady was attempting to use such interventions to make the subliminal mechanisms of discrimination within the art world "uncomfortably personal" through direct confrontation at the site of the event, that is, the museum.[16] The medium of performance is ideally suited for this because of the possibility of direct physical confrontation. It should be emphasized that although O'Grady does not appear as herself but, rather, in a role, her experience and her identity as a Black artist and woman are nonetheless decisive for the effectiveness of this performance. O'Grady, unlike the climate activists, was primarily focused on the art system, i.e. the site and the audience, including the presumably present fellow artists at whose opening she was performing. The resulting images contributed to the historicization of her action and—with some time lag— became an important source of inspiration for racist-critical and feminist tendencies in art, art studies, and far beyond.

GAAG: *Blood Bath* (1969)

Like O'Grady's, the following example was a performance constructed so as to be perceived as art, even while, as a political action, it questioned the political constitution of the museum. This was the infamous *Blood Bath*, which four members of the Guerrilla Art Action Group (GAAG) staged in the foyer of the Museum of Modern Art in 1969 (fig. 28 p. 127).

[15] Lorraine O'Grady, cited in: Nick Mauss, "The Poem Will Resemble You: The Art of Lorraine O'Grady," in: *Artforum*, Vol. 47, Nr. 9, 2009, 184–189, here 185; https://lorraineogrady.com/wp-content/uploads/2022/10/090501-artforum-nick-mauss-poem-will-resemble-you-essay-lorraine-ogrady.pdf [25.01.2025].

[16] Lorraine O'Grady in an interview with Courtney Baker, 26. November 1998; https://lorraineogrady.com/wp-content/uploads/2015/11/Courtney-Baker-Lorraine-OGrady_Email-Interview_Unpublished.pdf [25.01.2025].

Also uninvited, they stormed into the museum, and, in a staged physical altercation, tore at each other's clothes. They spilled bull's blood and scattered copies of a manifesto in which they demanded the resignation of all members of the Rockefeller family from the museum's board. GAAG accused the family of profiting from the Vietnam War and laundering the 'dirty' money they had earned ("blood money") through their museum donations.[17] The group's protest strategy can be read as a 'direct action' in the spirit of the 1968 movement, itself inspired in no small way by militaristic, guerrilla tactics that were very popular in the left-wing political scene of the time.[18] They were also, however, just as much oriented towards new forms of activist theater emerging at the time.[19] With this action, the group rendered the savagery of war, which was otherwise so far removed from the reality of everyday New York life and museums, tangible for a few moments in the museum. In doing so, they had also found an image for what they accused the Rockefellers of, namely, a direct connection between the museum and the war. This symbolic dimension was central to the concept of the performance. Unlike the climate activists, for example, GAAG attached great importance to the fact that their act of protest was an artistic action. This, at a time before performance had become a medium in its own right, was radically new. By declaring the protest to be art, the group not only expanded the concept of art; they were also hoping to avoid possible prosecution. The freedom of the artist could be used as a political weapon. As with the climate activists, the group calculated the media impact of their work, supplying the press with images and text concerning most of their actions.

[17] A detailed description of these and other actions can be found in: Jon Hendricks/Jean Toche/Pat Steir/Paula Greif (eds.): *GAAG: The Guerrilla Art Action Group, 1969–1976: A Selection*, New York 2011.

[18] Cf. Lisa Beißwanger: *Performance on Display: Zur Geschichte lebendiger Kunst im Museum*, Berlin 2021, 61, fn. 95.

[19] Cf. ibid., 57, fn. 70.

ZERO & Günther Uecker

Compared to the aforementioned actions, the performative approaches of the ZERO group might at first appear rather tame. And unlike contemporaneous avant-garde movements such as Nouveau Réalisme, performance itself was less of a priority for ZERO, leading to the fact that to this day the group hardly plays a role in the historical canon of performance art.[20] Works by the ZERO group also did not, as a rule, offer comment on current political events. The art historian Martin Papenbrock has therefore excluded the group from his reflections on political action art of the time.[21] As curator Margriet Schavemaker has pointed out, however, there was a whole series of performative ZERO actions or "demonstrations," as the artists themselves called them.[22] These would often take place as a kind of accompanying program to, for example, exhibition openings. In one such context in 1961, Günther Uecker painted a large white circle on the street in front of Galerie Schmela with a broom, while women and men stood around him, hung with large black cardboard signs on large white zeros were painted.[23] He repeated a similar action the following year at a ZERO event in Düsseldorf's Rheinwiesen (fig. 29 p. 129).[24] In their actions, the ZERO artists showed a flair for staging events that were effective with the public as well as a strong

[20] Cf. Margriet Schavemaker: "Performing ZERO," in: ibid./Dirk Pörschmann (eds.): *Zero*, exh. cat., Martin-Gropius-Bau/Stedelijk Museum Amsterdam/ZERO foundation Düsseldorf, Köln 2015, 211–223, here 222-223.

[21] Martin Papenbrock: "Happening, Fluxus, Performance: Aktionskünste in den 1960er Jahren," in: Martin Klimke/Joachim Scharloth (eds.): *1968: Handbuch zur Kultur- und Mediengeschichte der Studentenbewegung*, Bonn 2008, 137–150, here 137.

[22] Schavemaker 2015, 211.

[23] Günther Uecker, "*Weiße Zone Düsseldorf*, Galerie Schmela, 5 July 1961, Die Aktion ist aufgeführt," in: Dieter Honisch: Uecker (italicized), Marion Haedeke (ed.), Stuttgart 1983, 184, Nr. 232/233; Katrin Salwig/Klaus Gereon Beuckers: "Verzeichnis der Aktionen von Günther Uecker 1959–1975," in: ibid. (eds.): *Günther Uecker Die Aktionen*, Petersberg 2004, 219–229, here 219, Nr. 3. The action took place on the occasion of the exhibition *ZERO – Edition, Exposition, Demonstration* and is also known under the title *Straße weiß gestrichen*.

[24] Günther Uecker, *Weißer Kreis Zero*, Rheinwiesen Düsseldorf, 17 May 1962; CR Honisch 1983, Nr. 281/282; AV Salwig/Beuckers 2004, Nr. 4.

affinity for the mediatization of their performative actions. In light of this, Schavemaker has compared their approach to cross-media marketing strategies.[25]

The action *Museen können bewohnbare Orte sein* by Günther Uecker and Gerhard Richter is also worth mentioning, as it took place in the museum context of the Staatliche Kunsthalle Baden-Baden. It occurred in April 1968, a year and a half after the November 1966 dissolution of the ZERO group. The two artists spent a whole week in the exhibition rooms. Wearing robes and striped pajamas that looked like prison uniforms, Uecker and Richter got up to all kinds of mischief. No audience was present, but the camera was.

These demonstrations and actions I have just cited are not protests in the sense of the earlier examples given above. They do not denounce abuses and do not discuss or comment upon current political events. Nevertheless, it could be argued that their performative or demonstrative aspect has a political dimension even as the actions lack a concrete political message, namely, via their being part of the so-called dissolution of the boundaries of the arts. The focus on the process and the inclusion of the artist's body in the artwork made performance as protest possible in the first place. According to Martin Papenbrock, there is even something fundamentally political about the dissolution of boundaries in the arts, because the "paradigm shift from object to action as a form and expression of art" was "not only motivated by art theory, but also by socio-political considerations."[26] The same may also apply to the production of intellectual freedom through an emphasis on the 'purposelessness' of art or on playfulness in art, which played an important role for ZERO. Furthermore, the aforementioned museum action and the 'misbehavior' celebrated therein can be read as a Debordian *détournement* and, thus, as a rebellion against the conventions of the elitist art world. In contrast to the guerrilla performances of Lorraine

[25] Schavemaker 2015, 213.
[26] Papenbrock 2008, 137.

O'Grady or GAAG, the avant-garde, subversive attitude of the ZERO artists was primarily aimed at a specific understanding of art and was—at least for a time—effective within the sphere of art.

Conclusion

As an embodied art form, performance is always—in Hannah Arendt or Judith Butler's understanding of the term—political, whereby performance as protest is associated with a critical and resistant stance and can have both a formal and a substantive thrust. In order for art, or, in this case, artistic performance, to be, in T. V. Reed's sense, perceived as protest, it was necessary for a—at first apparently neutral or formal—dissolution of the boundaries of the arts and the integration of the body into the spectrum of artistic media. Artists such as the ZERO members were intensively involved in this step. In turn, protest movements also increasingly adopted performative or theatrical strategies, including moving closer to art. It probably goes without saying that this was by no means a linear development. Just think of the suffragettes, whose museum protests predated all the other actions mentioned here by decades. It is also difficult to determine whether art became political first or whether it was political action that acquired artistic-aesthetic dimensions. What is most likely is a reciprocal process of exchange. Against the backdrop of an overarching performance imperative in the age of neoliberalism, however, political action also becomes visible as a highly ambivalent phenomenon oscillating between resistance and affirmation and raises the fundamental question of the effectiveness of performance as protest.

As far as aesthetic boundaries are concerned, while the work of GAAG and Lorraine O'Grady tended to be more about performance than protest, the Occupy movement and climate activists were more about protest than performance. Such attributions depend primarily on the intentions and self-conceptions of these figures and groups themselves and less on the performative or aesthetic quality of their actions. Depending on the perspective, however, these boundaries can also be drawn differently. A common feature of the protest performances presented—whether they were art or not—is the importance of media mediation to their effectiveness. Both the intention and the quality of the impact are different: in the context of the climate protests there was highly direct engagement with the press, while in Lorraine O'Grady's performances, their post-facto reception was essential. In every case, mediatization was a response to an attention economy that permeates—with, to this day, a steadily increasing intensity—all areas of life and which is always at the same time an economy of images. The symbiosis of art, performance, and activism thus continues beyond the aspect of performance. However, the initial conceptualization of 'action' is softened, at least in its immediate, physical connotations, and replaced by the concept of performativity, as defined by the linguist John L. Austin within the context of speech act theory. Whether through direct action and experience or mediated via images, the socio-political influence of the artistic-critical and political action is always difficult to measure, though it should not be underestimated in the wide spectrum of the phenomenon of performative protest.

About the Author

Lisa Beißwanger holds a doctorate in art history with a focus on the 20th and 21st centuries. Her research interests include the history of performance art and its interfaces with architecture, the history of art history, and educational architecture in the 1960s. She is currently an assistant professor of art history and theory at the University of Koblenz. Previously, she was a research assistant at the Department of Architecture at the Technical University of Darmstadt. Her dissertation, which she completed at Justus Liebig University Giessen, was published by Deutscher Kunstverlag in 2021 under the title *Performance on Display: Zur Geschichte lebendiger Kunst im Museum.*

Abstract

Vom 5. bis zum 14. April 1968 stellten Günther Uecker und Gerhard Richter in der Staatlichen Kunsthalle Baden-Baden im Zuge der von Klaus Gallwitz organisierten Ausstellungsreihe *14 mal 14. Junge deutsche Künstler* aus. Anders als bei konventionellen Ausstellungen präsentierten sie nicht allein vorher produzierte Werke, sondern nutzten die zehn Ausstellungstage, um vor Ort im Museum Werke zu erstellen oder weiterzubearbeiten. Dafür zogen die beiden Künstler mit ihren Ateliers als Performance in die Kunsthalle. Zudem vollzogen Uecker und Richter für einen Fotografen Aktionen wie Sprünge von Heizungskörpern (*Alpenflug*), das Liegen auf Treppen (*Verkabelte Energien*), Tanz- und Schreieinlagen von Uecker, der im Museum einen Schlafanzug als antibürgerliches Statement trug, oder eine Begehung der Stadt mit einem überdimensionierten Nagel. Gegen alle Konvention verstieß dabei das Wohnen und Schlafen im Museum. Der Impuls möchte die Fragen aufwerfen, inwieweit das Wohnen und Agieren im Museum mit seiner Verlagerung des Produktionsprozesses in eine Ausstellung als eigenständige Form der zeitgenössischen Aktionskunst zu verstehen ist und inwiefern das von Günther Uecker hier in den Mittelpunkt gestellte *Terrororchester* mit seinem akustischen Angriff auf die Anwesenden, der wie eine versuchte Vertreibung aus dem Museum anmutet, als eine Umkehrung des kommunikativen Prozesses einer Ausstellung und der ihr zugrunde liegenden ästhetischen Erfahrung verstanden werden kann.

Klaus Gereon Beuckers

Museen können bewohnbare Orte sein. Günther Uecker und Gerhard Richter 1968 in der Staatlichen Kunsthalle Baden-Baden – eine kunsthistorische Annäherung*

Kunstgeschichte ist Geschichtsschreibung und insofern daran interessiert, welche Ideen wann aufkommen, wann sie Konjunktur bekommen und wie sie sich gegenseitig beeinflussen. Dies umfasst immer auch eine chronologische Dokumentation, in der sich die Erfassung aber nicht erschöpft, sondern von der aus eine Entwicklungsgeschichte zu verfassen ist, die durch eine Einbettung von Kunstwerken in das zeitgenössische Umfeld und unter Berücksichtigung seiner Vorbilder einen Kontext bildet, der die Relation zu anderen künstlerischen Ideen und Formen und dadurch Besonderheiten erkennen lässt. Die Aktion *Museen können bewohnbare Orte sein* ist in mehrerlei Hinsicht kunsthistorisch interessant, da sie 1968 in der Hochphase der Aktionskunst der 1960er-Jahre stattfand und insofern einen Platz innerhalb dieses Diskurses einnimmt, sich gleichzeitig aber auch signifikant von den meisten Aktionen dieser Zeit unterscheidet.

Die Aktion ist zwar im Verzeichnis der Aktionen von Günther Uecker gelistet,[1] aber es gibt bis heute zu ihr kaum Literatur. Uecker selbst hatte sich kurz nach der Ausstellung dazu in einem kurzen Text geäußert und – ganz im Umkreis der programmatischen Formulierungen von Wolf

* Der folgende Text ist die überarbeitete schriftliche Übertragung eines mündlich gehaltenen Impulsvortrags nach Tonaufzeichnung. Die sprachliche Form wurde beibehalten.

1 Klaus Gereon Beuckers (Hg.): *Günther Uecker. Die Aktionen*, Petersberg 2004. Zur Aktion *Museen können bewohnbare Orte sein*: ebd., S. 224, Nr. 22. Siehe auch Dieter Honisch: *Uecker*, Werkverzeichnis bearb. von Marion Haedeke, Stuttgart 1983, S. 217, Nr. 615. Wie im Werkverzeichnis wurde auch im Verzeichnis der Aktionen das gesamte Ausstellungsgeschehen als eine Gesamtaktion aufgefasst.

Vostell (‚Kunst = Leben', 1964) oder Joseph Beuys (‚Jeder Mensch ein Künstler', 1967) – die Überwindung der Trennung musealer Exklusivität und künstlerischer Erhabenheit vom Alltag gefordert.[2] Diesen Text hat er später noch einmal etwas überarbeitet und – wohl vor allem von den Fotos inspiriert – um einen Abschnitt erweitert.[3] Darüber hinaus hat

[2] Günther Uecker: „Museen können bewohnbare Orte sein" (1968), in: Stephan von Wiese (Hg.): *Günther Uecker. Schriften: Gedichte, Projektbeschreibungen, Reflexionen*, St. Gallen 1979, S. 67 und S. 170 (Erstabdruck: *Uecker Zeitung*, Nr. 1, 1969): „Im April 1968 lebten Richter und ich in der Kunsthalle Baden-Baden. Diese Ausstellung unseres persönlichen Lebensbereiches war ein Beispiel für die Auflösung bestehender Museumspraktiken. Ich denke, daß man die Museen zu bewohnbaren Orten erklären sollte. Hier sind umfassende Möglichkeiten gegeben, die Aktivität des Geistes zu verbreiten. Museen könnten Agitationsorte des Geistes mit einer größeren Öffentlichkeitswirkung sein. Hier haben wir demonstriert: *Wir sind öffentlich!* Eine anschließende Ausstellung in einem Warenhaus in Dortmund war von dem gleichen Gedanken geprägt. Hier propagierte ich ‚Leute-Kunst', hier wurden Kunstobjekte in den Schaufenstern gleichwertig mit Ware präsentiert, in der Banalität des Nebeneinander. Ein Nagel von 20 Metern Länge, der in der Fassade des Kaufhauses steckte, symbolisierte das Eindringen eines neuen Gedankens in ein Haus. Versuchen wir, uns mit der Umwelt zu identifizieren, überwinden wir die Trennung zwischen dem Erhabenen und dem Banalen. Es gibt so lange eine Dualität im Bewußtsein, solange wir nicht bereit sind, diese aufzuheben. Versuchen wir, unsere Erfindungen (sprich: Kunst) von der Exklusivität zu befreien."

[3] Günther Uecker: „Museen können bewohnbare Orte sein" (2001), in: *„... zum Raum wird hier die Zeit". Günther Uecker – Bühnenskulpturen und optische Partituren*, Ausst.-Kat. Neues Museum Weimar, Berlin 2001, S. 44–46. Es handelt sich um eine eigentlich gekürzte Fassung des gleichnamigen Textes von 1968 mit einem angehängten Abschnitt: „Unsere Reise in die Kunsthalle nach Baden-Baden, in der Absicht dort zu leben und zu arbeiten, war ein Transport, eine Versetzung unserer Arbeits- und unserer Lebenswelt in die Kunsthalle Baden-Baden. Wir waren dort ausgestellt und betrachtbar. [...] Die gemalte Bergwelt von Gerhard Richter war der Ort unserer gemeinsamen Ballonfahrt; wir sprangen in dauernder Wiederholung von der Konsole des großen Saales in den Raum, die Berge und der Raum waren im Flug eins und beflügelten uns. Verbindende und trennende Ströme wurden über Kabel übertragen und verbanden uns. ‚einsam gemeinsam' waren wir in diesen Augenblicken inspiriert verbunden und plazierten uns im Aufgang; man konnte über uns hinwegschreiten. Operationen, um den telepathischen Energien Richtung und Gestalt zu geben, wurden collagiert, verbanden uns miteinander, zeigten sich in den hinterlassenen Fußspuren unserer gegenseitigen Verfolgung. Das *Terrororchester*, kracherzeugende Gerätschaften, ein akustisches Ereignis, begleiteten meinen Tanz und den Schrei. Meine Kleidung konnte auch so verstanden werden: ein Inhaftierter, ein Häftling, einer, der vor einem Plakat *Deutschland ist eine Reise wert*, das ich aus New York mitgebracht hatte und auf dem ein offener Gaskammerofen abgebildet war, tanzt. In einem vorderen Raum waren Eisenplatten auf den Boden gelegt und mit Nägeln überschüttet. Das Anstoßen, Krachen und Klirren, welches die darüberlaufenden Eintretenden erzeugten, wurde durch ein Mikrophon auf einen hinteren Raum übertragen. Ein auf den Eisenplatten befestigtes Mikrophon verstärkte die Geräusche, so entwickelte sich, dem lauten Krach folgend, ein Hin- und Herlaufen der Besucher.

Klaus Gallwitz, der damalige Leiter der Staatlichen Kunsthalle Baden-Baden und Initiator dieser Ausstellung, seine Sicht auf die Ausstellung und ihre aktionalen Elemente 2001 in Form eines rückblickenden Beitrags in einem Ausstellungskatalog formuliert.[4] Ursprünglich sollten es 14 Einzelausstellungen werden, in denen 14 junge Künstler jeweils für eine Woche in der Kunsthalle ihre Arbeit präsentieren sollten. Die Anfrage für den ersten Termin ging an Gerhard Richter, der eng mit Günther Uecker befreundet war und von ihm bei seiner Sozialisierung im Westen unterstützt worden war. Ihre Ateliers lagen in Düsseldorf im Haus Fürstenwall 204 unmittelbar nebeneinander. Uecker und Richter wollten nicht nacheinander, wie es gedacht war, sondern gemeinsam in der Kunsthalle ausstellen. Dies berichtet Klaus Gallwitz, der für die Ausstellung und deren aktionale Elemente einige blumige Formulierungen gefunden hat. Gerhard Richter hat 2015 in einem Interview dazu eine deutlich distanziertere Position eingenommen.[5] Aus seinen Informationen speist sich ein Abschnitt in Christine Mehrings Tagungsbeitrag zu Richters Kollaborationen, der sich Günther Uecker widmet.[6] Eine wissenschaft-

Wir arbeiteten in der Kunsthalle, wir gingen durch den Ort, wir fuhren mit Gerhards Auto und ließen uns mit Peter Dibke, der auch die Fotos machte, im Schwarzwald von den Bergen gleiten, mit offenen Türen wurde das Auto zu einem Nachtvogel, dem wir auf das Dach gestiegen waren. Ein schwebendes Gleiten, ein konzentriertes Handeln; so stieß die Phantasie doch an ihre Grenzen und ein Stein machte der Fahrt ein Ende."

[4] Klaus Gallwitz: „Leben im Museum. Günther Uecker und Gerhard Richter in der Kunsthalle Baden-Baden", in: *„... zum Raum wird hier die Zeit". Günther Uecker – Bühnenskulpturen und optische Partituren*, Ausst.-Kat. Neues Museum Weimar, Berlin 2001, S. 36–43.

[5] Gerhard Richter im Gespräch mit Franziska Leuthäußer, 7. Mai 2015, in: Franziska Leuthäußer (Hg.): *Café Deutschland. Im Gespräch mit der ersten Kunstszene der BRD*, Bd. 2, Heidelberg 2018, S. 1239–1263, hier S. 1252f.: „FL: Mit ihm [Günther Uecker] haben Sie 68 eine Ausstellung in Baden-Baden gemacht? GR: Ja, das war nicht so doll. FL: Das ‚Leben im Museum'. GR: Ja, genau das ist der Punkt. Da bin ich, sagen wir mal, verführt worden. FL: Von Uecker? GR: Ja, und von Klaus Gallwitz und dem damaligen Zeitgeist. Ich glaube, dass das ganz gut ankam. Aber ich fand es bald ziemlich lächerlich, was wir da machten. FL: Es war nicht Ihre Idee? GR: Wir haben sie zusammen entwickelt, hauptsächlich erst beim Aufbau der Ausstellung. Da war Uecker sicher der Aktivere. FL: Und die Idee war, dass Sie im Museum anwesend sind? GR: Ja, angeblich da wohnend. Gibt ja auch Fotos davon; sehe ich heute noch nicht gerne. Wir, in Schlafanzügen auf der Museumstreppe liegend. Die Ausstellung selbst war eigentlich ganz gut."

[6] Christine Mehring: „Richter's Collaborations, Richter's Turns, 1955–1971", in: dies., Jeanne Anne Nugent und Jon L. Seydl (Hg.): *Gerhard Richter: Early Work*, 1951–1972, Los Angeles 2010, S. 90–124, hier S. 104–106.

liche Untersuchung, was bei den Aktionen dort wirklich passierte, ist bis heute nicht erfolgt. Es gibt jedoch von Silke Feldhoff eine Aufarbeitung der dort ausgestellten Werke des *Terrororchesters*, wie die Werkgruppe (1960–1970) später bezeichnet wurde.[7] Einige Arbeiten sind zu der Werkgruppe erst nachträglich hinzugezählt worden oder überhaupt erst später entstanden, andere Werke können über die Fotos der Aktion gut als Teil der Ausstellung von Baden-Baden identifiziert werden.

Auch der folgende Diskussionsimpuls kann keine umfassende Aufarbeitung der Ausstellung und ihrer Aktionen sein, sondern möchte eben als Impuls verstanden werden. Dabei geht er in drei Schritten vor: Zuerst werden kurz die aktionalen Elemente benannt und differenziert, die sich in Ueckers Nagelwanderungen im Stadtraum einerseits und dem Geschehen im Museum andererseits unterscheiden lassen. Grundlage dafür bilden nahezu ausschließlich die im Auftrag Ueckers erstellten Fotos.[8] Im zweiten Schritt soll auf Aspekte der damaligen Aktionskunst und auf ihren medialen Bezugsrahmen verwiesen werden, bevor in einem dritten Schritt der kommunikative Status der Gesamtaktion *Museen können bewohnbare Orte sein* und der daran geknüpfte Werkbegriff angesprochen werden soll.

***

Fotos der Aktionen zeigen, dass Uecker mit einem überdimensionierten, seiner Körperlänge entsprechenden Nagel, seinem Signet[9], durch die Stadt gegangen ist, somit das Museum, also die Ausstellung, in den städtischen Außenraum übertragen hat, bevor er die Kunsthalle mit dem

[7] Silke Feldhoff: „Terrororchester, ab 1960|63“, in: *„… zum Raum wird hier die Zeit“. Günther Uecker – Bühnenskulpturen und optische Partituren*, Ausst.-Kat. Neues Museum Weimar, Berlin 2001, S. 122–133.

[8] Ein Teil der Fotos erschien auch im Werkverzeichnis von 1983; siehe Honisch 1983, S. 105. Die meisten Fotos der Serie sind abgedruckt in: Gallwitz 2001, S. 37–43.

[9] Vgl. Christine Korte-Beuckers: „Vom Arbeitsmaterial zum Zeichen und Symbol. Aspekte der Verwendung des Nagels im Werk von Günter Uecker“, in: Klaus Gereon Beuckers (Hg.): *Zero-Studien. Aufsätze zur Düsseldorfer Gruppe Zero und ihrem Umkreis* (= Karlsruher Schriften zur Kunstgeschichte, Bd. 2), Münster 1997, S. 113–133.

Nagel als Rammbock ‚erstürmte' (siehe Fotostrecke S. 154). Er hat sich an verschiedene, markante Orte in der Stadt gesetzt – und dies durchaus störend, wie man an den Fotos sehen kann, etwa in einem Café. Damit hat er versucht, den Kunstraum aus dem Museum heraus zu erweitern. Da das Museum in der Museumskritik seit den 1920er-Jahren und besonders in den 1960er-Jahren als elitär verstanden wurde, wollte er zeigen, dass Kunst in den Lebensraum hineingehört. Gerhard Richter hat sich dem in seiner eigenen künstlerischen Sprache angeschlossen, wie man auf einem Foto sieht, auf dem Richter an einer Ecke außerhalb des Museums kauert und Kunst ‚ausstellt'. Er zeigte eine postkartengroße Reproduktion aus seiner aktuellen, großformatigen Werkreihe, wie ein Bettler vor sich ausgebreitet. Die Fotos, die von den einzelnen Aktionen bekannt sind – und das kommt zu der medialen Verzerrung, die Fotografie als Dokument in ihrer Ausschnitthaftigkeit ohnehin ist, noch hinzu –, sind alles inszenierte Fotos. Der Fotograf war Peter Dibke (1941–2015) aus Köln, der vielfach im Düsseldorfer Akademieumfeld fotografiert hat und offenbar mehrere Tage in Baden-Baden gewesen ist. Es sind gestellte Bilder, die natürlich das zeigen, was Uecker oder Richter wichtig war, nämlich rauszugehen und die Kunst in den städtischen Umraum zu bringen, was bei Baden-Baden besonders delikat ist, weil man sich klarmachen muss, dass Baden-Baden 1968 mit der vornehmste Kurort war, den Deutschland zu bieten hatte. Die Kunsthalle hatte ihren Einzugsbereich vor allem unter den Kurgästen und den meist durchaus wohlhabenden Leuten, die in Baden-Baden lebten. Das war noch deutlich elitärer als im durchschnittlichen Museumsbereich.

Klaus Gallwitz (1930–2021) war nach Jahren der Geschäftsführung des Badischen Kunstvereins in Karlsruhe 1967 zum Leiter der Kunsthalle in Baden-Baden berufen worden und saß zur gleichen Zeit auch im Beirat der documenta 4. Die Ausstellungsreihe *14 mal 14* hatte für ihn somit einen programmatischen Charakter kurz nach seinem Amtsantritt. Die Kunsthalle selbst verfügte über ein festes, auch überregionales Stammpublikum, das zu den Ausstellungseröffnungen und damit auch zur Reihe *14 mal 14* eingeladen wurde. Bei Ueckers und Richters Auftakt war es je-

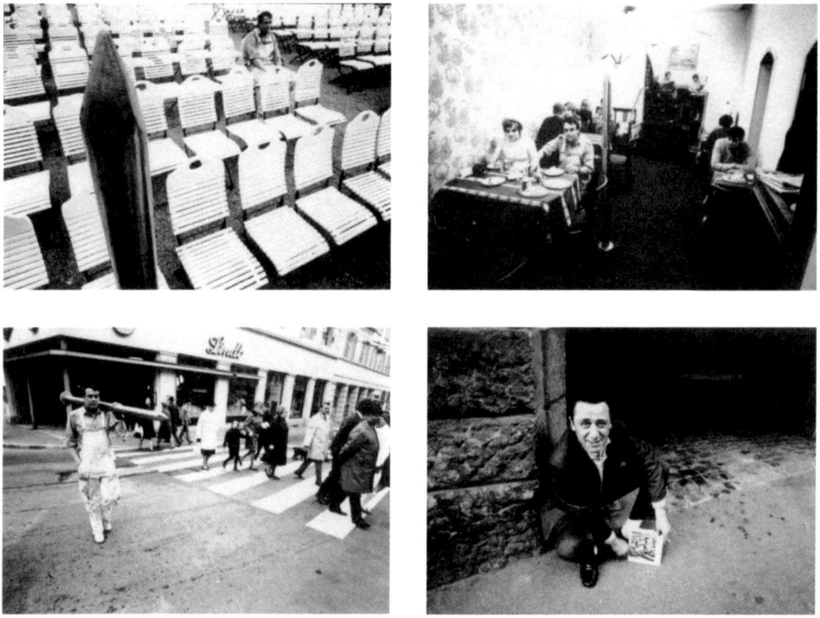

Abb. 30: Günther Uecker, Gerhard Richter, *Museen können bewohnbare Orte sein* (*Museums Can Be Habitable Places*), Baden-Baden 1968, Stadterwanderungen von Günther Uecker mit dem Nagel und Kunstausstellung von Gerhard Richter | Tours through the city with a nail by Günther Uecker and art exhibition by Gerhard Richter. Fotos | Photos: Peter Dibke, Köln, courtesy Günther Uecker Archiv

doch so, dass die Ausstellung eigentlich gar nicht die eigentliche Ausstellung sein sollte. Die Konzeption beider war, Werke während der Ausstellung weiterzubearbeiten oder sie dort überhaupt erst herzustellen. Zwar gab es etliche Arbeiten, die nach Baden-Baden transportiert worden waren,[10] aber das Signifikante der Ausstellung war das Arbeiten vor Ort.[11] Zu der Finissage, auf die dies konzeptionell zielte, kamen viele geladene Gäste aus Düsseldorf, vor allem aus dem Akademieumfeld. Richter und Uecker hatten systematisch ihren Freundeskreis und ihre Bekannten nach Baden-Baden eingeladen, die für eine solche Thematik sensibilisiert waren. Das traditionelle Publikum in der Kurstadt zeigte hingegen ein Verständnisproblem. Was es dort erwartet hatte (und bei der Eröffnung auch vorfand), war die Ausstellung von Bildern und Objekten, was jedoch darüber hinaus inszeniert wurde, war, dass die beiden Künstler in das Museum eingezogen waren. „Museen können bewohnbare Orte sein". Das war wörtlich genommen.

Fotos zeigen nämlich, dass Uecker und Richter dort wirklich gewohnt oder dies zumindest deutlich demonstriert haben, indem sie so etwas wie ein gemeinsames Bett aufgebaut hatten (siehe Fotostrecke S. 156). Ein Foto zeigt sie (als Abschluss der Aktion *Verfolgungen und Verbindungen zweier Künstler, die im Museum leben*[12]; alle Aktionstitel scheinen erst nachträglich formuliert worden zu sein) demonstrativ küssend, es ging hier um die Provokation und – wo immer es ging –

[10] Gerhard Richter listet in seinem Ausstellungsverzeichnis insgesamt 71 Arbeiten, die in Baden-Baden gezeigt worden sein sollen, etwa die Hälfte davon aus dem Jahr 1968. Siehe Gerhard Richter: *Junge deutsche Künstler. 14 x 14 – Leben im Museum* [Werkübersicht]; https://www.gerhard-richter.com/de/exhibitions/junge-deutsche-kunstler-14-x-14-leben-im-museum-546?p=1&sp=32&tab=artworks-tabs [25.01.2025]. – Silke Feldhoff zufolge stellte Uecker in Baden-Baden über das *Terrororchester* hinaus noch 22 weitere Arbeiten aus; Feldhoff 2011, S. 124, Anm. 5.

[11] „Das Museum sollte in ein Künstleratelier verwandelt werden. Zu diesem Zweck wurden die Ateliereinrichtungen Richters und Ueckers mit einem Möbelwagen von Düsseldorf nach Baden-Baden gebracht." Stephan von Wiese (Hg.): *Günther Uecker. Schriften: Gedichte, Projektbeschreibungen, Reflexionen*, St. Gallen 1979, S. 170. – Der Ausstellungskatalog erwähnt nichts von dieser Konzeption. Vgl. Klaus Gallwitz (Hg.): *14 mal 14. Junge deutsche Künstler*, Ausst.-Kat. Staatliche Kunsthalle Baden-Baden, Baden-Baden 1968.

[12] Vgl. Mehring 2010, S. 105.

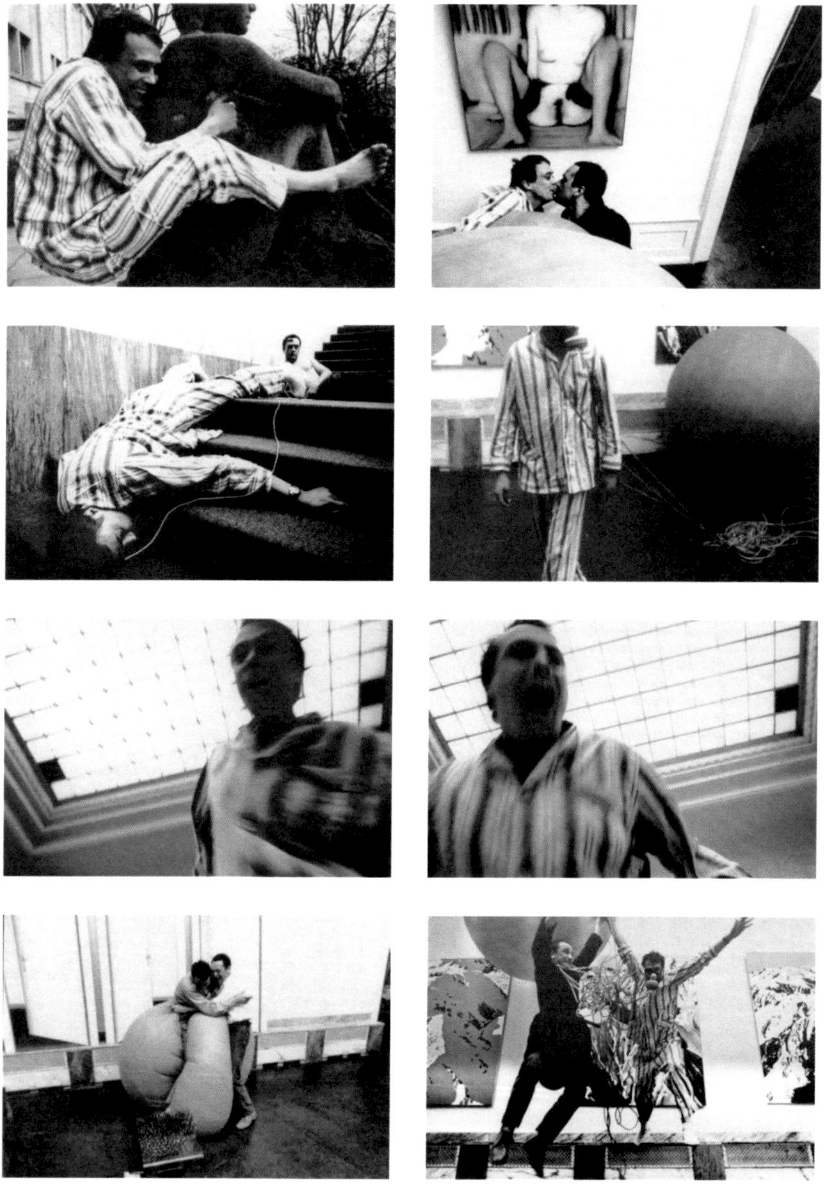

Abb. 31: Günther Uecker, Gerhard Richter, *Museen können bewohnbare Orte sein (Museums Can Be Habitable Places)*, Baden-Baden 1968, Aktionen von Günther Uecker und Gerhard Richter in der Kunsthalle | Actions in the Kunsthalle by Günther Uecker and Gerhard Richter. Fotos | Photos: Peter Dibke, Köln, courtesy Günther Uecker Archiv

darum, bürgerliche Schemata zu durchbrechen. Das Bett stand unter einem Gemälde von Richter, das einen weiblichen Akt mit geöffneten Schenkeln zeigte (*Studentin*, 1967[13]), wodurch in dem provisorischen ‚Schlafzimmer' eine zusätzliche Atmosphäre der Intimität erzeugt wurde. Zudem ist Uecker zu weiten Teilen, wenn auch nicht durchgängig, zumindest den Fotos nach, im Schlafanzug durch das Museum gelaufen, was den Charakter von Privaträumen noch verstärkte. Dieser Schlafanzug ist mehrfach codiert. Man kann ihn als das Kostüm des ‚deutschen Michels' sehen, also als Paradeuniform des Spießertums. Aber vor allen Dingen ging es Uecker wohl darum, Intimität zu zeigen: „Das sind jetzt unsere Wohnräume." Später hat er ihn als Häftlingskleidung gelesen.[14] Die Kleidung ist in der Literatur auch als KZ-Häftlingskleidung interpretiert worden;[15] möglicherweise hat Uecker mit dieser Ambivalenz gespielt.[16]

Auf den Fotos sieht man verschiedene Aktionen. Uecker ist tanzend, springend und rufend oder schreiend durch die Kunsthalle gelaufen; zumindest als der Fotograf dabei war. Wie oft sonst, kann man nicht sagen. Hierin demonstrierte Uecker ein dezidiert ‚unwürdiges' Verhalten innerhalb des erhabenen, musealen Kontextes. Nicht nur unwürdig in dem Sinne, dass der Künstler dort eigenartige, dem Ort vermeintlich wesensfremde Dinge macht, sondern auch, indem dies eine fast archaische Form des Aneignens ist, an Tiere erinnernd, die Reviere abstecken. Darüber hinaus fanden Aktionen statt, bei denen Uecker mit dem Nagel hinausging (was er in seinem Text von 1968 zur Baden-Badener Ausstellung als einziges Element thematisiert und auf eine spätere Dortmunder Aktion erweitert), wie der Sturm mit dem Nagel als inszenierte Fotografie (*Erstürmung der Kunsthalle*) oder der Ritt auf der Sandsteinskulptur

[13] Dietmar Elger (Hg.): *Gerhard Richter. Catalogue Raisonné*, Bd. 1: Nr. 1–198, 1962–1968, Ostfildern 2011, S. 309, Nr. 149.

[14] Uecker 2001, S. 46.

[15] Katrin Salwig: „Die Aktionen von Günther Uecker", in: Klaus Gereon Beuckers (Hg.): *Günther Uecker. Die Aktionen*, Petersberg 2004, S. 39–119, hier S. 57.

[16] Er bringt diesen Anzug in einen unmittelbaren Zusammenhang mit dem Aufhängen eines ‚Werbeplakates' aus New York *Deutschland ist eine Reise wert*, das einen Gaskammerofen abbildete und so dezidiert Bezug zu den nationalsozialistischen Konzentrationslagern nahm. Vgl. Uecker 2001, S. 46.

vor dem Museumseingang. Teile der Aktion *Verfolgungen und Verbindungen zweier Künstler, die im Museum leben* waren auch so etwas wie Boxkämpfe, bei denen sich Uecker und Richter in Trainingskleidung in einen aufgeblasenen Ballon hineinverkeilten und sich mit diesem auf ein Nagelbrett Ueckers zubewegten, was so einen gefährdenden, destruktiven Unterton bekam.

Viel wichtiger erscheint aber der sogenannte *Alpenflug*. Hier sprangen die beiden Künstler vor den *Gebirgebildern* von Richter, dieser farbfrischen grauen Serie, an der Richter in der Woche noch weitergearbeitet hatte,[17] von den Marmorbänken der Heizungskörper herunter und machten – zumindest auf den ersten Blick – Klamauk für den Fotografen. Aber dieser vorgebliche Klamauk bekam eine semantische Ebene in dem Moment, in dem beide einerseits miteinander verkabelt waren und dann Uecker zumindest zeitweise eine Gasmaske trug, die er demonstrativ für die Fotografien anlegte. Damit wurde aus dem Museum heraus eine Kriegsthematik angesprochen. Es war 1968, seit 1965 kämpften die Bodentruppen der USA in Vietnam, kräftig unterstützt durch Chemiewaffen aus der Luft; die Thematik war breit in der Presse zu finden. Es gab viele Demonstrationen, der Krieg war ein dauerpräsentes Thema – und letztlich öffnete der Krieg in Vietnam in genau dieser Zeit den Blick auf die eigene Kriegsgeschichte im Nationalsozialismus, was sich vor allem 1968 in den Studentenunruhen artikulierte. Hier setzten Uecker und Richter an, indem sie sich auf die Treppenabsätze legten, Uecker in Totenhaltung, und mit den *Verkabelungen* auf den technischen Aspekt von Krieg anspielten. Die auf anderen Fotos zu sehende Gasmaske verstärkte dies. So kam eine semantische Ebene in den Klamauk und genau diese wurde fotografisch dokumentiert.

Es ist kein einziges Bild dieser Aktionen veröffentlicht, auf dem Publikum zu sehen wäre, sodass man davon ausgehen muss, dass keines anwesend war – auch wenn Klaus Gallwitz retrospektiv berichtet, dass die Aktionen „im Gedächtnis der Teilnehmer in verschiedenen Varianten

[17] Vgl. Elger 2011, S. 364–368, Nr. 179–183.

bewahrt und von den überraschten Besuchern weitererzählt" worden seien, was sich wohl auf Aktionen während der Eröffnung bezieht.[18] Zumindest bei den gestellten Fotos war das Publikum jedoch außen vor. Damit ist hier von Aktionen zu sprechen, die allein für die fotografische Position angefertigt wurden, also eigentlich keine Dokumentation durch das Medium Fotografie, sondern inszenierte Bilder mit vermeintlich aktionalem Inhalt sind. Rolf Krauss hat die Dokumentation von Aktionen angesichts der Ablehnung des Werkbegriffes durch die Aktionskünstler als Dilemma bezeichnet:

„Einerseits war das Bedürfnis da, Aktionen zu dokumentieren, sie eben nicht nur im Gedächtnis einiger Weniger zu wissen. [...] Andererseits erschien der Versuch, nach allen Absagen an das Tafelbild, Aktionen noch einmal als Bildform aufbewahren zu wollen, paradox und kontraproduktiv."[19]

Wenn Uecker und Richter die ohne Publikum inszenierte Fotografie aktionaler Elemente nicht zum Medium einer Dokumentation einer Aktion als selbstständiger Kunstform nutzten, so erhoben sie die Fotos selbst zur eigenständigen Kunstform. Hierin unterscheiden diese sich von der gesamten frühen Aktionsfotografie und verweisen auf den Kontext der gleichzeitigen, inszeniert-szenografischen Fotografie, wie sie beispielsweise der Wiener Aktionist Rudolf Schwarzkogler 1965/66 bei vier Aktionen eingesetzt hatte, bei denen Szenen ausschließlich für die Fotografie gestellt wurden, die als eigentliches Kunstmedium dann in den Kunstbetrieb eingespeist wurden. Auch die relativ umfangreiche Fotokampagne in Baden-Baden weist in diese Richtung, die aber weder Uecker noch Richter später weiterverfolgten.

War das Publikum bei den Aktionen also wohl außen vor, so versuchte es trotz des installativen Werkstattcharakters, die Ausstellung

[18] Gallwitz 2001, S. 36.

[19] Rolf H. Krauss: „Aktionskunst und Photographie. Zum Phänomen des medialen Transfers in den 1960er und 1970er Jahren", in: Klaus Gereon Beuckers (Hg.): *Günther Uecker. Die Aktionen*, Petersberg 2004, S. 205–218, hier S. 208.

selbst zu besuchen. Dort waren die Gemälde von Richter in klassischer Art des Museumsbesuchs goutierbar, Uecker jedoch hatte einen Saal mit seinem *Terrororchester* vollgestellt[20] und einen zweiten Saal mit einem Fußboden versehen, auf dem Nägel ausgekippt waren. Betrat man den Boden, verursachten diese ein Geräusch, das mit einem Tonabnehmer laut in mehrere Räume des Museums übertragen wurde.

Diese sicher nicht ohne Einflüsse Jean Tinguelys denkbaren ‚Krachmaschinen-Objekte' waren einerseits die klassischen *Übernagelungen* von bereits akustisch laufenden Teilen: Eine benagelte Nähmaschine ratterte, es gab ein Fußpedal, mit dem man sie in Gang setzen konnte, dann ‚nähte' sie; ein benageltes Radio spielte, ein Plattenspieler und der *New York Dancer* (1965) drehte sich (siehe Fotostrecke S. 161). Der *New York Dancer* lief immer mal wieder, weil er nicht dauerhaft betrieben werden kann, sondern „auf Knopfdruck" angestellt werden muss.[21] Wer ihn einmal in Betrieb gesehen hat, weiß warum. Der benagelte Stoff ist auf einer rotierenden Stele montiert, die durch einen Motor angetrieben wird. Wenn der *Dancer* zu vibrieren anfängt, dann ist das beängstigend, weil man Sorge hat, dass die Nägel umherfliegen, man hat Respekt und geht lieber entfernt vorbei. Vor allem aber macht es einen Höllenlärm. Und Lärm machten auch alle anderen Geräte. Es gab die *Krachtruhe*, in der Rasseln waren, mehrere Klingelelemente mit teilweise schrillen Tönen, oder eine Waschmaschine, die sogenannte *Krachmaschine* (1964/1976), die mit Nägeln und anderen Utensilien gefüllt war (siehe Fotostrecke S. 162). Alles das lief und war akustisch so laut, dass die Anwesenden, und das ist aus den Presseberichten nach der Preview bekannt, das Weite suchen würden.[22] Uecker hat es als Gesamtzusammenhang, als

[20] Ein Foto davon mit zwei Besuchern ist bei Honisch abgebildet; siehe Honisch 1983, S. 105.

[21] Vgl. Gallwitz 2001, S. 40.

[22] Eine Zusammenstellung von Presseberichten und Presseankündigungen bei Salwig 2004, S. 56, Anm. 68. Für den Tenor der Rezeption exemplarisch ist Hermann Dannecker: „Das Orchester des totalen Terrors. ‚14 mal 14' junge deutsche Künstler in Baden-Baden", in: *Stuttgarter Zeitung*, 12.03.1968. Weitere Presseberichte sind auszugsweise abgedruckt in: „Pressestimmen zu ‚14 mal 14'", in: *„... zum Raum wird hier die Zeit". Günther Uecker – Bühnenskulpturen und optische Partituren*, Ausst.-Kat. Neues Museum Weimar, Berlin 2001, S. 47–48.

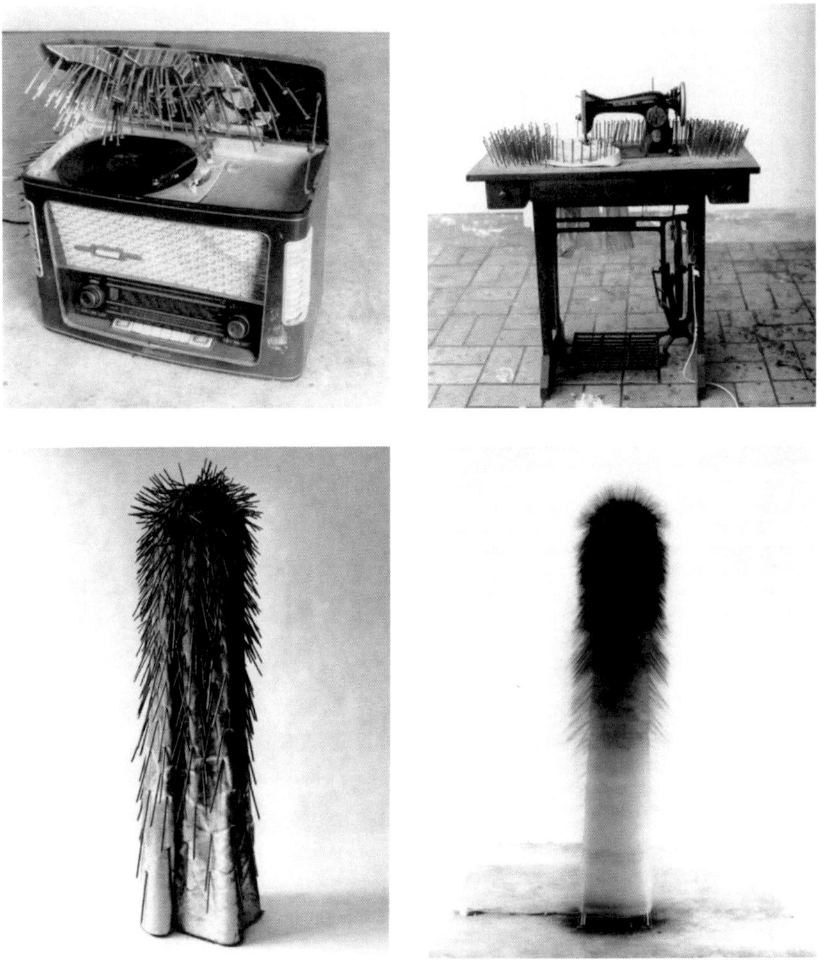

Abb. 32: Günther Uecker, *Terrororchester (Terror Orchestra)*, 1960–1970, mit | with *New York Dancer* als Teil der Aktion | as part of the action *Museen können bewohnbare Orte sein (Museums Can Be Habitable Places)*, Baden-Baden 1968. Fotos | Photos: Peter Dibke, Köln, courtesy Günther Uecker Archiv

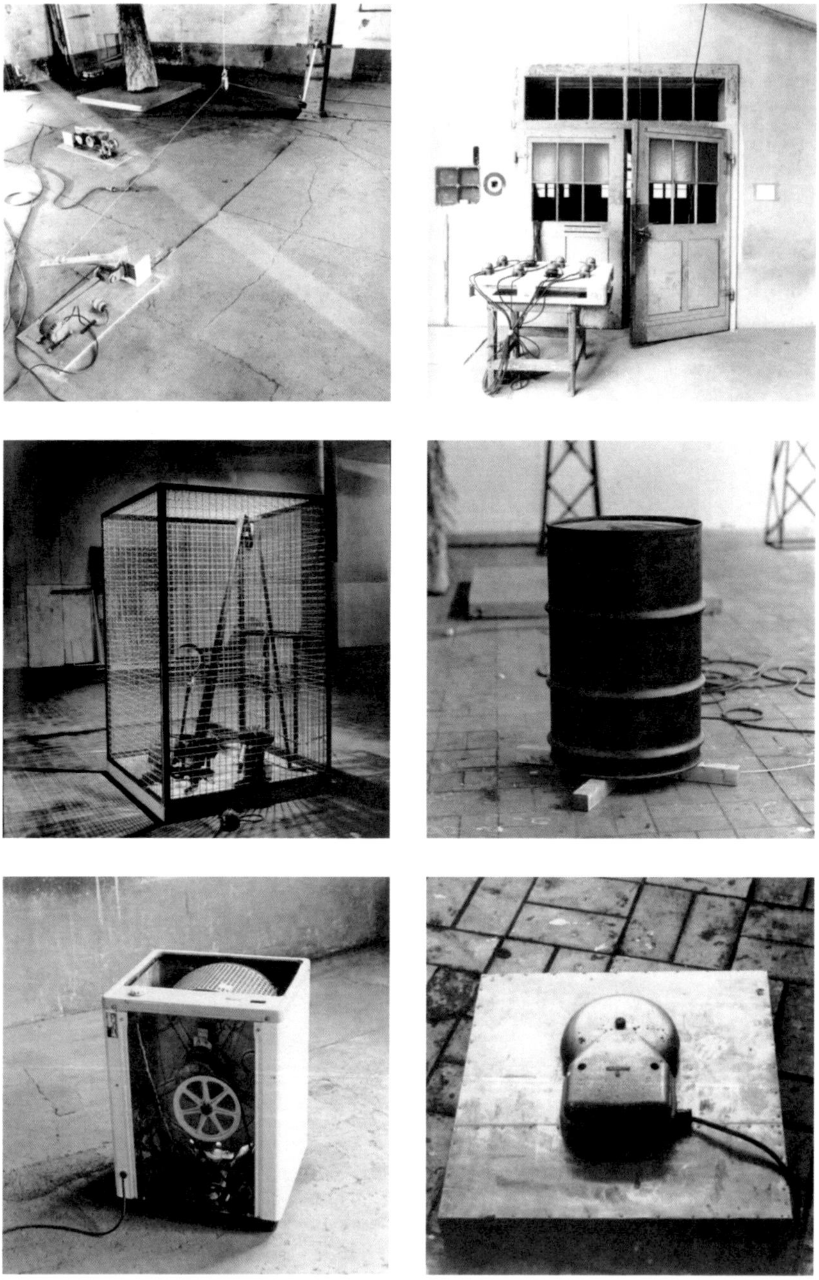

Abb. 33: Günther Uecker, *Terrororchester* (*Terror Orchestra*), 1960–1970, mit | with *Krachmaschine* (*Noise Machine*) als Teil der Aktion | as part of the action *Museen können bewohnbare Orte sein* (*Museums Can Be Habitable Places*), Baden-Baden 1968. Fotos | Photos: Peter Dibke, Köln, courtesy Günther Uecker Archiv

Terrororchester bezeichnet und damit gut dokumentiert, wie das den Kunstinteressierten in Baden-Baden vorgekommen ist.

Am schlimmsten war der besagte Raum mit den Nägeln auf dem Boden, den man bei einem Rundgang zwangsläufig durchqueren musste (Abb. 34). An den dort ausgelegten Stahlplatten war ein Tonabnehmer, sodass, wenn man über die Platten ging, die Nägel vibrierten und dies in einem ohrenbetäubenden Lärm in andere Räume der Kunsthalle übertragen wurde. Wenn in dem Raum Gäste umhergingen, dann konnte man es offenbar kaum aushalten, man rannte aus der Ausstellung.

Ein Foto zeigt den Eingangsbereich der Ausstellung mit den *Krachmaschinen* (Abb. 35). Dieses Foto wurde aber zur Eröffnung aufgenommen und nicht zur Finissage, denn von der Finissage gibt es offenbar keine von Uecker initiierten Fotos, da Peter Dibke bereits wieder abgereist war. Auch das sagt sehr viel über diese Dokumentation der Aktionen, die erheblich von der Ausstellung abgekoppelt waren.

***

An der Gesamtaktion sind zweierlei Dinge interessant. Erstens natürlich die akustische Dimension. Uecker tritt hier in den Kontext der Diskussionen um eine Erweiterung der Musik in das aktionale, in das nicht determinierte akustische Geschehen ein, das untrennbar mit John Cage verbunden ist, im Düsseldorfer Umfeld aber kaum weniger durch die Aktionen von Nam June Paik und anderen seit den ausgehenden 1950er-Jahren geprägt war.[23] Darauf wird noch zurückzukommen sein.

Zweitens handelt es sich bei den Aktionen in Baden-Baden ganz klassisch um Elemente des Motivs ‚Leben außerhalb des Museums' und ‚Heraustragen aus dem Museum', wie sie bereits seit den Lettris-

[23] Vgl. Klaus Gereon Beuckers: „Rhythmus, Klang, Ton – Musik. Bemerkungen zur akustischen Komponente in den Aktionen von Günther Uecker und der Aktionskunst der 1960er Jahre", in: ders. (Hg.): *Günther Uecker. Die Aktionen*, Petersberg 2004, S. 137–177.

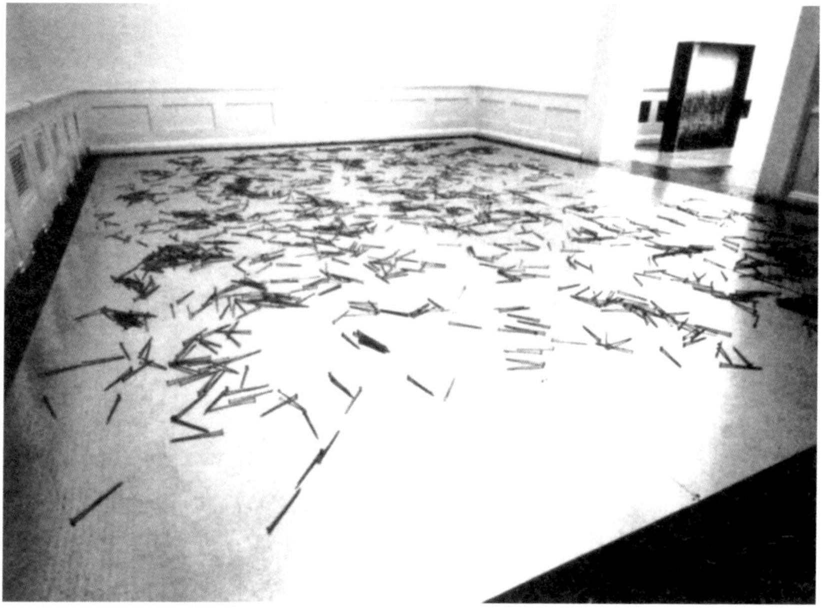

Abb. 34: Günther Uecker, Gerhard Richter, *Museen können bewohnbare Orte sein (Museums Can Be Habitable Places)*, Baden-Baden 1968, Installationsansicht des mit Stahlplatten und Nägeln ausgelegten Raums der Kunsthalle, Teil des *Terrororchesters* von Günther Uecker | Installation view of the Kunsthalle room with metal flooring installed, covered with nails, part of Uecker's *Terror Orchestra*. Foto | Photo: Peter Dibke, Köln, courtesy Günther Uecker Archiv

ten bekannt sind, auch bei den Situationisten zu finden sind, wobei in Baden-Baden keine vergleichbar offensiven Interventionen im Stadtraum stattfanden. Die Lettristen haben vor allem literarische Dinge nach außen getragen und sozusagen gesprochen, während die Situationisten versuchten, den Stadtraum durch ihre Interventionen zu verändern bis hin zur geplanten Sprengung des Eiffelturms. Das begann alles bereits in den 1940er-Jahren, hatte seinen Höhepunkt aber in den 1950ern, als die Situationisten unter Guy Debord aktiv waren. Mitte der 1960er-Jahre machte Debord schon seine Filme, war also bereits gemäßigter und auch Asger Jorn, der zweite Kopf der Gruppe, kehrte zur Malerei zurück. In dieser radikalen Pariser Tradition stand aber der Aufbruch aus dem Museum in den Stadtraum und die Erweiterung der Diskurse, die ja über die Affichisten auch zur Formierung der Aktionskunst nicht zuletzt bei

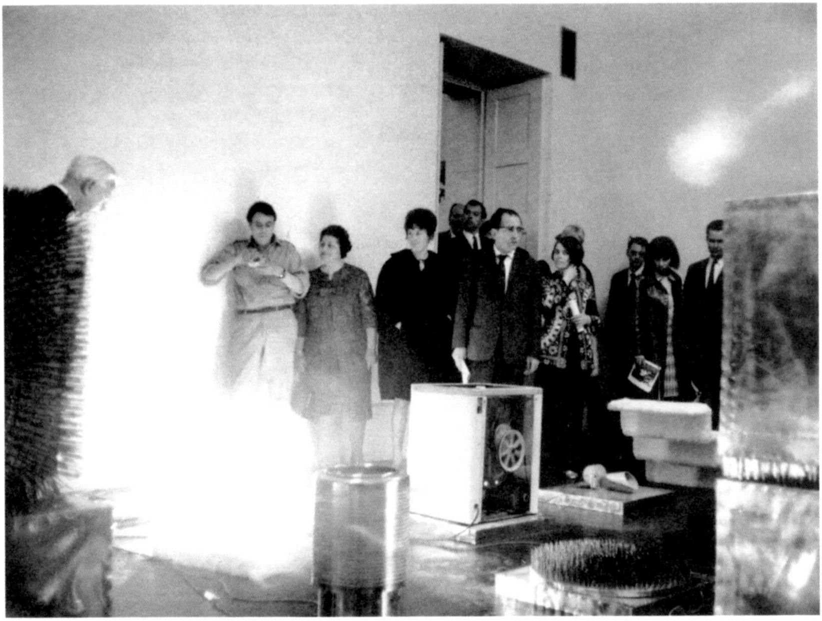

Abb. 35: Besucher*innen bei der Eröffnung der Ausstellung im Angesicht der *Krachmaschinen* | Visitors to the opening of the exhibition in view of the *Noise Machines*, Kunsthalle Baden-Baden, 5. April 1968. Foto | Photo: Nikolaus Müller, Karlsruhe, courtesy Günther Uecker Archiv

Wolf Vostell geführt haben.[24] Im Grunde stehen auch die Postulate von ‚Kunst = Leben' oder ‚Jeder Mensch ein Künstler' von Wolf Vostell und Joseph Beuys, die bereits erwähnt wurden, in dieser Gedankenwelt des Ausbruchs aus dem Elfenbeinturm. Und das wirkte in den 1960er-Jahren in den Museumsbereich zurück: So wurde beispielsweise 1974 der Neubau des Römisch-Germanischen Museums in Köln eröffnet, das in einer großen Geste einen Teil seiner Objekte auf die Domplatte in den Stadtraum stellte und so in den Außenraum hinausging, um damit das Museum an die Bevölkerung heranzubringen. Die Konzepte waren seit den 1960er-Jahren in der Diskussion, den Impuls für den Kölner Neubau

[24] Vgl. Klaus Gereon Beuckers: „Nachwort", in: ders./Christine Korte-Beuckers (Hg.): *for any instrument. Die Anfänge der Aktionskunst in den 1950/60er Jahren im Rheinland*, Interviews mit Heinz Mack, Jürgen Becker, Mary Bauermeister und René Block (= NeoAvantgarden, Bd. 15), München 2021, S. 95–120.

bildete das 1961 museal an diesem Ort zugänglich gemachte Dionysosmosaik. Der Ausspruch vom Ausbruch aus dem Museum in das städtische Leben entsprach also damals einem bereits institutionell etablierten, verbreiteten Diskurs.

Und auch in der Form des Wohnens gab es bereits Vorläufer, wenn beispielsweise Gerhard Richter zusammen mit Konrad Lueg (dem späteren Galeristen Konrad Fischer) unter dem Titel *Leben mit Pop. Eine Demonstration für den kapitalistischen Realismus* im Oktober 1963 ihre Werke im Möbelhaus Berges in Düsseldorf zwischen der Möbelausstellung präsentierten und die Möbel als Wohnzimmer benutzten, was die ebenfalls gestellten Fotos von Reiner Ruthenbeck demonstrierten.[25] Lueg war für solche Inszenierungen sehr empfänglich und prägte hier eine Weile lang Richters Ausstellungen mit, wie er auch Sigmar Polke beeinflusste, mit dem sich Richter 1967 auf einem Foto in analoger Weise in zwei Hotelbetten in Antwerpen inszenierte.[26] Einige Motive des ‚Wohnens' von Baden-Baden waren also bereits bei Richter vorgeprägt, wurden dort jedoch durch die Handlungen Ueckers neu kontextuiert.

Was in Baden-Baden mit der fotografischen Dokumentation der Aktionen stattfand, passt nicht wirklich in die Aktionskunst hinein, wenn man diese allein in den klassischen Fluxus- und Happening-Aktionen sieht, also die theatralen Inszenierungen oder die Handlungsinszenierungen, welche die Anwesenden einbeziehen. Konzeptionell sind eher Anknüpfungspunkte an die Gruppe der Wiener Aktionisten zu erkennen, gemeint sind jene unter ihren Aktionen, die eigens für einen Fotografen aufgeführt worden sind und von Anfang an dafür gedacht waren, in Form von Fotografien ausgestellt zu werden. Inhaltlich unterscheiden sich die Aktionen in Baden-Baden aber so deutlich von den Aktionen der Wiener mit ihrer Ritualisierung und den körperlichen Selbsterfahrungen, dass hier kaum ein unmittelbarer Bezug zu sehen ist. Aller zeittypischen Gesellschaftskritik und Kriegsthematik zum Trotz fehlte in Baden-Baden ein existenzialistischer Unterton, eine nach außen gerichtete Appellati-

[25] Vgl. Mehring 2010, S. 94f. Eine Aufnahme des ‚Bewohnens': ebd., S. 74, Abb. 36.
[26] Vgl. ebd., S. 103.

on. Der dortige Diskurs war hingegen zu erheblichen Teilen ein musealer, ein kunstimmanenter, der sich mit der Brechung einer Erhabenheit des Museumsraumes und damit des Kunstbetriebes auseinandersetzte.

Dabei war zumindest Uecker die Aktions-Szene bestens bekannt. So gibt es aus Baden-Baden interessanterweise ein Foto von einem Ballon, den Uecker mit seinem Konterfei und Verbandszeug beklebt hat. Er wurde bei den Boxkämpfen benutzt. Dies erinnert unmittelbar an die Wiener Aktionisten, vor allem an Günter Brus und Rudolf Schwarzkogler, dessen *6. Aktion* von 1966 unter anderem zwei bandagierte, weiß übermalte Ballons und auch Elektrokabel involvierte. Zur ZERO-Zeit waren Ballons als Werbeträger und von Otto Piene auch als Luftobjekte eingesetzt worden, hier mutet dies eher wie ein Spielball der heiteren Aktionen im Museum an, was aber die Pflaster nicht erklärt. Sonst war das Umfeld von Uecker um und vor 1968 durch zahlreiche Happenings etwa von Vostell, von der gesamten Fluxus-Szene mit ihren Konzerten in der Düsseldorfer Galerie von Jean-Pierre Wilhelm und im Atelier von Mary Bauermeister in Köln geprägt. Uecker war im März 1960 bei der Eröffnung des Ateliers, bei der seine ZERO-Mitstreiter Heinz Mack und Otto Piene ausstellten und Paik eine seiner Aktionen aufführte (wie auch Piene ein *Lichtballett*), vermutlich dabei (eine Gästeliste existierte noch nicht), ganz sicher aber bei dem zweiten Abend mit einem Konzert von David Tudor im Juni 1960, wo er sich ins Gästebuch eintrug.[27] Er kannte also John Cage, David Tudor, Nam June Paik, Karlheinz Stockhausen, er kannte deren Aktionen und den gesamten Fluxus-Umkreis. Aber das, was in Baden-Baden stattfand, das neue Handeln in so einem Zusammenhang, das letztendlich semantisch teilweise aufgeladen wurde, das teilweise klamaukig war, aber vor allen Dingen dazu diente, Museum

[27] Winfried Dörstel: „Kommentierte Chronik der Veranstaltungen des Atelier Bauermeister (1960–1962)“, in: Hugo Stehkämper (Hg.): *Intermedial – kontrovers – experimentell. Das Atelier Mary Bauermeister in Köln 1960–62*, Ausst.-Kat. Historisches Archiv der Stadt Köln, Köln 1993, S. 12–81, hier S. 29.

anders zu codieren, dafür scheint es keine direkten Parallelen zu geben. Innerhalb der üblichen Aktionstypen fällt das raus.

***

Komplett heraus fällt die Art und Weise des Umgangs mit den Museumsgästen in Bezug auf das Museum. Normalerweise ist eine Museumsausstellung dazu da, etwas zu präsentieren, vielleicht zu propagieren, auf jeden Fall einen kommunikativen Prozess mit den Besucherinnen und Besuchern einzugehen. Wohl keine andere Arbeit aus dem Museum heraus tangiert in diesen frühen Zeiten so radikal, und zwar persönlich, indem sie akustisch angreift, wie dies in Baden-Baden geschehen ist. Es ist eine Arbeit, die sich nicht nur verweigert, wie die verklebten Galerien, die es beispielsweise bei *ZERO – Edition, Exposition, Demonstration* 1961 bei der Galerie Schmela gegeben hatte oder bei Joseph Beuys, der 1965 ebenfalls bei Schmela den Galerieraum verschloss und von außen sichtbar innen einem toten Hasen die Bilder erklärte.[28] Solche Inszenierungen des Ausstellungsraums gründen in diesem Kreis letztlich auf der (leeren) Ausstellung *Le Vide* von Yves Klein in der Galerie Iris Clert 1958 in Paris, aber nirgendwo wurden die Gäste aus dem Museum heraus vertrieben.

Das hat eher etwas mit der Ästhetik beispielsweise bei Marina Abramović und Ulay zu tun, wenn diese sich 1977 bei *Imponderabilia* nackt an den verengten Eingang der Galleria Comunale d'Arte Moderna di Bologna stellten und die Leute sich an ihren ungeschützten Körpern vorbeidrücken mussten.[29] Wem diese leibliche Konfrontation zu unmittelbar oder die Nähe zu intim war, der kam nicht ins Museum, wurde durch die Aktion am Besuch gehindert. Zwar hält die filmische

[28] Vgl. Thekla Zell: *Exposition Zero. Vom Atelier in die Avantgardegalerie. Zur Konstituierung und Etablierung der Zero-Bewegung in Deutschland am Beispiel der Abendausstellungen, der Galerie Schmela, des studio f, der Galerie nota und der d(ato) Galerie*, Wien 2019, S. 196–200. – Martin Müller: *Wie man dem toten Hasen die Bilder erklärt. Schamanismus und Erkenntnis im Werk von Joseph Beuys*, Weimar 1994.

[29] Vgl. „Imponderabilia“, in: Toni Stooss (Hg.): *Marina Abramović. Artist Body. Performances 1969–1997*, Ausst.-Kat. Kunstmuseum Bern, Mailand 1998, S. 154–161.

Dokumentation von *Imponderabilia* vor allem das Eintreten von Besucherinnen und Besuchern und nicht ihr Fernbleiben fest, aber eben auch das Erscheinen der Polizei, mit dem die Performance nach mehr als einer Stunde endete, nachdem das Unbehagen und der Effekt der Abschreckung jemanden offensichtlich zum Hörer hatte greifen lassen. Als – in Abramovićs Diktion – *Collaboration Piece*, das unter Bereitschaft zur Preisgabe der gesamten Ausstellung die ästhetische Erfahrung (und damit die Besucherinnen und Besucher) zur Bedingung des Werkes macht, scheint diese Performance eine der ersten ihrer Art im musealen Kontext zu sein; neun Jahre nach Ueckers Terror von Baden-Baden. Der direkte physisch-akustische Angriff auf das Publikum verließ den Boden einer Präsentation, die neben der kommunikativen Verbindung auch immer ein Moment der Distanz zwischen dem künstlerischen Autor und dem Rezipienten besitzt und so eine intellektuelle Auseinandersetzung erst ermöglicht, weil Erfahrungsebene und Person getrennt bleiben. Dies wurde hier überschritten und damit auch eine Kommunikation zur Kunst mindestens behindert, wenn nicht sogar verhindert. Das ist ein radikaler Bruch mit der Institution Museum, die diesen Kommunikationsprozess zur Grundlage hat, was weit über das Heraustragen eines Nagels hinausgeht. Dafür scheint es keine ähnlich radikalen Ansätze in den 1960er-Jahren gegeben zu haben und vielleicht ist diese Vertreibung der ‚Kundschaft' letztlich auch deshalb so vereinzelt, weil sie sich selbst die Grundlage entzieht.

Die Ausstellung und die fotografisch gefassten Aktionen von Baden-Baden bergen also viele weiterführende Aspekte sowohl bezüglich ihrer Stellung innerhalb der Aktionskunst als auch in der Ästhetik eines Werkbegriffs, die bisher noch nicht ausdiskutiert sind. Das macht die bisher erst rudimentär aufgearbeitete Aktion *Museen können bewohnbare Orte sein* so interessant.

Zum Autor

Klaus Gereon Beuckers (geb. 1966 in Köln) ist Professor für Kunstgeschichte am Kunsthistorischen Institut der Christian-Albrechts-Universität zu Kiel. Nach einer Tischlerlehre und anschließendem Abitur studierte er Kunstgeschichte, Mittlere und Neue Geschichte, Vergleichende Religionswissenschaft sowie Katholische Theologie in Bonn, Köln und Mainz. Nach dem Magisterabschluss 1992 in Bonn, der Promotion 1993 in Bonn, der Habilitation 1998 in Karlsruhe erfolgte 2006 die Ernennung zum außerplanmäßigen Professor in Stuttgart. Er war an den Kunsthistorischen Instituten der Universitäten Karlsruhe und Stuttgart sowie an der Staatlichen Hochschule für Gestaltung Karlsruhe und der Stuttgarter Kunstakademie sowie zwischenzeitlich als Museumsdirektor in Westfalen tätig und ist seit 2008 Inhaber des Lehrstuhls für Kunstgeschichte in Kiel. Seine Forschungsschwerpunkte liegen in der Kunst des Mittelalters mit besonderem Interesse im 9. bis 11. Jahrhundert sowie in der Kunst der zweiten Hälfte des 20. Jahrhunderts, zu der er unter anderem Bücher zur Gruppe Zero (1997), zu den Aktionen von Günther Uecker (2004), zu Wolf Vostell (2011, 2014 und 2024), Ferdinand Kriwet (2019), zur Aktionskunst der 1950er- und 1960er-Jahre im Rheinland (2021) und zur Sammlung Domnick (2023) herausgegeben hat.

Abstract

From 5 to 14 April 1968, Günther Uecker and Gerhard Richter exhibited at the Staatliche Kunsthalle Baden-Baden as part of the exhibition series *14 mal 14: Junge deutsche Künstler*, organized by Klaus Gallwitz. In contrast to conventional exhibitions, they did not simply exhibit works already produced, but used the ten exhibition days to create or continue work on pieces on-site in the museum. To this end, the two artists moved their studios into the Kunsthalle as a performance. For a photographer, Uecker and Richter also performed actions, such as jumping from radiators (*Alpenflug*), lying on stairs (*Verkabelte Energien*), dancing and screaming interludes by Uecker, who wore pajamas in the museum as an anti-bourgeois statement, or a stroll through the city with an oversized nail. Living and sleeping in the museum went against all convention. I would like to raise two questions: the extent to which living and performing actions in the museum, and the relocation of the production process into an exhibition, can be understood as a singular form of contemporary action art, and to what extent the *Terrororchester*, installed by Günther Uecker at the heart of the exhibition, with its sonic attack upon those present, which seemed designed to expel visitors from the museum, can be understood as an inversion of the communicative process of an exhibition and the aesthetic experience on which it is based.

Klaus Gereon Beuckers

Museums Can Be Habitable Places: Günther Uecker and Gerhard Richter at the Staatliche Kunsthalle Baden-Baden in 1968
An Art Historical Approach

Art history is historiography and is, therefore, interested in which ideas emerge when, at what point they gain currency, and how they influence each other. This always involves chronological documentation, which is not an end in itself, but, rather, the starting point for a developmental history that, by embedding works of art in their contemporaneous environment and taking their precedents into account, forms a context that reveals their relationship to other artistic ideas and forms and, thus, what is special about them. The action *Museen können bewohnbare Orte sein* is interesting from an art historical perspective in several respects, as it took place in 1968 during the peak phase of 1960s action art and therefore takes its place within this discourse, while at the same time differs significantly from most actions of the time.

Although the action is listed in Günther Uecker's list of actions,[1] at this point there is hardly any literature on it. Shortly after the exhibition, Uecker himself commented on it in a short text and—in line with the programmatic statements of Wolf Vostell ("Kunst = Leben," 1964) or Joseph Beuys ("Jeder Mensch ein Künstler," 1967)—called for the destruction of the disconnection between the exclusivity of the muse-

[1] Klaus Gereon Beuckers (ed.): *Günther Uecker: Die Aktionen*, Petersberg 2004. On the action *Museen können bewohnbare Orte sein*, see: ibid., 224, Nr. 22. See also Dieter Honisch: *Uecker*, Stuttgart 1983, 217, Nr. 615. As in the catalogue raisonné, the entire exhibition is also considered as an action in the show's catalogue.

um and the glorified artist from everyday life.[2] He later revised this text somewhat and—most likely motivated by the photographs—added a section to it.[3] In addition, Klaus Gallwitz, then director of the Staatliche Kunsthalle Baden-Baden and organizer of the exhibition, stated his views

[2] Günther Uecker: *"Museen können bewohnbare Orte sein"* (1968), in: Stephan von Wiese (ed.): *Günther Uecker: Schriften: Gedichte, Projektbeschreibungen, Reflexionen*, St. Gallen 1979, 67 and 170 (first publication: *Uecker Zeitung*, No. 1, 1969): "In April 1968, Richter and I lived in the Kunsthalle Baden-Baden. This exhibition of our personal living environment set an example for the dissolution of existing museum practices. I think that museums should be declared habitable places. Here, there are ample opportunities for expanding the activity of the mind. Museums could be places where the mind could agitate with a greater public impact. Here we have demonstrated: *We are public!* A subsequent exhibition in a department store in Dortmund was influenced by the same idea. Here I advocated for 'people art,' here art objects were presented in the shop windows on an equal standing with goods, in the banality of juxtaposition. A 20-meter-long nail stuck in the facade of the department store symbolized the penetration of a new idea into the building. When we attempt to identify with the environment, we can overcome the separation between the sublime and the banal. There is a duality in consciousness, so long as we are not willing to abolish it. Let us try to free our creations (i.e. art) from exclusivity."

[3] Günther Uecker: *"Museen können bewohnbare Orte sein"* (2001), in: *"... zum Raum wird hier die Zeit." Günther Uecker - Stage Sculptures and Optical Scores*, Berlin 2001, 44ff. This is actually an abridged version of the text of the same name from 1968 with an appended section: "Our journey to the Kunsthalle in Baden-Baden with the intention of living and working there was a transposition, a transfer of our working and living environment to the Kunsthalle Baden-Baden. We exhibited there and could be observed. [...] Gerhard Richter's painted mountain world was the site of our joint balloon flight; we leapt in a constant repetition from the console of the great hall into space, the mountains and the room were one in flight and inspired us. Unifying and diverging electrical currents were transmitted via cables and connected us. 'lonely together' were we in these moments, inspired, connected and situated on the stairway; one could walk over us. Operations to give direction and shape to the telepathic energies were collaged, connecting us to each other, showing themselves in the footprints left behind by our shared pursuit. The *Terrororchester*, firecracker-producing implements, a sonic event, accompanied my dance and the scream. My clothing could also be understood in this way: a prisoner, a detainee, someone who dances in front of a poster I had brought from New York titled *Germany is Worth a Visit* and which depicted an open gas chamber oven. In a room at the front, iron plates were laid on the floor and covered with nails. The clashing, crashing, and clanking sounds that the visitors made as they walked over the nails was transmitted by a microphone to a room at the back. A microphone attached to the iron plates amplified the noise, causing visitors to run back and forth in response to the loud crashing. We worked in the Kunsthalle, we walked through the town, we drove with Gerhard's car and, with Peter Dibke, who also took the photos, we glided over the mountains in the Black Forest; with the doors open, the car became a night bird, which we had climbed onto the roof of. A floating glide, a concentrated action; but then our imagination reached its limits and a stone put an end to the ride."

on the exhibition and its actional elements in 2001 in the form of a retrospective article in an exhibition catalogue.[4] Originally, there were to be 14 solo exhibitions in which 14 young artists would present their work for a week at the Kunsthalle. The first presentation was given to Gerhard Richter, who was a close friend of Günther Uecker and had been supported by him during his period of social integration in West Germany. Their studios were located in Düsseldorf immediately next to each other, at Fürstenwall 204. Uecker and Richter did not want to exhibit one after the other, as originally intended, but together in the Kunsthalle. This was attested to by Klaus Gallwitz, who found some flowery formulations for the exhibition and its actional elements. Gerhard Richter took a much more distanced position on the subject in an interview from 2015.[5] Christine Mehring's conference paper on Richter's collaborations draws on information provided by Richter himself to discuss Günther Uecker.[6] To date, there has been no scholarly investigation into what actually happened during the actions there. However, Silke Feldhoff has published an analysis of the exhibited works that made up the *Terrororchester,* as the group of works (1960–1970) would later be referred to.[7] Some works came to be considered part of the group only at a later

[4] Klaus Gallwitz: "Leben im Museum: Günther Uecker und Gerhard Richter in der Kunsthalle Baden-Baden," in: *"… zum Raum wird hier die Zeit": Günther Uecker – Bühnenskulpturen und optische Partituren*, Berlin 2001, 36–43.

[5] Gerhard Richter in conversation with Franziska Leuthäußer, May 7, 2015, in: Franziska Leuthäußer (ed.): Café Deutschland: *Im Gespräch mit der ersten Kunstszene der BRD, vol. 2,* Heidelberg 2018, 1239–1263, here 1252f.: "FL: You did an exhibition with him [Günther Uecker] in Baden-Baden in '68? GR: Yes, it wasn't so great. FL: The 'Living in the Museum.' GR: Yes, that's exactly the point. I was, shall we say, ensnared. FL: By Uecker? GR: Yes, and by Klaus Gallwitz and the zeitgeist of the time. I think that it went over quite well. But I soon found what we were doing quite ridiculous. FL: It wasn't your idea? GR: We developed it together, mainly as we were setting up the exhibition. Uecker was certainly the more active one. FL: And the idea was for you to be present in the museum? GR: Yes, supposedly living there. There are photos of it; I still don't like seeing them today. Us, lying on the museum steps in our pajamas. The exhibition itself was actually quite good."

[6] Christine Mehring: "Richter's Collaborations, Richter's Turns, 1955–1971," in: ibid., Jeanne Anne Nugent and Jon L. Seydl (eds.): *Gerhard Richter: Early Work*, 1951–1972, Los Angeles 2010, 90–124, here 104–106.

[7] Silke Feldhoff: "Terrororchester, ab 1960|63," in: *"… zum Raum wird hier die Zeit": Günther Uecker – Bühnenskulpturen und optische Partituren*, Berlin 2001, 122–133.

date, while others can be easily identified as having been part of the Baden-Baden exhibition via the photographs of the action.

The following stimulus for discussion cannot be a comprehensive reappraisal of the exhibition and its actions, but should be understood as just this: a stimulus for discussion. It will proceed in three steps: First, the actional elements, which can be distinguished from Uecker's 'nail walks' through the city on the one hand and the events in the museum on the other,[8] are briefly named and differentiated. In the second step, reference will be made to aspects of the action art of the time and its medial frame of reference, before, in a third step, the communicative status of the action *Museen können bewohnbare Orte sein* as a whole and the associated concept of the work will be addressed.

***

Photographs of the actions show that Uecker walked through the city with a nail, his signet,[9] over-sized and corresponding to his body length, thus transferring the museum, i.e. the exhibition, into the urban outdoor space, before he 'stormed' the Kunsthalle with the nail as a battering ram (fg. 30 p. 154). He placed himself in various prominent locations in the city—and did so, as can be seen in the photographs, in a thoroughly disruptive manner, for example in a café. In this way, he tried to expand the art space beyond the museum. Because museums had been regarded as elitist in museum criticism since the 1920s and especially in the 1960s, he wanted to show that art belongs in the environment in which we live. Gerhard Richter echoed this in his own artistic language, as can be seen in a photograph showing Richter crouching in a corner outside the museum and 'exhibiting' art. He displays a postcard-sized

[8] Some of the photos also appeared in the 1983 catalogue raisonné; cf. Honisch 1983, 105. Most of the photos in the series are reproduced in: Gallwitz 2001, 37–43.

[9] Cf. Christine Korte-Beuckers: "Vom Arbeitsmaterial zum Zeichen und Symbol: Aspekte der Verwendung des Nagels im Werk von Günter Uecker," in: Klaus Gereon Beuckers (ed.): *Zero-Studien: Aufsätze zur Düsseldorfer Gruppe Zero und ihrem Umkreis*, Münster 1997, 113–133.

reproduction from his current, large-format series of works, spread out in front of him as a beggar might do. The photographs that are known of the individual actions are all staged—and this in addition to the medial skewing that photography, as a fragmentary document, already lends. The photographer was Peter Dibke from Cologne, who took many photographs in the context of the Kunstacademie Düsseldorf and seems to have spent several days in Baden-Baden. These, again, are staged images, which, naturally, show what was important to Uecker or Richter, namely the act of going out and bringing art into the urban environment, which was particularly delicate in the case of Baden-Baden, when one takes into account that the city was home to one of the most prestigious health resorts Germany had to offer in 1968. The Kunsthalle's catchment area consisted primarily of spa guests and the mostly wealthy people who lived in Baden-Baden. It was even more elitist than the average museum.

Klaus Gallwitz had been appointed director of the Kunsthalle in Baden-Baden in 1967 after years of managing the Badischer Kunstverein in Karlsruhe and was also on the advisory board of documenta 4 at the time. The exhibition series *14 mal 14*, which took place shortly after he took the position, thus carried a programmatic significance for him. The Kunsthalle itself had a core, supraregional audience that was invited to the exhibition openings and thus also to the *14 mal 14* series. In Uecker and Richter's case, however, it was clear that actually the exhibition was not intended to be an actual exhibition at all. The concept for both artists was to continue working on pieces during the exhibition or to produce them there in the first place. Although there were a number of works that had been transported to Baden-Baden,[10] the main point of

[10] Gerhard Richter lists a total of 71 works in his exhibition directory that are said to have been shown in Baden-Baden, about half of them from 1968. Cf. Gerhard Richter: *Junge deutsche Künstler: 14 x 14 – Leben im Museum* [overview of works]; https://www.gerhard-richter.com/de/exhibitions/junge-deutsche-kunstler-14-x-14-leben-im-museum-546?p=1&sp=32&tab=artworks-tabs [25.01.2025]. According to Silke Feldhoff, Uecker exhibited 22 other works in Baden-Baden in addition to the *Terrororchester*: Feldhoff 2011, 124, fn. 5.

the exhibition was to work on-site.[11] The closing event, towards which their concept pointed, was attended by many invited guests from Düsseldorf, especially from the Kunstacademie scene. Richter and Uecker had systematically invited friends and acquaintances from their circle to Baden-Baden, people sensitized to its themes. The traditional audience in the spa town, on the other hand, showed a difficulty in comprehension. What they had expected there (and had found at the opening) was the exhibition of images and objects, but what over and beyond this was actually on offer was the two artists having moved into the museum. "Museums can be habitable places." They meant it literally.

Photographs show that Uecker and Richter really did live there, or at least clearly signalled this by setting up something like a shared bed (fg. 31 p. 156). One photograph shows them (at the conclusion of the action *Verfolgungen und Verbindungen zweier Künstler, die im Museum leben*;[12] all the titles of the actions seem to have been formulated after the fact) demonstratively kissing: this was about provocation and—wherever possible—breaking through bourgeois patterns. The bed stood under a painting by Richter depicting a female nude with open thighs (*Studentin*, 1967),[13] which created a heightened atmosphere of intimacy in the provisional 'bedroom.' In addition, at least according to the photographs, Uecker walked through the museum, if not for the whole time then at least for large parts of the show, in pajamas, reinforcing the sense that these were private rooms. These pajamas are coded in several ways. They can be seen as the costume of the 'German everyman,' i.e. the parade uniform of the conservative. But above all, Uecker was pro-

[11] "The plan was to transform the museum into an artist's studio. To this end, the studio equipment of Richter and Uecker was transported from Düsseldorf to Baden-Baden in a moving van." Stephan von Wiese (ed.): *Günther Uecker. Schriften: Gedichte, Projektbeschreibungen, Reflexionen*, St. Gallen 1979, 170. The exhibition catalogue makes no mention of this conception. Cf. Klaus Gallwitz (ed.): *14 mal 14. Junge deutsche Künstler*, Baden-Baden 1968.

[12] [*Pursuits and Relations of Two Artists Living in a Museum*] Cf. Mehring 2010, 105.

[13] [*Female Student*] Dietmar Elger (ed.): *Gerhard Richter: Catalogue Raisonné*, vol. 1: Nr. 1–198, 1962–1968, Ostfildern 2011, 309, Nr. 149.

bably interested in signaling intimacy: “These are our living quarters now.” He would later interpret it as prison garb.[14] The outfit has also been interpreted in the literature as concentration camp prisoner clothing.[15] Uecker may have been playing with this ambivalence.[16]

Various actions can be seen in the photographs. Uecker walked through the Kunsthalle dancing, jumping, and shouting or screaming; at least when the photographer was there. How often he did so at other times is impossible to say. In this, Uecker was demonstrating decidedly ‘undignified’ behavior in the august context of the museum. Not only undignified in the sense that the artist was doing strange things there that are putatively alien to the place, but also in that this was an almost archaic form of marking it as one’s own, reminiscent of an animal staking out their territory. In addition, there were actions in which Uecker ventured out with the nail (the only aspect he addressed in his 1968 text on the Baden-Baden exhibition and which he expanded in a later Dortmund action), as is seen in the staged photograph of him storming the museum with the nail (*Erstürmung der Kunsthalle*) or his taking a ride on the sandstone sculpture in front of the museum’s entrance. Parts of the action *Verfolgungen und Verbindungen zweier Künstler, die im Museum leben* were also something like boxing matches, in which Uecker and Richter, dressed in track suits, squeezed themselves into an inflated balloon and used it to move towards a ‘nailboard’ by Uecker, lending it a threatening, destructive undertone.

But the so-called *Alpenflug* appears to be much more important. Here, the two artists leapt down from the marble benches of the radiators in front of Richter’s *Gebirgebildern*, that series of fresh-toned greys, which Richter had continued to work on during the week,[17]

[14] Uecker 2001, 46.

[15] Katrin Salwig: “Die Aktionen von Günther Uecker,” in: Klaus Gereon Beuckers (ed.): *Günther Uecker: Die Aktionen*, Petersberg 2004, 39–119, here 57.

[16] He brings this outfit into direct relation with the hanging of the *“Germany is Worth a Trip”* ‘advertising’ poster from New York, which depicted a gas chamber oven, and, in this way, made a clear reference to the National Socialist concentration camps. Cf. Uecker 2001, 46.

[17] Cf. Elger 2011, 364–368, Nr. 179–183.

and—at least at first glance—clowned around for the photographer. But what appeared to be clowning around took on a significance when the two artists wired themselves together and Uecker then, at least temporarily, wore a gas mask, which he demonstratively donned for the photographs. In this way, the theme of war was addressed from within the museum. It was 1968; US ground troops had been fighting in Vietnam since 1965, vigorously reinforced by chemical weapons from the air. The topic was being widely covered in the press. There were numerous demonstrations, with the war a constantly present issue, and, ultimately, at precisely this time the war in Vietnam was opening people's eyes to their own history of aggression under National Socialism, expressed most clearly in the student unrest of 1968. This was where Uecker and Richter came in, with Uecker lying in a corpse pose on the landing, and the allusion to the technical aspect of war in *Verkabelte Energien*. The gas mask seen in other photographs reinforced this. In this way, a semantic level was added to the slapstick and it was precisely this that was documented photographically.

Not a single image of these actions has been published in which an audience can be seen, so that one must assume that none were present—even if Klaus Gallwitz has retrospectively stated that the actions were "preserved in various versions in the memory of the participants and recounted by the surprised visitors," which probably refers to actions during the opening.[18] At least in the staged photographs, however, the audience was left out. This means that we are talking here about actions that were produced solely for the photographic position, i.e. that this was not actually documentation via the medium of photography, but staged images with supposedly actional content. Rolf Krauss has described the documentation of actions as a dilemma in view of the rejection of the concept of the work by action artists:

"On the one hand, there was a need to document actions, not just have them known in the memory of a few. [...] On the other hand, after all the

[18] Gallwitz 2001, 36.

rejections of the panel painting, the attempt to preserve actions once again as a pictorial form seemed paradoxical and counterproductive."[19]

If Uecker and Richter did not utilize the photography of their actions, staged and without an audience, as a medium for documenting those actions as independent art forms, they did elevate the photographs themselves as examples of an autonomous art form. In this, they differed from all early photography of actions and can be linked to the context of simultaneous, staged/scenographic photographs, such as those produced by Viennese actionist Rudolf Schwarzkogler in 1965/66 of four actions, in which scenes were staged exclusively for the camera, which were then fed into the art market as the actual art medium. The relatively extensive photographic campaign in Baden-Baden also points in this direction, although neither Uecker nor Richter would later pursue it.

While the public sems to have been excluded from the actions, it did try to visit the exhibition itself, despite its installation-like, workshop character. There, Richter's paintings could be appreciated in the classic manner of a museum visit, although Uecker had filled one room with his *Terrororchester*[20] and a second one with a floor onto which nails had been poured. Anyone walking on this floor would make a noise that was loudly transmitted into several rooms of the museum via a sound pick-up.

These 'noise machine objects,' inconceivable, of course, without Jean Tinguely's influence, included, primarily, the classic *Übernagelungen* [covering with nails] of devices that already produced sound: a 'nailed' sewing machine rattled, with a foot pedal to set it in motion, it would then 'sew'; a 'nailed' radio played, while a record player and the *New York Dancer* (1965) spun (fg. 32 p. 161). The *New York Dancer* ran only intermittently, and had to be switched on "with the push of a button."[21] Anyone who has seen it in operation knows why. The 'nailed' cloth is

[19] Rolf H. Krauss: "Aktionskunst und Photographie: Zum Phänomen des medialen Transfers in den 1960er und 1970er Jahren," in: Klaus Gereon Beuckers (ed.): *Günther Uecker: Die Aktionen*, Petersberg 2004, 205–218, here 208.

[20] A photograph of it with two visitors can be found in: Honisch 1983, 105.

[21] Cf. Gallwitz 2001, 40.

mounted on a rotating column that is driven by a motor. When the *Dancer* begins to gyrate, one becomes frightened that the nails will fly around; thinking better of it, one backs away from the piece. Above all, it makes a hell of a noise. And all the other devices made noise too. There was the *Krachtruhe*, which contained rattles and several bell-like elements with, in some instances, shrill tones, or a washing machine, the so-called *Krachmaschine* (1964/1976), which was filled with nails and other utensils (fig. 33. p. 162). All of this was running, producing so loud a noise that those present—and this is known from the press reports following the preview—would run for the hills.[22] Uecker described it as an integral whole, a *Terrororchester*, an apt name for how it must have been received by art lovers in Baden-Baden.

The worst, though, was the aforementioned room with the nails on the floor, which one inevitably had to cross while touring the show (fig. 34 p. 164). There was a pick-up on the steel plates laid out there, so that as you walked over them, the nails vibrated and this was transmitted to other rooms in the Kunsthalle at a deafening level. When there were visitors walking around in the room, apparently most could hardly stand it and would flee from the exhibition.

One photograph shows the entrance to the exhibition with the *Krachmaschinen* (fig. 35 p. 165). This photograph, however, was taken at the opening and not the closing event, because apparently there were no Uecker-initiated photographs taken at the closing, as Peter Dibke had already departed. This, too, says a lot about the documentation of the actions, which was to a large extent decoupled from the exhibition.

***

[22] A compilation of press reports and press announcements can be found in Salwig 2004, 56, fn. 68. Exemplary of the tenor of the reception is Hermann Dannecker: "Das Orchester des totalen Terrors: '14 mal 14' junge deutsche Künstler in Baden-Baden," in: *Stuttgarter Zeitung*, 12.03.1968. Further press reports are reprinted in excerpted form in: "Press reviews of '14 times 14'," in: *"... zur Raum wird hier die Zeit": Günther Uecker - Bühnenskulpturen und optische Partituren*, Berlin 2001, 47f.

Two things are interesting about the action consisdered as a whole. Firstly, of course, its sonic dimension. With it, Uecker enters the context of discussions concerning an expansion of music into the actional, into the indeterminate acoustic event, which is inextricably linked to John Cage, but, in the Düsseldorf context, was hardly less impacted by the actions of Nam June Paik and others beginning in the late 1950s.[23] We will return to this later.

Secondly, the actions in Baden-Baden were classic examples of the motifs 'life outside the museum' or 'opening up the museum,' as they have been known since the Letterists and can also be found with the Situationists, although in the city of Baden-Baden no comparably offensive interventions took place. The Letterists mainly brought things literary into the exterior world and spoke them out, so to speak, while the Situationists attempted to change the urban space through their interventions, as, for example, with their planned demolition of the Eiffel Tower. This all began in the 1940s, but reached its peak in the 1950s, when the Situationists were active under Guy Debord. By the mid-1960s, Debord was already making his films and had thus become more moderate, and Asger Jorn, the other leader of the group, had also turned back to painting. In this radical Parisian tradition, however, there was the departure from the museum into the urban space and the expansion of discourse, which, via the Affichistes, also led to the formation of action art, not least of all with Wolf Vostell.[24] At a basic level, Vostell or Beuys positing that 'art = life' or 'everyone is an artist,' as have already been mentioned, are also part of this idea of breaking out of the ivory tower. And this had its impact on museums in the 1960s. The new building, for example, of the Roman-Germanic Museum in Cologne was opened in 1974, which in a grand gesture placed some of its objects in the urban

[23] Cf. Klaus Gereon Beuckers: "Rhythmus, Klang, Ton – Musik: Bemerkungen zur akustischen Komponente in den Aktionen von Günther Uecker und der Aktionskunst der 1960er Jahre," in: ibid. (ed.): *Günther Uecker: Die Aktionen*, Petersberg 2004, 137–177.

[24] Cf. Klaus Gereon Beuckers: "Nachwort," in: ibid./Christine Korte-Beuckers (eds.): *for any instrument: Die Anfänge der Aktionskunst in den 1950/60er Jahren im Rheinland*, München 2021, 95–120.

space, on the city's cathedral square and, in this way, also ventured into the outside world in order to bring the museum closer to the people. These concepts had been discussed since the 1960s, with the 'Dionysus Mosaic,' which was made accessible in the museum at this location in 1961, providing the impetus for the new building in Cologne. The impulse toward a breaking out of the museum into urban life thus corresponded to an already institutionally established, widespread discourse at the time.

And there were also forerunners in the context of habitation, as, for example, when Gerhard Richter, along with Konrad Lueg (later known as gallerist Konrad Fischer), created the exhibition *Leben mit Pop: Eine Demonstration für den kapitalistischen Realismus* in October 1963, presented their works among the wares in the Berges furniture store in Düsseldorf and used the furniture as a living room, as demonstrated by the photographs by Reiner Ruthenbeck that were also on display.[25] Lueg was very receptive to such stagings and influenced Richter's exhibitions for a while, just as he influenced Sigmar Polke, along with whom Richter photographed himself in two hotel beds in Antwerp in 1967.[26] Some of the aspects of 'inhabiting' seen in Baden-Baden were thus already present in Richter's work, but were re-contextualized by Uecker's actions.

What took place in Baden-Baden and the photographic documentation of the actions there does not truly fit into the action art tradition if one sees it solely as the classic Fluxus and Happening actions, i.e. theatrical stagings or stagings of actions involving those present. Conceptually, it may be easier to recognize links to the Viennese Actionists, that is, to a group whose actions were performed especially for a photographer and were intended from the outset to be exhibited in photographic form. In terms of content, however, the actions in Baden-Baden differ so clearly from those of the Viennese, with their ritualization and physical

[25] Cf. Mehring 2010, S. 94f. A shot from the 'habitation' can be seen in: ibid., 74, ill. 36.
[26] Cf. ibid., 103.

self-exploration, that hardly any direct connection can be made here. Despite all the social criticism and war themes typical of the time, the actions in Baden-Baden lacked an existential undertone, an outwardly directed appeal. The discourse here, on the contrary, was to a large extent a museum-focused, art-immanent one, which dealt with a disruption of the exalted space of the museum and, thus, of the art market.

Uecker, at least, was very familiar with the action art scene. From Baden-Baden, for example, there is an interesting photograph of a balloon that Uecker covered with his likeness and bandages. It was used during the boxing matches. This immediately brings to mind the Viennese Actionists, especially Günter Brus and Rudolf Schwarzkogler, whose *6. Aktion* from 1966 involved, among other things, two bandaged balloons painted over in white, as well as electrical cables. During the ZERO period, balloons were used as advertising media and, by Otto Piene, as airborne objects as well; here they seem more like playthings, part of the light-hearted actions in the museum, though this does not explain the bandages. This aside, Uecker's environment around and before 1968 was characterized by numerous happenings, for example by Vostell, or by the whole Fluxus scene, with its concerts in Jean-Pierre Wilhelm's Düsseldorf gallery and in Mary Bauermeister's studio in Cologne. Though there is no guestlist extant, Uecker was most likely present at the opening of the studio in March 1960, where his ZERO comrades-in-arms Heinz Mack and Otto Piene exhibited and Paik performed one of his actions (as did Piene, with his *Lichtballett*), and he certainly attended the second evening, in June 1960, featuring a concert by David Tudor.[27] So he knew John Cage, David Tudor, Nam June Paik, Karlheinz Stockhausen; he knew their actions and the entire Fluxus circle. But for what took place in Baden-Baden, which was a new approach for such a context, which came ultimately, to a certain extent, to be semantically loaded,

[27] Winfried Dörstel: "Kommentierte Chronik der Veranstaltungen des Atelier Bauermeister (1960–1962)," in: Hugo Stehkämper (ed.): *Intermedial – kontrovers – experimentell: Das Atelier Mary Bauermeister in Köln 1960–62*, Köln 1993, 12–81, here 29.

which was at times raucous, and which, above all, served to re-encode the museum itself, there appears to be no direct parallels. It falls outside the usual kinds of actions.

***

What also falls outside the realm of the usual was the style and manner in which visitors were treated in the context of the museum. Normally, a museum exhibition takes place in order to present something, perhaps to propagate, and in any case to enter into a communicative process with the visitors. Probably no other work occurring in a museum during this early period affected visitors so radically, indeed personally, insofar as it attacked them sonically, as this one in Baden-Baden did. It is a work that not only refuses, like the taped galleries that were seen, for example, in *ZERO - Edition, Exposition, Demonstration* at Galerie Schmela in 1961 or as with Joseph Beuys, who also closed the gallery space at Schmela in 1965 and explained the images to a dead rabbit visible from the outside.[28] In this circle, such stagings of the exhibition space are ultimately based on the (empty) 1958 exhibition *Le Vide* by Yves Klein at the Galerie Iris Clert in Paris, though at no other time had exhibition guests been driven out of a museum.

This has more to do with, for example, the aesthetic of Marina Abramović and Ulay, as when they stood naked in the narrow entrance to the Galleria Comunale d'Arte Moderna di Bologna for *Imponderabilia* in 1977 and people had to push past their exposed bodies.[29] Those for whom this physical confrontation was too direct or the proximity too intimate could not enter the museum, could not visit the museum

[28] Cf. Thekla Zell: *Exposition Zero: Vom Atelier in die Avantgardegalerie - Zur Konstituierung und Etablierung der Zero-Bewegung in Deutschland am Beispiel der Abendausstellungen, der Galerie Schmela, des studio f, der Galerie nota und der d(ato) Galerie*, Wien 2019, 196–200; Martin Müller: *Wie man dem toten Hasen die Bilder erklärt: Schamanismus und Erkenntnis im Werk von Joseph Beuys*, Weimar 1994.

[29] Cf. "Imponderabilia," in: Toni Stooss (ed.): *Marina Abramović: Artist Body - Performances 1969–1997*, Milan 1998, 154–161.

because of the action. Although the film documentation of *Imponderabilia* primarily records the entry of visitors and not their absence, it also shows the arrival of the police, who ended the performance after more than an hour, after the discomfort and the deterrent effect of it had obviously made someone pick up the phone. As a, as Abramović refers to it, *Collaboration Piece*, one for which she was willing to sacrifice the entire exhibition in order to make the aesthetic experience (inclusive of the visitors') a condition of the work, this performance appears to be one of the first of its kind in a museum context: nine years after Uecker's *Terror* in Baden-Baden. The direct physical-sonic attack on the audience was a departure from the kind of presentation that, in addition to the communicative connection, always has an aspect of distance between the artistic author and the recipient, one which allows for intellectual engagement only insofar as the experience and the person remain separate. This was transgressed here and, thus, hindered, at least, if not prevented, communication with the art. This is a radical break with the institution of the museum, which is itself based on this communicative process, and one which goes far beyond carrying a nail out of the museum. There seems to have been no similarly radical approaches as this in the 1960s, and perhaps this expulsion of the museum's 'clientele' is ultimately so isolated an example because it acts to deprive itself of its own basis.

We can say, then, that this exhibition and the photographically documented actions in Baden-Baden harbor many further aspects, both in terms of their position within action art and in the aesthetics of the concept of a work, which have not yet been fully explored. This is what makes the action *Museen können bewohnbare Orte sein*, which has thus far been only rudimentarily dealt with, so interesting.

About the Author

Klaus Gereon Beuckers (b. 1966 in Cologne) is Professor of Art History at the Institute of Art History at Kiel University. After completing an apprenticeship as a carpenter and then graduating from high school, he studied art history, medieval and modern history, comparative religious studies, and Catholic theology in Bonn, Cologne, and Mainz. After completing his master's degree in Bonn in 1992, his doctorate in Bonn in 1993, and his habilitation in Karlsruhe in 1998, he was appointed adjunct professor in Stuttgart in 2006. He has worked at the art history institutes of the universities of Karlsruhe and Stuttgart, as well as at the Karlsruhe State Academy of Art and Design and the Stuttgart Art Academy, and in the meantime as a museum director in Westphalia. He has held the Chair of Art History in Kiel since 2008. His research focuses on the art of the Middle Ages, with a particular interest in the 9th to 11th centuries, and on the art of the second half of the 20th century, on which he has published books on Group Zero (1997), Günther Uecker's actions (2004), Wolf Vostell (2011, 2014, and 2024), Ferdinand Kriwet (2019), action art of the 1950s and 1960s in the Rhineland (2021) and the Domnick Collection (2023), among others.

Abstract

„[...] gerade da, wo die Geschichte zurückgewiesen werden soll, wird sie am eindeutigsten wirksam",* schreibt Roland Barthes an einem *Nullpunkt der Literatur*. Für die moderne Kunst war jener Punkt Null schon immer von verführerischer Kraft: Dort schillert das Versprechen des Neubeginnens und der Glanz einer ‚neuen' Gegenwart dringt aus der Asche der Vergangenheit. Und doch ist der Glanz dieser ‚neuen' Gegenwart trügerisch, markiert er doch das unmögliche Unterfangen, die Bewegung des Negierens auf Dauer zu verwirklichen.** Kann es einen Nullbeginn geben?

Dieser Beitrag geht einem solchen möglich-unmöglichen Versuch am Beispiel Günther Ueckers nach, die ästhetische Null wiederzubeleben und sie zu aktualisieren. Die konkrete historische Situation der ZERO-Bewegung ist durch tatsächliche und drohende Trümmer der Kriege gekennzeichnet: Konfrontiert mit dem Resultat der NS-Ideologie und im Angesicht des Kalten Krieges scheint in jener Zeit ein Nullpunkt nicht mehr nur ästhetisch interessant, sondern von existenzieller Notwendigkeit geworden zu sein. So heißt es in dem Manifest von Heinz Mack, Otto Piene und Günther Uecker:

„Zero ist die Stille. Zero ist der Anfang.
Zero ist rund. Zero ist
Zero"***

Ueckers Arbeiten stehen im Zeichen dieser programmatischen Zielsetzung der Tabula rasa und visualisieren eine formale Metaphorik des Null- beziehungsweise des Wendepunkts. Eine von Uecker eher am Rande erwähnte Referenz dafür entstammt der östlichen Sufi-Tradition und vor allem der Praxis des Sama (*samāʿ*), die ihrerseits einem spirituellen Nullpunkt durch einen Prozess des ‚Entwerdens'**** zustrebt. Die Rekonstruktion und Analyse dieser performativen Praxis soll einen frischen Blick auf die Annäherung an die ästhetische Null erlauben, die Uecker und die ZERO-Bewegung in jener Zeit beschäftigt hat.

* Roland Barthes: *Am Nullpunkt der Literatur*, übers. von Helmut Scheffel, 3. Aufl., Frankfurt a. M. 2021 (1953), S. 9.

** Ebd., S. 11.

*** *Zéro der neue Idealismus*, Berlin 1963 [Flugblatt], abgedruckt in: Thekla Zell: „Editionen, Expositionen, Demonstrationen 1957–1966", in: Dirk Pörschmann/Mattijs Visser (Hg.): *4 3 2 1 ZERO*, Düsseldorf 2012, S. 443–467, hier S. 458.

**** Annemarie Schimmel: *Mystische Dimensionen des Islam. Die Geschichte des Sufismus*, Köln 1985 (1975), S. 207.

Raha Golestani & Konstantin Schönfelder

Ästhetische Nullpunkte – ZERO-Performance

„eine spirale der unendlichkeit,
gebildet aus dem tasten unserer wahrnehmung,
wird uns so schnell bewegen,
daß wir unsichtbar werden und oooooooo“[1]

Günther Uecker

I. Am Nullpunkt des Denkens

Der *point zero* war immer schon eine verführerische Metapher. Und er ist das, was man philosophisch als einen idealen, einen utopischen Punkt bezeichnet: ein Ort, der unmöglich tatsächlich erreicht werden kann, gleichwohl er denklogisch von unerlässlicher Bedeutung ist. Wir können uns auf ihn zu- oder von ihm wegbewegen, ihn aber nie tatsächlich ‚erfahren' oder ‚realisieren'. Es gibt den Nullpunkt diesseits der Imagination oder der logischen Vernunft, nicht aber jenseits davon in der real erfahr- und gestaltbaren Welt.

Hans Blumenberg schreibt dazu in *Die Legitimität der Neuzeit*: „Der Nullpunkt des Ordnungsschwundes und des Ansatzpunktes der Ordnungsbildung sind identisch; das Minimum an ontologischer Disposition ist zugleich das Maximum an konstruktiver Potentialität.“[2] So gesehen ist der Nullpunkt also ein Umschlagpunkt von Ordnungen. Die Genese der Neuzeit, in diesem Falle Blumenbergs, lässt sich mit einem

[1] Günther Uecker: „das licht wird uns fliegen machen“ (1962), in: Stephan von Wiese (Hg.): *Günther Uecker. Schriften: Gedichte, Projektbeschreibungen, Reflexionen*, St. Gallen 1979, S. 24–25, hier S. 25.

[2] Hans Blumenberg: *Die Legitimität der Neuzeit*, erneuerte Ausgabe, Frankfurt a. M. 1996, S. 192.

‚Claim' über die Abwesenheit einer Ordnung rekonstruieren – der Kollaps des Mittelalters, der Übergang zur Renaissance –, gefolgt von der Formierung eines neuen Systems. Im Nullpunkt überlappen sich Bruch und Aufbruch auf besondere Weise. So ist der Punkt Null von verführerischer Kraft. Hier verspricht ein Neubeginn ein Nullbeginn zu sein, ein *starting from scratch*, eine wirklich leere Seite.

II. Am Nullpunkt der (modernen) Kunst

Eine berühmte Nullpunkt-Episode der modernen Kunst zählt zu ihren Protagonisten ein schwarzes Quadrat und einen russischen Avantgardisten. Eine in Öl auf 79,5 mal 79,5 Zentimeter gemalte Revolution von Kasimir Malewitsch, *Das Schwarze Quadrat* (Abb. 36, S. 207), soll sich als Nullpunkt der Malerei verstanden haben und damit als Versuch, die Welt als Ungegenständlichkeit zu präsentieren (das 1927 erschienene programmatische Buch von Malewitsch dazu heißt: *Die gegenstandslose Welt*[3]). Die Welt, gegenstandslos geworden, entziehe sich demzufolge normativen Kategorisierungen, indem sie formal nun einen Zustand der Unbestimmtheit erreicht habe – und ihn auch aufrechterhalten kann:

„Anhand [von] Analogien bestimmen und gruppieren wir die Erscheinungen und setzen sie in ein Verhältnis zur einen oder anderen Norm. Wenn wir jenes gewisse Verhalten entdeckten, für das sich keine Analogie findet, dann wüssten wir nicht, ob es normal ist oder nicht, naturgemäß oder nicht."[4]

Die ‚reine, purifizierte' Kunst stößt so einen Prozess der Wiederentdeckung der ‚Gegenstände' an. Das Werk war 1915 entstanden, Malewitsch

[3] Kasimir Malewitsch: *Die gegenstandslose Welt* (= Bauhausbücher, Bd. 11), übers. von Arno von Riesen, München 1927.

[4] Kasimir Malewitsch: „Die Welt als Ungegenständlichkeit" (1927), übers. von Anja Schloßberger, in: Britta Tanja Dümpelmann (Hg.): *Kasimir Malewitsch. Die Welt als Ungegenständlichkeit*, Ausst.-Kat. Kunstmuseum Basel, Ostfildern 2014, S. 145–187, hier S. 149.

hatte es im Wettlauf der Moderne auf 1913 datiert, um einen früheren Start zu simulieren. Aber unabhängig von seiner *white lie* bricht diese leere Form etwas auf, wird bei der Ausstellung *Letzte futuristische Ausstellung der Malerei 0,10 (Null-Zehn)* in Sankt Petersburg, damals Petrograd, wie ein heiliges Bild gepriesen und gehängt, befindet sich an jener Stelle, dem ‚Herrgottswinkel', wo nach der russisch-orthodoxen Tradition in den Bauernstuben sonst die Ikonen zu sehen sind. Ein Neuanfang, ein Nullpunkt. Oder Malewitsch: „Ich aber verwandelte mich in die Nullform und kam jenseits heraus: 0–1."[5] Was das heißt, spezifiziert er in der dritten Auflage jenes Textes: eine ungegenständliche Schöpfung.[6] Oder etwa nicht?

Im Zuge einer umfassenden Untersuchung des *Schwarzen Quadrates* in der Staatlichen Tretjakow-Galerie im Jahr 2015 wurden auf dessen weißem Bildrand die handschriftlichen Überreste einer rassistischen Bemerkung entdeckt: „[N-Wort]schlacht bei Nacht",[7] wobei über den zweiten Teil „bei Nacht", der nicht zweifelsfrei entzifferbar ist, nur gemutmaßt werden konnte. So zusammengesetzt wurde jene Aufschrift als Verweis auf ein frühes, 1893 entstandenes monochromes Kunstwerk des französischen Autors und Humoristen Alphonse Allais eingeordnet. Irina Vakar, die federführende Forscherin der Untersuchung von 2015, konstatiert allerdings, dass es sehr unwahrscheinlich sei, dass die Aufschrift von Malewitschs Hand stamme. Es sei wahrscheinlicher, dass jemand sich auf diese Weise über das *Schwarze Quadrat* lustig gemacht habe. Vakar erklärt, dass die Bleistiftaufschrift nach dem Trocknen der darunterliegenden Farbe hinzugekommen sei, was den Schluss zulässt, dass sie auch lange nach der Fertigstellung des Werkes hinzugefügt

[5] Kazimir Malevič: „Vom Kubismus zum Suprematismus in der Kunst, zum neuen Realismus in der Malerei, als der absoluten Schöpfung" (1915), übers. von Jelena Hahl, in: Boris Groys/Aage Hansen-Löve (Hg.): *Am Nullpunkt: Positionen der russischen Avantgarde*, Frankfurt a. M. 2005, S. 188–194, hier S. 194.

[6] Vgl. Kazimir Malevich: „From Cubism and Futurism to Suprematism: The New Painterly Realism" (1916), in: *Russian Art of the Avant-Garde. Theory and Criticism 1902–1934*, hg. und übers. von John E. Bowlt, New York 1976, S. 116–135, hier S. 133.

[7] Irina Vakar: *Kasimir Malewitsch. Das schwarze Quadrat. Geschichte eines Meisterwerks*, übers. von Brigitte van Kann, Köln 2018, S. 26.

worden sein könnte.[8] Und würde sie dann noch zum Werk Malewitschs gehören? Doch auch losgelöst von den Spezifika dieses Diskurses, zumal er noch andauert, bleibt der bittere Nachgeschmack, den der rassistische ‚Witz' im Verbund mit einer vermeintlich ungegenständlich-avantgardistischen Kunst hinterlässt.

„Der kunstgeschichtliche Bruch, den das *Schwarze Quadrat* darstellt," so schreibt es Hannah Black, „diese radikale Geste, beruht wie so vieles in der Geschichte der Moderne auf der Unlesbarkeit der *Blackness*. Das Gemälde gibt sich als Negation der Repräsentation aus, wird aber im Angesicht jenes ‚Witzes' über die Dunkelheit zu einer Negation als Repräsentation; was dargestellt wird, ist das Nichts bestimmter Subjekte, was auf die Suggestion eines Nichts in ihrer Subjektivität selbst verweist."[9] Malewitsch schrieb von dem Versprechen, das das Quadrat für ihn bereitzuhalten schien:

> „Da ich mich mit dem allgemeinen Strom der KUNST bewegte, die sich von der Gegenständlichkeit als einem Sich-der-Welt-Bewusstsein befreit hatte, kam ich im Jahre 1913 zur Form des Quadrats, die von der Kritik als Empfindung von totaler Wüste empfangen wurde."[10]

In den Worten des fiktiven Kurators der schwedischen Filmsatire *The Square* (Ruben Östlund, 2017) heißt es übrigens ähnlich, etwas verallgemeinert: „The Square is a sanctuary of trust and caring. Within it we all share equal rights and obligations." Aber das Versprechen scheint im Witz gebrochen worden zu sein. Stattdessen fragen wir uns: Welche Körper dürfen auf ein Refugium in der Kunst hoffen? Wer steht innerhalb, wer steht außerhalb des Quadrates? Die britische Künstlerin und Autorin Hannah Black liest dann weniger optimistisch: „The apparent

[8] Vgl. Irina Vakar: „New Information Concerning *The Black Square*", in: Christina Lodder (Hg.): *Celebrating Suprematism. New Approaches to the Art of Kazimir Malevich* (= Russian History and Culture, Bd. 22), Leiden 2019, S. 11–28, hier S. 23.

[9] Vgl. Hannah Black: „Fractal Freedoms", in: *Afterall. A Journal of Art, Context and Enquiry*, Nr. 41, 2016, S. 4–9, hier S. 6 [eigene Übers.].

[10] Malewitsch 2014 (1927), S. 189.

neutrality of the black square, a thing that names itself, that merely is what it appears, is a hiding place not for the imaginary fighting [N-Wort] but for the exhaustion of Europe."[11] Das ‚Refugium' ist ein Punkt der Auslöschung geworden; die so unschuldig monochrome Anmutung des *Quadrates* visualisiert, wie sich eine weiße Befreiungsgeste zugleich als schwarze Unterdrückungsmaßnahme erweist.

III. ZERO am Nullpunkt der deutschen Nachkriegszeit

ZERO steht an einem Nullpunkt der deutschen Geschichte und sucht von dort einen eigenen, frischen, anderen Neuanfang, ruft aber weniger schriftlich fixierte Programme aus, sondern verhält sich eher explorativ. Piene sagte über ZERO:

„‚[...] Es ist kein Stil, es ist keine Gruppe. Es ist keine Bewegung. Und ich möchte auch nicht, dass es eine wird.' ‚Was ist es denn dann?' [wurde Otto Piene von John Anthony Thwaites gefragt]. [...] ‚Ein Standpunkt.'"[12]

Begrifflich wird ZERO vor allem mit dem bekannten Raketenstart-Countdown assoziiert, Zero als das letzte Glied des Runterzählens, der Moment gesteigerter Bedeutung: am *take-off*, am Nullpunkt, noch am irdischen Boden, bald im unendlichen Kosmos. Für die Künstler der ZERO-Bewegung wird der Begriff zu einer Arbeitsweise, ein Verständnis von einem leeren, von Repräsentationen noch unbesetzten Raum, eine mögliche Quelle des Neubeginnens.

Dass ZERO begrifflich mit der deutschen ‚Stunde Null' interagiert, markiert einen spannungsreichen Kontrast. Nach Roberto Rossellinis Spielfilm *Germania anno zero* (*Deutschland im Jahre Null*, 1948) hatte

[11] Black 2016, S. 7.

[12] John Anthony Thwaites: „Ankunft in der Zero-Zone" (1962), übers. von Nikolaus G. Schneider, in: Dirk Pörschmann/Mattijs Visser (Hg.): *4 3 2 1 ZERO*, Düsseldorf 2012, S. 24–28, hier S. 24.

sich der mythische Begriff etabliert als eine notwendige, aber vielfach widerlegte Fiktion für einen politischen Reset nach dem Naziregime. Falsch, denn der Krieg (und seine Folgen), wie es Simone de Beauvoir in ihrer Autobiografie *Der Lauf der Dinge* (*La Force des choses*, 1963) formulierte, „lastete wie ein schwerer Leichnam in unseren Armen, und es gab auf der ganzen Welt keine Stelle, wo wir ihn hätten begraben können."[13] Adorno hatte den Ausspruch geprägt, dass es barbarisch sei, ein Gedicht nach Auschwitz zu schreiben,[14] und auch Uecker hatte demgemäß den Gedanken geäußert, dass es mit lyrischer Emphase vorerst ein Ende hatte:

„Die Frage, was der Mensch noch für eine Bedeutung hat, wenn er sich so vernichtend gebärden kann, hatte damals jeden tief betroffen. [...] In dieser Sensibilität um die Menschenvernichtung in der Welt, die Massenvernichtung, die dann glücklicherweise ein Ende fand, konnte man nicht auf die Wiese gehen und Blumen malen."[15]

IV. Sama (سماع) – die Praxis der Nullwerdung

Die Idee eines ästhetischen Nullpunkts für ZERO ist, wie Piene sagt, damit verbunden, sich eine „Zone des Schweigens"[16] zu imaginieren. Es muss etwas anderes sein, als es noch Malewitsch im Sinn stand, zu dem

[13] Simone de Beauvoir: *Der Lauf der Dinge*, übers. von Paul Baudisch, 24. Aufl., Reinbek 2008 (1963), S. 38.

[14] Vgl. Theodor W. Adorno: „Kulturkritik und Gesellschaft" (1951), in: *Theodor W. Adorno. Gesammelte Schriften*, Bd. 10.1: *Kulturkritik und Gesellschaft*, hg. von Rolf Tiedemann, 2. Aufl., Frankfurt a. M. 1996, S. 11–30, hier S. 30.

[15] Günther Uecker, zit. in: Alexander Tolnay (Hg.): *Günther Uecker: Zwanzig Kapitel*, Ausst.-Kat. Neuer Berliner Kunstverein im Martin-Gropius-Bau/Neue Nationalgalerie, Ostfildern-Ruit 2005, S. 12. Für einen umfassenden Überblick über diesen Nachkriegsdiskurs, vgl. Joseph D. Ketner II: *Witness to Phenomenon. Group ZERO and the Development of New Media in Postwar European Art*, London 2019, S. 15–48.

[16] Otto Piene: „Die Entstehung der Gruppe ‚Zero'" (1964), in: Dirk Pörschmann/Mattijs Visser (Hg.): *4 3 2 1 ZERO*, Düsseldorf 2012, S. 20–23, hier S. 20.

Heinz Mack eindeutig ein Verhältnis der Distanz formuliert: „Ein noch so abstraktes Bild von Kasimir Malewitsch lebt von dramatischen kompositorischen Spannungsverhältnissen im Bild."[17] Und weiter, programmatisch: „Von dieser ganzen Dramatik wollten wir uns entfernen."[18] Und noch Uecker zitiert später bejahend Władysław Strzemiński, der im Falle Malewitschs keine Tabula rasa wahrnehmen wollte, denn die schwarzen und weißen Quadrate seien mit übergroßer symbolischer Bedeutung aufgeladen, stattdessen müsse man noch radikaler die im Bild angelegten Hierarchien zerstören.[19]

Es wundert also nicht, dass ZERO einerseits mit Techniken der Aus- und Weglassung einen eigenen *‚ground zero‘* schaffen will und unglaubwürdig gewordenen Formen und Techniken misstraut. Günther Uecker zum Beispiel äußerte rückblickend in einem Interview zu seiner ZERO-Position, dass es für ihn um eine Auseinandersetzung mit dem Unsagbaren ging: „Wir brauchen [die] Bilder, um die Grenzen des Sagbaren zu überschreiten, um diese Welt, die man auch im theologischen als mystische Welt bezeichnet oder wie die Sufis es durch den Tanz erfahren",[20] zugänglich zu machen.

„Die Sufis", wie Uecker sie nennt, kommen ihm, aber auch seiner Rezeption selten über die Lippen, und wenn, dann eher in einem Nebensatz. Tatsächlich aber hat die Sama-Praxis der Sufis viele Parallelen zur Arbeitsweise und den Arbeiten Ueckers. In der Rolle der Sama-Figur als fleischgewordener *Zone of Zero* und als Möglichkeit der körperlichen Erfahrung eines ästhetischen Nullpunkts wollen wir sie hier näher in den Blick nehmen, um damit etwas von Uecker und vielleicht sogar die Anfänge von ZERO besser zu verstehen.

[17] Heinz Mack im Gespräch mit Franziska Leuthäußer. Städel Museum: *Café Deutschland. Im Gespräch mit der ersten Kunstszene der BRD: Heinz Mack*, 27.04.2016 [Transkript]; https://cafedeutschland.staedelmuseum.de/gespraeche/heinz-mack [25.01.2025].

[18] Ebd.

[19] Vgl. Günther Uecker im Gespräch mit Christian Lund, Dezember 2014. Louisiana Museum of Modern Art in Humlebæk: *Günther Uecker Interview: Poetry Made with a Hammer*, 13.06.2017 [Videointerview, TC 16:38]; https://vimeo.com/221392520 [25.01.2025].

[20] Ebd. [TC 22:55].

Das Bild des um seine eigene Achse rotierenden Derwisches zählt zu den eindrücklichsten und berühmtesten der *Otherness* in der europäischen Imagination. Ihr „‚curious, beautiful and mysterious dance', as one early 19th-century traveler put it, induced a dream of ‚order and beauty produced out of chaos, or the harmonic revolutions of the planetary system'."[21] Sie sind die Verkörperung von etwas, das wir vielleicht Gegen-Rationalität nennen können – Uecker nannte es in einem der seltenen Interviews, in dem er sich direkt über die Derwische äußert, eine „Irrationalität" als Gegenmodell zur europäischen Vernunft.[22] Und es hat sich bis in die Sphären der Madonna-Popkultur verbreitet: Die Derwische drehen sich in ihrer *Bedtime Story* von 1994 und vermitteln eine Ruhe, *a sense of peace*, in ihrer mystischen Transzendenz. In dem Musikvideo sind sie rotierend zu sehen, mit lila Roben und pinken Brillen. Auf ihrer Oberfläche hören wir die verführerische Stimme Madonnas: „Today is the last day that I'm using words [...] / Let's get unconscious, honey!"[23]

Also: Was ist Sama?

Terminologisch betrachtet bedeutet ‚Sama' (*samāʿ*) ‚hören' oder ‚zuhören'.[24] Und ja, Sama ist für wirbelnde Bewegungen des Körpers um die eigene Achse bekannt geworden, ist aber nicht notwendigerweise mit Bewegung verbunden.[25] Vielmehr ist der Sama eng mit der Praxis des Zekr (ذکر) verwoben.[26] ‚Zekr' (auch: *ḏikr*), ‚Erinnerung', ist eine Form des Mantras, das durch wiederholte Äußerungen und Gesänge „auf eine

[21] Fergus M. Bordewich: „A Flourishing of Whirling Dervishes", in: *The New York Times*, 06.12.1987, S. 9.

[22] Uecker 2017 [TC 25:34].

[23] Madonna: *Madonna – Bedtime Story*, 27.10.2009 [Musikvideo]; https://www.youtube.com/watch?v=CSaFgAwnRSc [25.01.2025].

[24] Vgl. Kenneth S. Avery: *A Psychology of Early Sufi samāʿ. Listening and Altered States*, Abingdon 2004, S. 3.

[25] Anthony Shay: „Dance and Non-Dance. Patterned Movement in Iran and Islam", in: *Iranian Studies*, Jg. 28, Nr. 1/2, 1995, S. 61–78, hier S. 68.

[26] Avery 2004, S. 4.

Destabilisierung der Subjektivität“[27] abzielt. Sama und Zekr wurden als Methoden eingesetzt, um Schwindel und Dissoziation hervorzurufen, die einen Zustand der Ekstase oder Trance induzieren sollen.[28] Durch die Simulation von Trancezuständen mittels des „ekstatischen Tanzes als Modell einer Poetologie ‚an der Grenze des Leibes‘“[29] sollte eine Begegnung mit dem Göttlichen erfahrbar werden, die nicht sag-, erzähl- oder beschreibbar ist.

Die historischen Wurzeln des Sama sind uneindeutig. Es gilt als wahrscheinlich, dass der Sama als eine Form der Anbetung vorislamische Wurzeln hat.[30] „Ein heiliges Objekt oder (wie manchmal im *samāʿ*) eine Person zu umkreisen bedeutet, an deren magischer Kraft teilzunehmen oder aber ihr Macht zuzuführen.“[31] Heute wird der Sama meist im Sinne des Sufismus und der islamischen Mystik gelesen. Insbesondere wird Sama mit der persischen Poesie in Verbindung gebracht, vor allem mit der Poesie des Mystikers Jalaluddin Rumi (1207–1273). Später wurde Sama im Mevlevi-Orden zum ersten Mal institutionalisiert, und das ist jene Form, die wir heute mit den wirbelnden Derwischen kennen.[32] Ein wirbelnder Tanz – er wird in der Forschung mittlerweile als eurozentristische Projektion qualifiziert. Vielmehr sollte man von Nicht-Tanz oder Nicht-Performance sprechen. Einerseits wegen des ursprünglich privaten und *zany* Charakters dieser rhythmischen Bewegungen, die Insidern vorbehalten und Außenstehenden verboten waren. Aber auch, weil die kreisförmigen Bewegungen ursprünglich für rituelle Zwecke – als

[27] Seema Golestaneh: *Unknowing and the Everyday. Sufism and Knowledge in Iran*, Durham/London 2023, S. 5f. [eigene Übers.].
[28] Vgl. Shay 1995, S. 68.
[29] Gabriele Brandstetter: *Tanz-Lektüren. Körperbilder und Raumfiguren der Avantgarde*, Frankfurt a. M. 1995, S. 275. Gabriele Brandstetter rekurriert hier auf den Dialog *Furcht. Das Gespräch der Tänzerinnen* von Hugo von Hofmannsthal aus dem Jahr 1907.
[30] Vgl. Hossein Heidarkhani: *Sama-e-Arefan* (سماع عارفان), Teheran 1995, S. 26 [eigene Übers.].
[31] Annemarie Schimmel: *Mystische Dimensionen des Islam. Die Geschichte des Sufismus*, Köln 1985 (1975), S. 256.
[32] Vgl. Fritz Meier: „Der Derwischtanz. Versuch eines Überblicks“, in: *Asiatische Studien*, Nr. 8, 1954, S. 107–136, hier S. 127.

Meditation, als Gebet –, als eine Art Non-Performance vollzogen wurden, ganz im Gegensatz zum Tanz.[33]

Die Interpretation des Sama als eine Form des Nicht-Tanzes hat zu seinem Überleben beigetragen, da in choreophoben Gesellschaften innerhalb des Islams der Tanz eine gefährdete Stellung einnimmt und als haram, verboten, angesehen wurde.[34] Ironischerweise hatte die Assoziation mit der islamischen Mystik zur Folge, dass Kemal Atatürk im Jahr 1925 die Ausübung des Sama verbat und die Khaneghahs, in denen er praktiziert wurde, schloss und sie zwang, hinter verschlossene Türen zu ziehen.[35] Seit den 1950er-Jahren dürfen diese Sufi-Rituale wieder öffentlich stattfinden,[36] und heute sieht sich die Form extrem kommerzialisiert, vor allem in Konya, wo sie am Todestag von Rumi am 17. Dezember im großen Stil für Touristen aufgeführt wird.

Zum theologischen Hintergrund: Im Sufismus wird die reale Welt als das Unwirkliche definiert. Das Reale, was die Sufis das Göttliche nennen, ist verschleiert. Das bedeutet jedoch nicht, dass das Immaterielle und Göttliche völlig unzugänglich bliebe. Es gibt Instanzen und Methoden, um das Göttliche erleben zu können. Darüber hinaus gibt es auch einen direkten Zugang zum Göttlichen, der sich allerdings der Sprache entzieht.[37] Die Voraussetzung ist die Auflösung und aktive Auslöschung des Selbst und damit der Versuch, einen Nullpunkt zu erreichen, was die Sufis *fana* (فنا) nennen.[38] Am bekanntesten ist dabei die Geschichte des Mystikers Mansour Hallaj, der eines Tages behauptete: „Annalhagh" (أنا الحق). Oder: „Ich bin die Wahrheit." Hallajs Behauptung entsprach

[33] Vgl. Shay 1995, S. 67–69.

[34] Vgl. ebd., S. 65f.

[35] Vgl. Sheenagh Pietrobruno: „Algorithmic Choreographies. Women Whirling Dervishes and Dance Heritage on YouTube", in: Helen Thomas/Stacey Prickett (Hg.): *The Routledge Companion to Dance Studies*, London 2020, S. 337–350, hier S. 340.

[36] Vgl. Walter Feldman: *From Rumi to the Whirling Dervishes. Music, Poetry, and Mysticism in the Ottoman Empire*, Edinburgh 2022, S. 8.

[37] Dazu mehr zum Beispiel bei Cyrus Ali Zargar: *Sufi Aesthetics. Beauty, Love, and the Human Form in the Writings of Ibn 'Arabi and 'Iraqi*, Hampton 2011.

[38] Vgl. A. Reza Arasteh: *Rumi the Persian, the Sufi*, Abingdon 1974, S. 16.

dem Sufi-Prinzip, das Göttliche zu bezeugen, indem das Selbst zur Null gebracht wurde, um von Gott gefüllt zu werden. Hallaj wurde dafür als Ketzer hingerichtet. Edward Said hat seine Figur mit der von Jesus Christus verglichen.[39]

Zurück zum Kreis: New York Dancer *und* Sandmühle

Die Form des Kreises und der Spirale spielt im Werk Ueckers eine herausgehobene Rolle. In seinen kinetischen Arbeiten ist die formale Bedeutung unübersehbar. Aber auch in seinen Performance-Stücken gibt es sie, in denen Uecker sich im Kreis um einen festen Punkt bewegte,[40] viele seiner Arbeiten bringen Spiralität und Spiritualität miteinander ins Gespräch. Uecker erschuf für den Innenhof des Berliner Martin-Gropius-Baus gar eine trilogische Skulptur, deren Titel *Sufi-Tänzer* eine explizite Verbindung zur Sufi-Tradition ausweist.[41] Die potenziell unendliche Kreisbewegung steht also im Mittelpunkt von Ueckers Suche nach einem künstlerischen Neubeginn. Schauen wir auf zwei frühe kinetische Skulpturen-Serien Ueckers, beide aus dem Jahr 1965.

Der *New York Dancer* (1965) (Abb. 37, S. 208) ist so groß wie der Körper des Künstlers und wird betrieben von einem Motor, der unter einer Leinwand versteckt ist. Die Leinwand wurde von Uecker rückseitig mit Nägeln bestickt. Das Werk ähnelt einer haarigen Phallusform. Wird der Motor in der Mitte des Werks aktiviert, beginnt das Werk sich um sich selbst zu drehen, wobei sich die Nägel erheben und einen heftigen Klang erzeugen. Die Bewegungen beginnen allmählich und steigern sich zu einer fieberhaften Bewegung, die schließlich eine multisensorische und meditative Erfahrung für die Betrachterin schafft, die einer Hypnose gleichkommt. Das Werk wurde von der Energie und dem Gefühl der

[39] Vgl. Edward W. Said: *Orientalism*, London 1978, S. 246.

[40] Christie's: *Lot Essay. Spirale I, Spirale II (Doppelspirale)*, 07.03.2017; https://www.christies.com/en/lot/lot-6059925 [25.01.2025].

[41] Vgl. Tolnay 2005, S. 168.

Freiheit inspiriert, beides hatte Uecker in New York erlebt. Und es bindet den Betrachter ein, der erst durch das Treten auf das Pedal die Figur in Bewegung versetzt, und der – im Bild der Sufis – sozusagen zum göttlichen Aktivator eines Trancezustandes wird.

Uecker spricht bei seinen Nagelarbeiten oft davon, dass das Spiel von Licht und Schatten eine rhythmische und kosmologische Verbindung zur Sonne sichtbar mache.[42] Eine solche Mimikry kosmologischer Bewegungen findet sich in der wirbelnden Figur von Sama und Uecker. Die kreisenden Bewegungen des Körpers um die eigene Achse im Sama werden oft als Harmonisierung mit den kreisenden Bewegungen der Planeten um sich selbst und um die Sonne interpretiert. Außerdem wird versucht, Harmonie mit den inneren Rhythmen des Körpers und dem Herzschlag zu erreichen.[43] Der Körper ahmt also sowohl äußere als auch innere rhythmische Strukturen nach, und das Äußere referenziert hier sowohl die Natur als auch die neuen technischen Entwicklungen der Zeit und der Maschine. Hier können die spiralförmigen Bewegungen eine Hommage an den Kosmos, aber auch, zum Beispiel, an das Rad sein. Oder an Waschmaschinen, wie Piene sagen würde.[44]

Die Grenzen des Selbst, des Körpers und der Subjektivität verwischen beim *New York Dancer*, während die Materialität in Immaterialität aufzugehen scheint und irgendwann den Eindruck macht, den Yves Klein 1958 in der ersten Ausgabe der ZERO-Zeitschrift ausdrückte: „meine Bilder sind nun unsichtbar".[45]

Auch bei der *Sandmühle* (1965) (Abb. 38, S. 209) versucht Uecker eine Reharmonisierung mit dem Kosmos und den alltäglichen, sich wiederholenden Bewegungen auf einem Feld, die eine Automatisierung körperlicher Bewegung implizieren.[46] Die subtilen Spuren im Sand, die fein eingeschrieben und ausgelöscht werden, verdecken den Moment

[42] Vgl. Uecker 2017 [TC 27:37].
[43] Vgl. Golestaneh 2023, S. 131.
[44] Vgl. Ketner II 2019, S. 123.
[45] Yves Klein: „Meine Stellung im Kampfe zwischen Linie und Farbe", übers. von Konrad Klapheck, in: *ZERO*, Bd. 1, *Das rote Bild*, 1958, S. 9–10, hier S. 10.
[46] Vgl. Uecker 2017 [TC 12:52].

des Übergangs. Die statische Bewegung[47] reflektiert zugleich einen subtilen Wandel und bewahrt eine Form der Kontinuität. Im Kontext des Sufismus verkörpert Ueckers Werk das Konzept des „Seins-Monismus“ (وحدت وجود),[48] das das Sufi-Prinzip für die Wahrnehmung der Einheit in der Vielfalt veranschaulicht.[49] Oder wie Heinz Mack es nennen würde: „die Unruhe der Ruhe“ und „die Ruhe der Unruhe“.[50]

Auch hier weist Ueckers Arbeit interessante Verbindungen zu den Praktiken von Sama und Zekr auf. Zekr bedeutet in der Sufi-Mystik ‚Erinnern' und beinhaltet zugleich die Amnesie, das ‚Vergessen' des angeborenen Wissens in uns. Denn um sich zu erinnern, müssen das Selbst und der Körper diesen Moment des Vergessens immer wieder erneuern, um schließlich die Frische des Erinnerns erfahren zu können.[51] Ueckers Arbeit kann als intendierte Amnesie betrachtet werden, die so den Vorgang aktiven Erinnerns möglich macht.

Die Sufi-Mystik und ihr Beharren auf einer körperlichen Praxis wie Sama und Zekr finden in Ueckers Werk und seinen ZERO-Anfängen vielfältige Parallelen, sei es formal in seiner Verwendung von Spiralbewegungen, sei es konzeptionell in direkten Bezügen zur Mystik des Sufismus, aber die interessantesten Parallelen liegen vielleicht in Ueckers Arbeitsweise, die sich auf meditative Methoden stützt, in der Uecker Zeit und Raum aus den Augen verliert und in einen Zustand des automatischen und repetitiven Handelns eintritt, wo er, durch Erschöpfung, in das Reich des Unbewussten und des Unsagbaren vorstoßen kann.

Dieselben Parallelen könnten in einem größeren Sinne für das Vokabular gelten, das ZERO verwendet, um sich selbst zu beschreiben: die Spiralen, der Kreis, die Bewegung, der Dynamo, die Wiederholung,

47 Vgl. Jean Tinguely: [Ohne Titel], in: *ZERO*, Bd. 3, *Dynamo*, 1961, o. S. Der Satz heißt: „Static, static, static! Be static! Be static! Movement is static!“

48 Annemarie Schimmel: *Sufismus. Eine Einführung in die islamische Mystik*, München 2000, S. 40.

49 Vgl. Zargar 2011, S. 43f.

50 Heinz Mack: „Die Ruhe der Unruhe“, in: *ZERO*, Bd. 2, *Vibration*, 1958, S. 20–23, hier S. 20.

51 Vgl. Golestaneh 2023, S. 129.

die Stille, die Aktion, der kollektive Geist (die Pluralität der Erfahrung) und sogar das Licht und die Aufhebung der sozialen Normen und Hierarchien, die Auslöschung der Spuren des Selbst. Die Liste ist lang. Aber vielleicht kann zum Abschluss eine Sufi-Dichtung, eine Erzählung des Dichters Fariduddin Attar (1136–1220), einen Einblick in den kollektiven und monumentalen Raum geben, den die ZERO-Künstler zwischen 1957 und 1966 bewohnten.

Die Konferenz der Vögel (منطق‌الطير), auch übersetzt mit *Vogelgespräche*, ist ein berühmtes persisches allegorisches Sufi-Gedicht.[52] Es erzählt von der Reise tausender Vögel auf der Suche nach dem Simurgh (سيمرغ), einem mythischen Vogel, ähnlich dem Phönix. Die Suche symbolisiert das kollektive Streben nach einer spirituellen Wiedergeburt. Auf ihrer Reise durch die sieben Täler zum Simurgh müssen die Vögel verschiedene Herausforderungen meistern. Am Ende schaffen es nur wenige, und nur 30 dieser Vögel kommen ans Ziel. Die entscheidende Wendung der Geschichte, die wir nur ungern verraten, ist eine etymologische. Das Wort ‚Simurgh' bedeutet ‚Phönix' im Persischen, zugleich aber enthält es zwei Wörter: *si* (سی) – ‚30' und *murgh* (مرغ) – ‚Vogel'. Diese 30 verbleibenden Vögel erkennen, dass sie schließlich durch die gemeinsame Aktion ihr Ziel erreicht haben. Nämlich: sich selbst.

Mit dieser Dichtung hat Attar eine Geschichte über das „Entwerden"[53] erzählt – und eine Summe gebildet, die nur aus der Addition grundverschiedener Individualitäten null ergeben konnte.

Ein kleiner Nachtrag noch: Während der Arbeit an dem vorliegenden Beitrag haben wir mit der Videokünstlerin Bahareh Hejrankeshrad über ‚Entwerden' und ästhetische Nullpunkte gesprochen. Sie hat infolge unseres Austauschs das Video Untitled *(2D-Animation und Sound) für unseren Workshop produziert.*

[52] Fariduddin Attar: *Vogelgespräche*, zweisprachig persisch-deutsch, übers. von Thomas Ogger, Berlin 2019.
[53] Schimmel 1985 (1975), S. 207.

Zu den Autor*innen

Raha Golestani (geb. in Teheran, Iran) ist Künstlerin, Wissenschaftlerin und Kunstvermittlerin. Sie lebt in Frankfurt am Main. Nach einem Studium der Malerei an der Universität Teheran, das sie mit einem Bachelor of Fine Arts abschloss, studierte sie den Masterstudiengang Ästhetik an der Goethe-Universität Frankfurt am Main als Stipendiatin des Programms Goethe Goes Global. Ihr Masterstudium schloss sie 2022 mit einer Arbeit über die Kunst der persischen Diaspora ab. Derzeit forscht sie mit einem Promotionsstipendium an der Goethe-Universität über die Verstrickungen von Exotismus und Selbstexotismus in der zeitgenössischen Kunst. Ihre kulturelle Arbeit umfasst Stationen am Kulturinstitut RooBeRoo Mansion in Zusammenarbeit mit dem Goethe-Institut in Teheran, dem Max-Planck-Institut für empirische Ästhetik und der Frankfurter Malschule. Das Günther Uecker Institut zeichnete Raha Golestani mit dem Forschungsstipendium 2023 aus.

Konstantin Schönfelder (geb. 1994 in Bad Langensalza) ist freier Autor und lebt in Frankfurt am Main. Nach seinem Studium der Politikwissenschaft in Leipzig und Washington, DC, folgte ein Master in Politischer Theorie an der Goethe-Universität Frankfurt am Main. Parallel dazu durchlief er im Rahmen eines Stipendiums eine journalistische Ausbildung. Seine Arbeiten umfassen literarische Radiofeatures für den öffentlich-rechtlichen Rundfunk, Reportagen und Interviews (unter anderem für die Neue Rundschau und das Magazin Reportagen). Zuletzt erschien mit *Sechs Worte Ewigkeit* ein Porträt des Autors Italo Calvino (Deutschlandfunk Kultur) und mit *Der Mann und die Insel* ein Stück über Ingmar Bergman und sein Verhältnis zur Insel Fårö (WDR/HR). Sein Essay-Band *Gesellschaft Eine Insel* gewann den Preis als eines der ‚schönsten deutschen Bücher' der Stiftung Buchkunst im Jahr 2021. Außerdem arbeitet er als Wissenschaftsredakteur am Zentrum verantwortungsbewusste Digitalisierung an der Technischen Universität Darmstadt. Das Günther Uecker Institut zeichnete Konstantin Schönfelder mit dem Forschungsstipendium 2023 aus.

Abb. 36: Kasimir Malewitsch, *Das Schwarze Quadrat* | *The Black Square*, 1915, Öl auf Leinwand | Oil on canvas, 79,5 × 79,5 cm, Sammlung der Tretjakow-Galerie, Moskau | Tretyakov Gallery Collection, Moscow

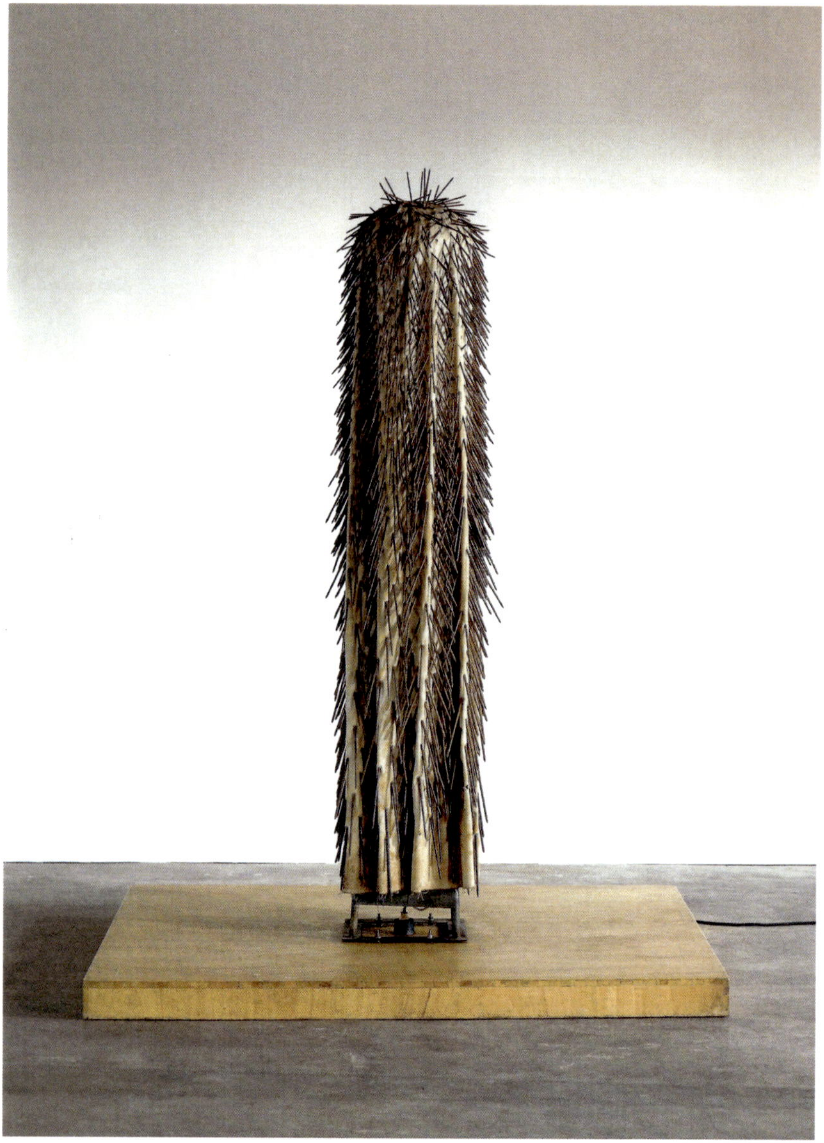

Abb. 37: Günther Uecker, *New York Dancer*, 1965, Nägel, Tuch, Metall, Elektromotor | Nails, cloth, metal, electric motor, Höhe | Height 200 cm

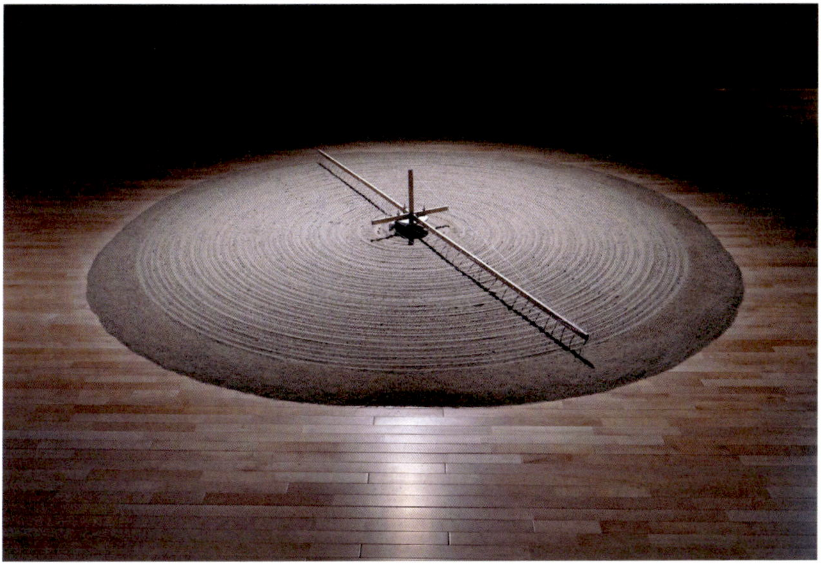

Abb. 38: Günther Uecker, *Sandmühle (Sandmill)*, 1970/2009, Bindfäden, Holz, Elektrikmotor, Sand | Twine, wood, electric motor, sand, 50 × 60 × 400 cm ø, nach einem Prototyp von 1965 | based on a prototype from 1965, Sammlung der | Collection of ZERO foundation Düsseldorf, Inv.-Nr. mkp.ZERO.2008.66

Abstract

“[I]t is when History is denied that it is most unmistakably at work,”* writes Roland Barthes in his *Writing Degree Zero*. For modern art, that zero point has always held a seductive power: there, the promise of a new beginning shimmers and the splendor of a ‘new’ present emerges from the ashes of the past. And yet the splendor of this ‘new’ present is deceptive, as it marks the impossible undertaking of permanently “discern[ing] a negative momentum.”** Can there be a beginning from zero?

This article explores such a possible/impossible attempt to revive and actualize the aesthetic zero using Günther Uecker as an example. The concrete historical situation of the ZERO movement is characterized by the actual and impending wreckage of war: confronted with the aftermath of Nazi ideology and in the face of the Cold War, a zero point seems to have become not only aesthetically interesting but of existential necessity. Thus, in the manifesto by Heinz Mack, Otto Piene, and Günther Uecker we read:

“Zero is the silence. Zero is the beginning.
Zero is round. Zero is
Zero”***

Uecker’s works are characterized by this programmatic objective of a tabula rasa and visualize a formal imagery of the zero or turning point. A reference to this, which Uecker mentions rather in passing, comes from the Sufi tradition and above all the practice of sama (samāʿ), which for its part strives towards a spiritual zero point through a process of “*Entwerden*.”**** The reconstruction and analysis of this performative practice should allow a fresh look at the approach to the aesthetic zero point that occupied Uecker and the ZERO movement at that time.

* Roland Barthes: *Writing Degree Zero*, Annette Lavers and Colin Smith (trans.), Boston 1970, 2.

** Ibid., 5.

*** *Zéro der neue Idealismus*, Berlin 1963 [pamphlet], reprinted in: Thekla Zell: "Editions, Expositions, Demonstrations 1957–1966," in: Dirk Pörschmann/Mattijs Visser (eds.): *4 3 2 1 ZERO*, Düsseldorf 2012, 443–467, here 458.

**** "The true meaning of *fanāʾ* has been one of the controversial topics in the study of Sufism. The German term *Entwerden*, as used by the medieval mystics, is closer to its meaning than words like 'annihilation,' 'being naughted,' or 'passing away,' since it is the opposite of 'becoming,' *werden*." Annemarie Schimmel: *Mystical Dimensions of Islam*, Chapel Hill 1975, 142.

Raha Golestani & Konstantin Schönfelder

Aesthetic Zero Points: ZERO Performance

"a spiral of infinity,
formed from the groping of our perception,
will move us so fast,
that we become invisible and oooooooo"[1]

Günther Uecker

I. At the Zero Point of Thought

The zero point has always been a seductive metaphor. It is that which is philosophically referred to as an ideal, utopian point: a place that is impossible to actually reach, even though it is of essential importance to logical thought. We can move towards or away from it, but we can never actually 'experience' or 'realize' it. The zero point exists on this side of the imagination or logical reason, but not beyond it, in the real, experienceable and formable world.

Hans Blumenberg writes in *The Legitimacy of the Modern Age* that "the zero point of the disappearance of order and the point of departure of the construction of order are identical; the minimum of ontological predisposition is at the same time the maximum of constructive potentiality."[2] In this way, the zero point is a turning point in an order. The genesis of the modern era, according to Blumenberg, can be

[1] Günther Uecker: "das licht wird uns fliegen machen" (1962), in: Stephan von Wiese (ed.): *Günther Uecker. Schriften: Gedichte, Projektbeschreibungen, Reflexionen*, St. Gallen 1979, 24–25, here 25.

[2] Hans Blumenberg: *The Legitimacy of the Modern Age*, Robert M. Wallace (trans.), Cambridge 1985, 220.

reconstructed with a 'claim' about the absence of an order—the collapse of the Middle Ages, the transition to the Renaissance—followed by the formation of a new system. At the zero point, rupture and beginning overlap in a special way. Because of this, the zero point has a seductive power. Here, a new beginning promises to be a beginning from zero, a 'starting from scratch,' a truly blank page.

II. At the Zero Point of (Modern) Art

A famous zero point episode in modern art involves a certain black square and a Russian avant-gardist among its central characters. A revolution in oil, Kazimir Malevich's *Black Square* (fig. 36 p. 207), 79.5 by 79.5 centimeters, was to have been understood as the zero point of painting and, thus, as an attempt to present the world as non-objectivity (Malevich's programmatic book on this subject, published in 1927, is entitled *The Non-Objective World*[3]). The world, having become non-objective, thus eludes normative categorizations in that it has now reached a state of formal indeterminacy—and can also maintain it:

"An investigation of the norm and a classification of individual visual phenomena (with regard to their relationship to one norm or another) has to be conducted through a search for analogies. A visual phenomenon which affords no analogy at all with the values of our consciousness or our feeling cannot be judged; we are unable to determine whether it is normal or abnormal—natural or unnatural."[4]

In this way, a 'clean, purified' art initiates a process of rediscovering 'objects.' Though the work was created in 1915, Malevich, in order to simulate an earlier start in the race for modernism, dated it 1913. But

[3] Kazimir Malevich: *The Non-Objective World*, Howard Dearstyne (trans.), Chicago 1959.
[4] Ibid., 14

regardless of this white lie concerning the work, its empty form broke something open. At the exhibition *Last Futurist Exhibition of Paintings 0,10* in St. Petersburg, then Petrograd, it was praised like a sacred image and hung like one, too, taking its place in an upper corner of the room where, according to Russian Orthodox tradition, icons are usually seen in the parlors of peasants. It was a new beginning, a zero point. Or, as Malevich had it: "I transformed myself into the zero form and came out beyond it: 0–1."[5] In the third edition of that text, he specifies what this means: a non-objective creation.[6] Or does it?

In the course of a comprehensive examination of the *Black Square* by the State Tretyakov Gallery in 2015, the handwritten remnants of a racist remark were discovered on the white edge of the painting: "Battle of the Negroes [during the night],"[7] whereby the second part "during the night," which cannot be conclusively deciphered, could only be guessed at. Put together in this way, the inscription was classified as a reference to an early monochrome work of art created in 1893 by the French author and humorist Alphonse Allais. However, Irina Vakar, the lead researcher of the 2015 study, states that it is very unlikely that the inscription was made by Malevich's hand. More likely is that someone was making fun of the *Black Square*. Vakar explains that the pencil inscription was added after the underlying paint had dried, which suggests that it could have been added long after the work was completed.[8] But would it then still belong to Malevich's work? Notwithstanding the specifics of this debate, which is, in any case, still ongoing, the bitter after-

[5] Kazimir Malevich: "Vom Kubismus zum Suprematismus in der Kunst, zum neuen Realismus in der Malerei, als der absoluten Schöpfung" (1915), Jelena Hahl (trans.), in: Boris Groys/Aage Hansen-Löve (eds.): *Am Nullpunkt: Positionen der russischen Avantgarde*, Frankfurt a. M. 2005, 188–194, 194.

[6] Cf. Kazimir Malevich: "From Cubism and Futurism to Suprematism: The New Painterly Realism" (1916), in: *Russian Art of the Avant-Garde: Theory and Criticism 1902–1934*, John E. Bowlt (trans.), New York 1976, 116–135, here 133.

[7] [The authors would like to make clear that they do not condone such bigoted language, nor did they pronounce the offensive word in the context of their presentation. - ed. note] Cf. Irina Vakar: "New Information Concerning *The Black Square*," in: Christina Lodder (ed.): *Celebrating Suprematism: New Approaches to the Art of Kazimir Malevich*, Leiden 2019, 11–28, here 23.

[8] Ibid.

taste left by the racist 'joke' in its relation with an allegedly non-objective avant-garde work of art remains.

"The art historical rupture of the *Black Square*," as Hannah Black writes, "this radical gesture, turns out to rest, like so much of the history of modernism, on the illegibility of blackness. The painting masquerades as the negation of representation, but in light of the joke about darkness, negation itself becomes representation; what is represented is the nothingness of certain subjects, which indicates a certain nothingness in subjectivity itself."[9] Malevich wrote of the promise that the square seemed to hold for him:

"When, in the year 1913, in my desperate attempt to free art from the ballast of objectivity, I took refuge in the square form and exhibited a picture which consisted of nothing more than a black square on a white field, the critics and, along with them, the public sighed, "Everything which we loved is lost. We are in a desert [...]"[10]

The words of the fictional curator in the Swedish film satire *The Square* (Ruben Östlund, 2017) are similar, though somewhat generalized: "The Square is a sanctuary of trust and caring. Within it we all share equal rights and obligations." But the promise seems to have been broken by the joke. Instead, we ask ourselves: Which bodies can hope for a refuge in art? Who is inside and who is outside of the square? The British artist and author Hannah Black offers a less optimistic take: "The apparent neutrality of the black square, a thing that names itself, that merely is what it appears, is a hiding place not for the imaginary fighting negroes but for the exhaustion of Europe."[11] The 'refuge' has become a point of erasure; the innocent monochrome appearance of the *Square* visualizes how a white gesture of liberation simultaneously proves to be a black measure of oppression.

[9] Hannah Black: "Fractal Freedoms," in: *Afterall: A Journal of Art, Context and Enquiry*, Nr. 41, 2016, 4–9, here 6.

[10] Kazimir Malevich: *The Non-Objective World*, Howard Dearstyne (trans.), Chicago 1959, 68.

[11] Black 2016, 7.

III. ZERO at the Zero Point of Germany

ZERO stood at a zero point in German history and from there sought its own, fresh, different new beginning. Rather than issuing fixed, written programs, however, it behaved more exploratively. As Piene stated about ZERO:

"'It's not a style, it's not a group. It's not a movement. And I don't want it to become one.' Thwaites asked what it was, and Piene replied: 'A point of view.'"[12]

Terminologically, 'ZERO' is most often associated with the well-known countdown to a rocket launch, *zero* as the final step of the countdown, the moment of heightened significance: the take-off, the zero point, still on earthly ground, but soon into the infinite cosmos. For the artists of the ZERO movement, the term became a way of working, an understanding of an empty space still unoccupied by representations, a possible source of new beginnings.

The fact that ZERO interacts conceptually with the German '*Stunde Null*' ['zero hour'] marks an intriguing contrast. After Roberto Rossellini's feature film *Germania anno zero* (*Germany, Year Zero*, 1948), the mythic term established itself as a necessary but often refuted fiction of a political reset after the Nazi regime. Refuted, because, when the war was over, as Simone de Beauvoir put it in her autobiography *Force of Circumstance* (*La Force des choses*, 1963), "it remained on our hands like a great, unwanted corpse, and there was no place on earth to bury it."[13] Adorno had coined the phrase that it was barbaric to write a poem after Auschwitz,[14] and Uecker, too, also expressed the idea that an emphasis on the lyrical must, for the time being, come to an end:

[12] John Anthony Thwaites: "Reaching the Zero Zone," in: *arts magazine vol. 36*, no. 10 (September 1962), 16–21, here 16.
[13] Simone de Beauvoir, *Force of Circumstance*, Richard Howard (trans.), New York 1965, 30.
[14] Theodor W. Adorno, *Prisms*, Samuel and Shierry Weber (trans.), Cambridge 1983, 34.

"The question of what meaning man still has when he can behave in this way had deeply affected everyone at the time. [...] In this sensitivity about the destruction of humanity in the world, the mass destruction, which fortunately came to an end, one could not go out into the meadow and paint flowers."[15]

IV. Sama (سماع): The Practice of Becoming Zero

The idea of an aesthetic zero point for ZERO is, as Piene says, linked to imagining a "zone of silence."[16] It must be something different from what Malevich had in mind, with whom Heinz Mack clearly formulates a relationship of distance: "A painting by Kazimir Malevich, no matter how abstract, lives from dramatic compositional tensions in the image."[17] Or, more programmatically: "We wanted to distance ourselves from all this drama."[18] And Uecker would later approvingly quote Władysław Strzemiński, who did not see in Malevich's work a tabula rasa, finding his black and white squares to be charged with an outsized symbolic meaning, but instead suggested that one had to destroy the hierarchies created in the image even more radically.[19]

It is therefore not surprising that ZERO wanted to create its own 'ground zero' with techniques of omission and elimination while dis-

[15] Günther Uecker, quoted in: Alexander Tolnay (ed.): *Günther Uecker: Zwanzig Kapitel*, Ostfildern-Ruit 2005, 12. On this postwar discourse, cf. Joseph D. Ketner II: *Witness to Phenomenon: Group ZERO and the Development of New Media in Postwar European Art*, London 2019, 15–48.

[16] Otto Piene: "Die Entstehung der Gruppe 'Zero'" (1964), in: Dirk Pörschmann/Mattijs Visser (eds.): *4 3 2 1 ZERO*, Düsseldorf 2012, 20–23, here 20.

[17] Heinz Mack in conversation with Franziska Leuthäußer. Städel Museum: *Café Deutschland: Im Gespräch mit der ersten Kunstszene der BRD: Heinz Mack*, 27.04.2016 [transcript]; https://cafedeutschland.staedelmuseum.de/gespraeche/heinz-mack [25.01.2025].

[18] Ibid.

[19] Cf. Günther Uecker in conversation with Christian Lund, December 2014. Louisiana Museum of Modern Art in Humlebæk: *Günther Uecker Interview: Poetry Made with a Hammer*, 13.06.2017 [video interview, TC 16:38]; https://vimeo.com/221392520 [25.01.2025].

trusting forms and techniques that had become unreliable. Uecker, for example, recalled in an interview concerning his position in ZERO that for him it was a question of engaging with the unspeakable: "We need [the] images to transcend the boundaries of the sayable, to make this world, which is also called the mystical world in the theological sense or as the Sufis experience it through dance,"[20] accessible.

The term "Sufis," as Uecker calls them, rarely crosses his lips, nor is this aspect often mentioned in the reception of his work and, when it appears, it comes in a subclause. However, the sama practice of the Sufis has, in fact, many parallels in Uecker's working methods and works. We would like to take a closer look at sama, as the 'ZERO zone' made flesh, and as a possibility for the physical experience of an aesthetic zero point, in order to better understand something of Uecker and perhaps even of the beginnings of ZERO.

The image of a dervish spinning on their own axis is one of the most impressive and famous images of 'Otherness' in the European imagination. Their "'curious, beautiful, and mysterious dance,' as one early 19th-century traveler put it, induced a dream of 'order and beauty produced out of chaos, or the harmonic revolutions of the planetary system.'"[21] They are the embodiment of something we might call counter-rationality: in one of the rare interviews in which he spoke explicitly about dervishes, Uecker referred to them as an example of "irrationality" as a counter-model to European reason.[22] And it has spread as far as the spheres of Madonna and pop culture: dervishes spin in the 1994 video for her song "Bedtime Story," conveying a calmness, a sense of peace, through their mystical transcendence. In the music video, they can be seen rotating, donned in purple robes and pink glasses. Over these images, we hear Madonna's seductive voice: "Today is the last day that I'm using words [...] / Let's get unconscious, honey!"[23]

[20] Ibid., [TC 22:55].

[21] Fergus M. Bordewich: "A Flourishing of Whirling Dervishes," in: *The New York Times*, 06.12.1987, 9.

[22] Uecker 2017 [TC 25:34].

[23] Madonna: *Madonna – Bedtime Story*, 27.10.2009 [Music video]; https://www.youtube.com/watch?v=CSaFgAwnRSc [25.01.2025].

What is Sama?

Terminologically, 'sama' (*samāʿ*) means 'to hear' or 'to listen.'[24] And yes, sama has become known for whirling movements of the body around its own axis, though is not necessarily connected with movement.[25] Rather, sama is closely intertwined with the practice of zekr (ذکر).[26] 'Zekr' (also: *ḏikr*), 'remembrance,' is a form of mantra whose aim is a "destabilization of subjectivity"[27] through repeated utterances and chanting. Sama and zekr are used as methods to induce dizziness and dissociation in order to produce a state of ecstasy or trance.[28] Through the simulation of trance states by means of "ecstatic dance as a model for developing a poetics 'along the body's boundaries,'"[29] an encounter with the divine that cannot be put into words, recounted, or described could be experienced.

The historical roots of sama are unclear. It is considered likely that sama, as a form of worship, has pre-Islamic roots.[30]"The encircling of a sacred object—or a person, as sometime in the sama—means to partake of its magical power or to endow it with power."[31] Today, sama is most often interpreted in terms of Sufism and Islamic mysticism. In particular, sama is associated with Persian poetry, especially the poetry of the mystic Jalāl al-Dīn Muḥammad Rūmī (1207–1273), commonly known simply as Rumi. Sama would later be institutionalized for the first time by the Mevlevi order, and this is the form we know today with the

[24] Cf. Kenneth S. Avery: *A Psychology of Early Sufi samāʿ: Listening and Altered States*, Oxford 2004, 3.

[25] Anthony Shay: "Dance and Non-Dance: Patterned Movement in Iran and Islam," in: *Iranian Studies*, vol. 28, Nr. 1/2, 1995, 61–78, here 68.

[26] Avery 2004, 4.

[27] Seema Golestaneh: *Unknowing and the Everyday: Sufism and Knowledge in Iran*, Durham/London 2023, 5f.

[28] Cf. Shay 1995, 68.

[29] Gabriele Brandstetter: *Poetics of Dance: Body, Image, and Space in the Historical Avant-Gardes*, Elena Polzer with Mark Franko (trans.), New York 2015, 224. Gabriele Brandstetter refers here to Hugo von Hofmannsthal's *Furcht: Das Gespräch der Tänzerinnen* (1907).

[30] Cf. Hossein Heidarkhani: *Sama-e-Arefan* (سماع عارفان), Teheran 1995, 26.

[31] Annemarie Schimmel: *Mystical Dimensions of Islam*, Chapel Hill 1975, 179.

whirling dervishes.[32] A whirling dance—research now considers this to be a Eurocentric projection. Rather, one should speak of non-dance or non-performance because, first of all, of the originally private and zany character of these rhythmic movements, which were reserved for insiders and forbidden to interlopers, but also because the circular movements were originally performed for ritual purposes—as meditation, as prayer—as a kind of non-performance, in stark contrast to dance.[33]

The interpretation of sama as a form of non-dance has contributed to its survival, for, in "choreophobic" societies within Islam, dance occupies a vulnerable position and was considered *haram*, forbidden.[34] Ironically, the association with Islamic mysticism resulted in Kemal Atatürk banning the practice of sama in 1925 and closing the *khaneghahs* where it was practiced, forcing them to move behind closed doors.[35] Beginning in the 1950s, these Sufi rituals were allowed to take place in public again,[36] and today the form is extremely commercialized, especially in Konya, where it is performed on a grand scale for tourists on the anniversary of Rumi's death on the 17th of December each year.

The theological background: In Sufism, the real world is defined as the unreal. The real, what the Sufis call the divine, is hidden. However, this does not mean that the immaterial and the divine remain completely inaccessible. There are instances and methods in which an experience of the divine is possible. Furthermore, there is also a direct access to the divine, which, however, eludes language.[37] A prerequisite is the dissolution and active erasure of the self and, thus, the attempt to reach a zero

[32] Cf. Fritz Meier: "Der Derwischtanz: Versuch eines Überblicks" in: *Asiatische Studien*, Nr. 8, 1954, 107–136, here 127.

[33] Cf. Shay 1995, 67ff.

[34] Cf. ibid., 65f.

[35] Cf. Sheenagh Pietrobruno: "Algorithmic Choreographies: Women Whirling Dervishes and Dance Heritage on YouTube," in: Helen Thomas/Stacey Prickett (eds.): *The Routledge Companion to Dance Studies*, London 2020, 337–350, here 340.

[36] Cf. Walter Feldman: *From Rumi to the Whirling Dervishes: Music, Poetry, and Mysticism in the Ottoman Empire*, Edinburgh 2022, 8.

[37] For more on this, see, for example, Cyrus Ali Zargar: *Sufi Aesthetics: Beauty, Love, and the Human Form in the Writings of Ibn 'Arabi and 'Iraqi*, Columbia, S.C. 2011.

point, which the Sufis call *fana* (فنا).[38] One of the best-known stories of this is that of the mystic Mansour al-Hallaj, who one day claimed: *"Annalhagh,"* (أنا الحق) or "I am the truth." Hallaj's claim was in line with the Sufi principle of witnessing the divine by bringing the self to nullity in order to be filled by God. For this, Hallaj was executed as a heretic. Edward Said has compared this figure to that of Jesus Christ.[39]

Back to the Circle: New York Dancer *and* Sandmühle

The circular form and the spiral play a prominent role in Uecker's work. In his kinetic works, their formal significance is unmistakable. But they are also present in his performance pieces, such as those in which Uecker moved in a circle "around a fixed point";[40] many of his works bring spirality and spirituality into conversation with each other. There was even a three-part sculpture produced for the inner courtyard of the Martin-Gropius-Bau in Berlin, whose title, *Sufi-Tänzer,* indicated an explicit connection to the Sufi tradition.[41] A potentially infinite circular movement can thus be said to be at the center of Uecker's search for a new artistic beginning. Let us look at two of Uecker's early kinetic sculpture series, both from 1965.

New York Dancer (1965) (fig. 37 p. 208) is as large as the artist's body and is powered by a motor hidden under a canvas. Uecker embroidered the back of the canvas with nails. The work resembles a hairy phallus. When the motor within the work is activated, the work begins to rotate around itself, with the nails lifting up and creating a fierce noise. The movements begin gradually and accelerate to a feverish pace, eventually creating a multi-sensory and meditative experience for the

[38] Cf. A. Reza Arasteh: *Rumi the Persian, the Sufi,* New York 1974, 16.

[39] Cf. Edward W. Said: *Orientalism*, London 1978, 246.

[40] Lot Essay, Christie's, on the work of Günther Uecker, "Spirale I, Spirale II (Doppelspirale)," 2017; https://www.christies.com/en/lot/lot-6059925 [25.01.2025].

[41] Cf. Tolnay 2005, 168. The preceding pages show one of these "Sufi Dancers" in Uecker's studio.

viewer, one akin to hypnosis. The work was inspired by an energy and sense of freedom both of which Uecker had experienced in New York. And it involves the viewer, who must set the figure in motion by stepping on a pedal, and who—in the image of the Sufis—becomes, so to speak, the divine activator of a trance state.

In the context of his nail works, Uecker often speaks of the way in which the play of light and shadow renders visible a rhythmic and cosmological connection to the sun.[42] Such mimicry of cosmological movements can be found in the whirling figures of sama and Uecker. The circular movements of the body around its own axis in sama are often interpreted as harmonizing with the circular movements of the planets around themselves and around the sun. Additionally, an attempt is made to achieve harmony with the inner rhythms of the body and the heartbeat.[43] In this way, the body mimics both external and internal rhythmic structures, with the external here referencing nature, recent technical developments, and machines. Here, the spiral movements can be an homage to the cosmos, but also, for example, to the wheel. Or, as Piene might say, to washing machines.[44]

The boundaries of the self, the body, and subjectivity blur in *New York Dancer*, while materiality seems to merge into immateriality and, at a certain point, an impression is given that Yves Klein expressed in the first issue of ZERO magazine in 1958: "My paintings are now invisible [...]."[45]

In *Sandmühle* (1965) (fig. 38 p. 209), as well, Uecker attempts a reharmonization between the cosmos and the everyday, repetitive movements in a field implying an automation of bodily movement.[46] The subtle traces in the sand, delicately inscribed then erased, obscure their

[42] Cf. Uecker 2017 [TC 27:37].
[43] Cf. Golestaneh 2023, 131.
[44] Cf. Ketner II 2019, 123.
[45] Yves Klein: "My Position in the Battle between Line and Color," in: Otto Piene, Heinz Mack: *ZERO*, Howard Beckman (trans.), Cambridge 1973, 10f, here 11.
[46] Cf. Uecker 2017 [TC 12:52].

transitional moments. This ‘static movement’[47] simultaneously reflects a subtle change even as it preserves a form of continuity. In the context of Sufism, Uecker’s work embodies the concept of “unity of being” (وحدت وجود),[48] which exemplifies the Sufi principle of the perception of unity in the manifold.[49] Or, as Heinz Mack would call it: “resting restlessness” or “the restlessness of rest.”[50]

Here, too, Uecker’s work reveals interesting connections to the practices of sama and zekr. Zekr, in Sufi mysticism, means ‘remembering’ and at the same time involves an amnesia, a ‘forgetting’ of the innate knowledge within us. For in order to remember, the self and the body must constantly renew this moment of forgetting in order to finally be able to experience the freshness of remembering.[51] Uecker’s work can be seen as one of intentional amnesia, one which makes thereby the process of active remembering possible.

In Sufi mysticism, and its insistence on physical practices such as sama or zekr in particular, many parallels can be found with Uecker’s work and his ZERO beginnings, be it formally, as in his use of spiral movements, or conceptually, as in his direct references to Sufi mysticism. Perhaps the most interesting parallels reside, however, in Uecker’s way of working, which is based on meditative methods during which Uecker loses track of time and space and enters a state of automatic and repetitive action where, through exhaustion, he can enter the realm of the unconscious and the unspeakable.

The same parallels could apply in a larger sense to the vocabulary ZERO uses to describe itself: the spirals, the circle, the movement, the dynamo, the repetition, the silence, the action, the collective mind

[47] “Static, static, static! Be static! Be static! Movement is static!” Jean Tinguely: [Untitled], in: *ZERO*, vol. 3, *Dynamo*, 1961, unpaginated.

[48] Annemarie Schimmel: *Sufismus: Eine Einführung in die islamische Mystik*, München 2000, 40.

[49] Cf. Zargar 2011, 43f.

[50] Heinz Mack: “Resting Restlessness,” in: *ZERO*, vol. 2, *Vibration* (1958), reprinted in: *Zero*, Howard Beckman (trans.), Cambridge 1973, 40f.

[51] Cf. Golestaneh 2023, 129.

(the plurality of experience), and even the light, the suspension of social norms and hierarchies, and the erasure of the traces of the self. The list is long. But, to conclude, a Sufi poem, a narrative by the poet Farid ud-Din Attar (1136–1220), can perhaps offer us an insight into the collective and monumental space that the ZERO artists inhabited between 1957 and 1966.

The Conference of the Birds (منطق الطیر), sometimes translated as *Speech of the Birds*, is a famous Persian allegorical Sufi poem.[52] It tells of the journey of thousands of birds in search of the Simurgh (سیمرغ), a mythical bird similar to the phoenix. Their quest symbolizes the collective striving for spiritual rebirth. On their journey through the seven valleys to the Simurgh, the birds must overcome various challenges. In the end, only a few make it, and only 30 of these birds reach their destination. The crucial twist in the story, which we are reluctant to reveal, is an etymological one. The word 'simurgh' means 'phoenix' in Persian, but, at the same time, it conists of two words: *si* (سی), '30,' and *murgh* (مرغ), 'bird.' These 30 remaining birds realize that they have finally reached their goal through their joint action. Namely: themselves.

With this poem, Attar has told a story about "*Entwerden*"[53] and produced a sum that could only result in zero from the addition of fundamentally different individualities.

A small addendum: While working on this contribution, we spoke to the video artist Bahareh Hejrankeshrad about 'Entwerden' and aesthetic zeros. As a product of our exchange, she produced the video Untitled *(2D animation and sound) for our workshop.*

[52] Farid ud-Din Attar: *The Conference of the Birds*, Afkham Darbandi and Dick Davis (trans.), London 1984.

[53] Schimmel 1975, 142.

About the Authors

Raha Golestani (b. in Tehran, Iran) is an artist, researcher, and art educator. She lives in Frankfurt am Main. After studying painting at the University of Tehran, where she received a Bachelor of Fine Arts, she studied at the Master's program in Aesthetics at the Goethe University Frankfurt am Main as a scholarship holder of the Goethe Goes Global program. She completed her master's degree in 2022 with a thesis on the art of the Persian diaspora. She is currently researching the entanglements of exoticism and self-exoticism in contemporary art with a doctoral scholarship at Goethe University. Her cultural work includes stints at the cultural institute RooBeRoo Mansion in collaboration with the Goethe Institute in Tehran, the Max Planck Institute for Empirical Aesthetics, and the Frankfurt School of Painting. The Günther Uecker Institute awarded Raha Golestani their 2023 research fellowship.

Konstantin Schönfelder (b. 1994 in Bad Langensalza, Germany) is a freelance author and lives in Frankfurt am Main. After studying political science in Leipzig and Washington, D.C., he completed a master's degree in political theory at Goethe University Frankfurt am Main. At the same time, he trained as a journalist as part of a scholarship. His work includes literary radio features for public radio, reports and interviews (including for the Neue Rundschau and the magazine Reportagen). His most recent publications include *Sechs Worte Ewigkeit*, a portrait of the author Italo Calvino (Deutschlandfunk Kultur) and *Der Mann und die Insel*, a piece about Ingmar Bergman and his relationship to the island of Fårö (WDR/HR). His book of essays *Gesellschaft Eine Insel* won the prize as one of the 'most beautiful German books' from the Stiftung Buchkunst in 2021. He also works as a science editor at the Centre Responsible Digitality at the Technical University of Darmstadt. The Günther Uecker Institute awarded Konstantin Schönfelder its 2023 research fellowship.

Abstract

In der Zurückgezogenheit seines Düsseldorfer Ateliers breitete Günther Uecker ein drei auf drei Meter messendes Leinwandtuch auf dem Boden aus, tauchte seine Füße in eine Zinkwanne voll weißer Farbe und beschritt eine ihrem Radius nach unmittelbar auf die Ränder des Bildträgers bezogene Kreisform. Mit *Im Kreis gehen* knüpfte Uecker 1975 an das zentrale und in seinem Œuvre vielfach variierte Konzept an, den Bildern die Spuren des malend handelnden Körpers einzuprägen. *Im Kreis gehen* ist sowohl Aktion als auch Bild; und als Bild wurde es bereits bei seinen ersten Präsentationen in Bochum und Düsseldorf ebenso an der Wand aufgespannt wie auch am Boden ausgebreitet präsentiert. Der Beitrag fragt danach, wie das ephemere Handeln, nun, da es im Bild stillgestellt erscheint, vermittelt ist. Inwiefern scheint das Ephemere des Performativen noch durch? Da Uecker fortfuhr, die einmal geschlossene Kreisform wiederholt abzuschreiten, sind seine Fußabdrücke in einer malerischen Textur verdichtet. Der Bildraum erscheint als ‚transluzide', das Sehen in feinste Farbschleier verwickelnde ‚Fülle'. Der Beitrag argumentiert dafür, den Blick auf diesen Bildraum zu richten, da allein in ihm die Regeln formuliert sind, wie das Bild im Raum der Betrachter*innen zu platzieren ist und wie der Bildraum zu sehen sein wird. Der Beitrag fokussiert auf die körperräumliche Interaktion des bewegten Hinsehens und hinsehenden Sichbewegens, jene Interaktion, die Raum und Zeit intensiver erfahrbar macht und das ephemere Handeln als Bildinhalt rezipierbar werden lässt.

Nick Böhnke

Bildhandeln und Bildraum
Zu Günther Ueckers Aktion und Malerei *Im Kreis gehen* (1975)

In der physischen Durcharbeitung der pastos auf seine Malgründe aufgetragenen Farbe, in ‚malerischen Handlungen', deren Intensität er zu einem regelrechten „Zukleistern und Zerwühlen der Bildfläche"[1] steigerte, lotete Günther Uecker das Spannungsfeld zwischen der in die Horizontale verlagerten monochromen Malerei und dem Malen als Verrichtung einer Arbeit aus[2] und vollzog um die Mitte der 1950er-Jahre die „performative Wende"[3] vom Werk zum Ereignis. Mit den Performativitätsschüben der 1950er- und 1960er-Jahre, mit Aktionskunst, Fluxus und Happening, gewannen die performativen Akte der Aus- und Aufführung künstlerischer Handlungen zunehmend an Autonomie. Im „Flux des Ereignisses" setzten die entgrenzten Werke das Ephemere frei.[4] Alles materiell Geformte wurde schließlich wie eine nur mehr leere Schale zurückgelassen.

Die ‚malerische Handlung', diese „extreme und das Auge überspielende Sinnlichkeit des Malens",[5] ist eine Konstante im Œuvre

[1] Dieter Honisch: „Zwanzig Kapitel", in: Alexander Tolnay (Hg.): *Günther Uecker: Zwanzig Kapitel,* Ausst.-Kat. Neuer Berliner Kunstverein im Martin-Gropius-Bau/Neue Nationalgalerie, Ostfildern-Ruit 2005, S. 32–176, hier S. 34.

[2] Zur Bezeichnung von Ueckers aktionistischem Malprozess lehnt S. D. Sauerbier den ebenso verwaschenen wie inflationär gebrauchten Begriff der Performance ab, verdecke er doch die physische Verausgabung im Prozess der Arbeit, die noch an den aus ihr hervorgehenden Objekten zu vernehmen ist. S. D. Sauerbier: „Von Handlungen. Ansichten zu Objekten, Ereignissen und Situationen", in: *Günther Uecker: Porträt Mensch,* Festschrift des Staatlichen Museums Schwerin, Wien 2016, S. 266–281, hier S. 267.

[3] Dieter Mersch: *Ereignis und Aura. Untersuchungen zu einer Ästhetik des Performativen,* Frankfurt a. M. 2002, S. 157.

[4] Gottfried Boehm: „Form und Zeit. Relationen zwischen Bild und Performance", in: Erika Fischer-Lichte/Kristiane Hasselmann (Hg.): *Performing the Future. Die Zukunft der Performativitätsforschung,* München 2013, S. 241–252, hier S. 242.

[5] Dieter Honisch: *Uecker,* Werkverzeichnis bearb. von Marion Haedeke, Stuttgart 1983, S. 18.

Ueckers. Kunsthistorisch ist sie bis in die niederländische Malerei des 17. Jahrhunderts zurückzuverfolgen. Immer häufiger blieb die unmittelbare und aktive Einbindung der Hand und ihrer Motorik in den malerischen Formakt sichtbar; ein Phänomen, für das der Begriff des ‚Handeling' etabliert wurde.[6] Das Handeling bezeichnet ein Malen im fragilen Interferenzbereich zwischen gestischer Kinesis und dem auf Dauer gestellten Bild, im Übergang zwischen der räumlich-sukzessiven Entfaltung malerischer Handlungen und ihren zur Überschaubarkeit einer simultan ansichtigen Bildfläche geronnenen Markierungen. Indem Uecker das Bild zum Austragungsort der Spannungen zwischen optischer und haptischer Wahrnehmung des Bildraums macht,[7] akzentuiert er den fragilen Übergang und lässt ihn vernehmbar werden. *Im Kreis gehen* (1975)[8] exponiert das Performative des Ikonischen, ist sowohl Aktion als auch Bild.

Nur im Beisein der Fotograf*innen, die die Aktion fotografisch respektive filmisch dokumentierten, vollzog Uecker jene malerischen Handlungen, aus denen drei einander äußerst ähnliche Bilder von identischen Maßen hervorgingen, die nunmehr teils am Boden ausgebreitet, teils an der Wand aufgespannt präsentiert werden. Der Aktionsvollzug zeitigte ein Bild, das mit der Ambivalenz des Begriffs des ‚Bildraums' spielt: Ist der Raum Gegenstand einer bildlichen Darstellung, die den Bezug zur Anschauung des Raums sucht, oder ist die Erscheinung des Bildraums nicht wesentlich ein Effekt der körperräumlichen Interaktion

[6] Yannis Hadjinicolaou: „Malen, Kratzen, Modellieren. Arent de Gelders Farbauftrag zwischen Innovation und Tradition", in: Markus Rath/Jörg Trempler/Iris Wenderholm (Hg.): *Das haptische Bild. Körperhafte Bilderfahrung in der frühen Neuzeit* (= Actus et Imago. Berliner Schriften für Bildaktforschung und Verkörperungsphilosophie, Bd. 7), Berlin 2013, S. 227–252, hier S. 230f. und S. 247f.

[7] Siehe hierzu auch meine Ausführungen: Nick Böhnke: *Berührung im Entzug. Struktur, Temporalität und Haptik des malerischen Handelns an den frühen Strukturreliefs Günther Ueckers* (= Notizen zu Uecker, Bd. 3), hg. von Katharina Neuburger, Berlin 2024.

[8] Aktion und Bild(-Objekt) sind in folgende Verzeichnisse aufgenommen worden: Dieter Honisch: *Uecker*, Werkverzeichnis bearb. von Marion Haedeke, Stuttgart 1983, S. 242, Nr. 906–907; Dorothea van der Koelen/Martin van der Koelen (Hg.): *Günther Uecker: Opus Liber. Verzeichnis der bibliophilen Bücher und Werke 1960–2005*, Mainz 2007, S. 142–145, Signatur L 7503; Katrin Salwig/Klaus Gereon Beuckers: „Verzeichnis der Aktionen von Günther Uecker 1959–1975", in: ders. (Hg.): *Günther Uecker. Die Aktionen*, Petersberg 2004, S. 219–229, hier S. 228, Nr. 37.

zwischen den Betrachter*innen und dem Bild im Raum?[9] Das aus dem aktionalen malerischen Handeln hervorgegangene Bild ist als dezidiert mit dem Raum seiner Präsentation verschränkt zu denken. Denn die körperliche Anwesenheit der Betrachter*innen im ‚Bild-Raum-Ensemble',[10] ihre Bewegungen durch das ‚Bild-Raum-Ensemble' und ihr Betrachten des ‚Bild-Raum-Ensembles' wirken sich maßgeblich auf die Rezeptionssituation aus. Zugespitzt ließe sich fragen, wie die bedeutungsgenerierenden Potenziale des hier und jetzt wahrgenommenen Bild-Raum-Ensembles aktualisiert werden, sodass das vergangene und ephemere Zusammenspiel von Raum und Zeit, Handlung und Bild rezipierbar wird.

Das malerische Handeln des Gehens im Kreis

In seiner Kritik zur monografischen, im April und Mai 1975 in der Bochumer Galerie m gezeigten Ausstellung, die einen Bogen von den Anfängen bis zu den aktuellsten Arbeiten Ueckers spannte, rühmte Heiner Stachelhaus die gelungen nachgezeichnete Entwicklung von der Fläche in den Raum, wohingegen ihn die parallel in der Düsseldorfer Galerie Denise René – Hans Mayer präsentierte Schau *Bilder aus Lodz*, da sie nicht an die Überwindung des malerischen Scheins durch den Einsatz des Nagels als eines bildverräumlichenden Mittels anknüpfte, eher „beziehungslos"

[9] Dominic E. Delarue/Thomas Kaffenberger/Christian Nille: „Bildräume | Raumbilder. Einleitung der Herausgeber", in: dies. (Hg.): *Bildräume | Raumbilder. Studien aus dem Grenzbereich von Bild und Raum* (= Regensburger Studien zur Kunstgeschichte, Bd. 26), Regensburg 2017, S. 9–39, hier S. 10f.

[10] Christina Strunck: „Grundlagen der Bild-Raum-Wissenschaft. Terminologie, Methoden, Forschungsansätze", in: dies. (Hg.): *Bild-Raum-Wissenschaft. Studies on Spatially Embedded Art*, Berlin 2024, S. 7–82, hier S. 11f. Mit dem Terminus der ‚Bild-Raum-Wissenschaft' bezeichnet Christina Strunck die Analyse von zwei-, drei- oder vierdimensionalen Bildwerken in ihrem räumlichen und zeitlichen Kontext. Einbezogen werden sowohl die ästhetischen Wirkmechanismen *als auch* die kommunikativen Funktionen von ‚Bild-Raum-Ensembles'. Ebd., S. 8f. Franz Engel spricht in diesem Zusammenhang vom triadischen Verhältnis zwischen Bild, Bildort und den Betrachter*innen. Franz Engel: „Bildort", in: Marion Lauschke/Pablo Schneider (Hg.): *23 Manifeste zu Bildakt und Verkörperung* (= Image. Word. Action, Bd. 1), Berlin/Boston 2018, S. 35–41, hier S. 38.

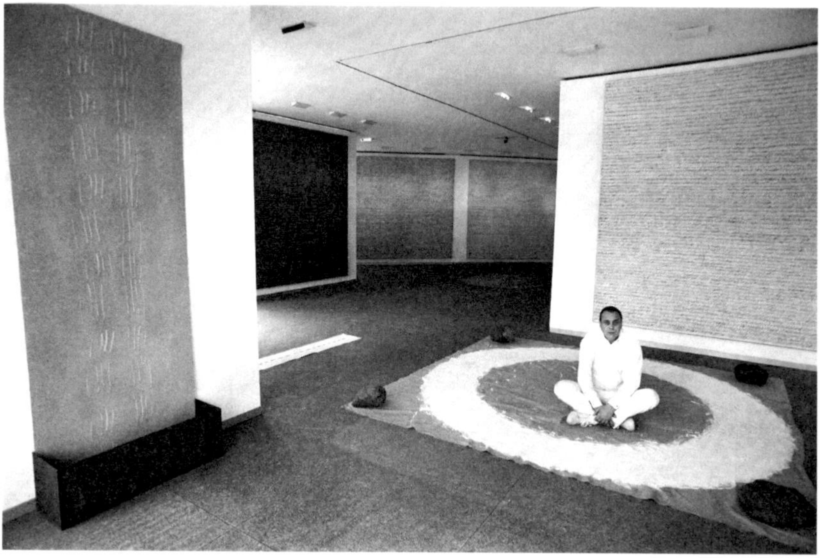

Abb. 39: Günther Uecker sitzend auf seinem Werk *Im Kreis gehen* (im Hintergrund die *Manuellen Strukturen – Laos Bilder*, 1974) | Günther Uecker sitting on his work *Walking in Circles* (in the background is the series *Manual Structures – Laos Pictures*), Galerie Denise René – Hans Mayer, Düsseldorf, April/Mai 1975. Foto | Photo: Walter Vogel

anmutete.[11] An beiden Orten wurde je eine der drei Versionen von *Im Kreis gehen* gezeigt. Während man sich aber in Düsseldorf dafür entschied, das Bild auf dem Boden auszubreiten und es an allen vier Ecken mit Steinen zu beschweren (Abb. 39), realisierte man in Bochum dessen wandgebundene Hängung (Abb. 40). Gegenüber der Präsentation am Boden, die die ursprüngliche Horizontalität des malerischen Handelns wahrt und mithin die Praxis betont, führte die Aufrichtung in die Vertikale eher dazu, die Aufmerksamkeit auf die Medialität der Malerei zu lenken.

Das im Vollzug der Aktion am Boden ausgebreitete und drei auf drei Meter messende Leinwandtuch bildete die Bedingung der Mög-

[11] Heiner Stachelhaus: „Hoch-Zeit für Günther Uecker. Zu zwei Ausstellungen in Düsseldorf und Bochum", in: ders.: *Auf den Punkt gebracht: Kunstkritiken 1963 bis 1985*, Recklinghausen 1985, S. 96–97, hier S. 97.

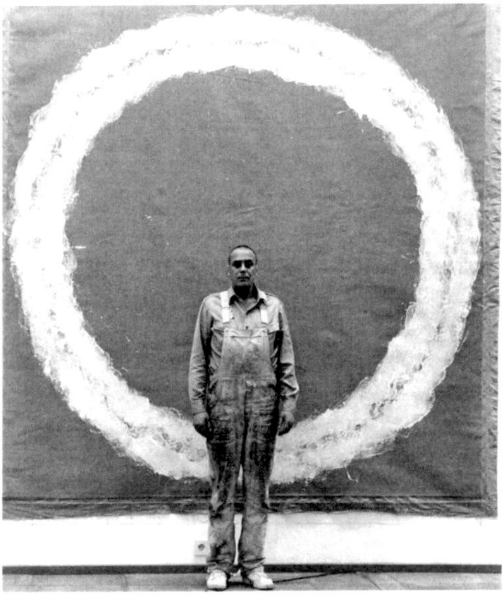

Abb. 40: Günther Uecker stehend vor *Im Kreis gehen* | Günther Uecker standing in front of *Walking in Circles*, Galerie m, Bochum, April/Mai 1975. Foto | Photo: Rolf Schroeter, courtesy Galerie für Film, Foto, Neue Konkrete Kunst und Video. Haus Weitmar, Bochum

lichkeit der malerischen Handlung des Gehens im Kreis. Wie man die Farbe mit einem Pinsel von der Palette aufnimmt, so tauchte Uecker seine Füße in eine Zinkwanne voll weißer Farbe, um das Weiß auf das Tuch aufzubringen (Abb. 41+42, S. 241). Er realisierte nicht nur die Möglichkeit, das Tuch im Vollzug der Aktion zu bemalen, um diese vordem bloße Oberfläche in eine quadratische Bildfläche zu transformieren,[12] auch realisierte er durch Abstraktion vom Maß des Bildträgers auf ein Liniensegment die Rotation um den Mittelpunkt des Trägers. Er realisierte den Handlungsvollzug eines abzuschreitenden Kreises mit ebendiesem auf die Bildfläche bezogenen Radius.

Die Füße geweißt, schritt Uecker den einmal gezogenen Kreis wieder und wieder ab, sodass die einzelnen Fußabdrücke einander allmählich überlagerten und zur transluziden Formation eines Kreises verdichtet wurden. Mit jedem seiner Schritte näherte sich Uecker der Form des Kreises an, wenngleich das Erreichen der geschlossenen Form nicht das Ziel der Handlung war. Denn auch als er sie geschlossen hatte, fuhr er noch unermüdlich fort, die Kreisformation abzuschreiten. In dieser vom Zweck des Formabschlusses befreiten Redundanz zeigte er die Differenz

[12] Ludger Schwarte: „Negation durch Farbe – ein Versuch über die Kulturtechnik Malen“, in: Meret Kupczyk/ders./Charlotte Warsen (Hg.): *Kulturtechnik Malen. Die Welt aus Farbe erschaffen*, Paderborn 2019, S. 21–45, hier S. 26.

der Geste vor, jene artistische Differenz, die dem vordergründig beabsichtigten Malen einer Kreislinie eine Dimension einverleibt, die über die bloße Absicht hinausgeht. Das malerische Handeln ist zuallererst ein Handeln um des Aus- und Aufführens dieses Handelns willen.[13] Wie viele Akteur*innen der europäischen und amerikanischen Avantgarde der 1950er- und 1960er-Jahre war auch Uecker von ostasiatischem Gedankengut beeinflusst. In Adaption der daoistischen Praxis des *ganying*[14] ist die Linie im Malen selbst Kraft und Spannung ihres Sichformens hin zur Formation, ist es ihr selbst überlassen, sich zu formen.[15] Das Handeln ist vom bewussten Wahrnehmen der physiologischen Bewegungsströmung getragen. Möglichst ‚naturbelassen' soll das momentane Sich-in-die-Formation-Finden erfasst werden.[16] Uecker selbst spricht in diesem Zusammenhang von der sinnlichen Präsenz des Abdrucks und des Eindrucks einer Sensibilität, wie sie nur im hautnahen Ausagieren der malerischen Handlung zu vernehmen sei,[17] wohingegen sich jene Sensibilität zur nicht ausreichenden sinnlichen Präsenz verflüchtige,[18] sobald die Bilder aus dem Nahbereich in die optische Distanz des Betrachtens hinfort gerückt sind.

[13] Vgl. Jean-Luc Nancy: „Von der ästhetischen Lust", in: ders.: *Ausdehnung der Seele. Texte zu Körper, Kunst und Tanz*, ausgewählt und übers. von Miriam Fischer, Zürich/Berlin 2017, S. 75–91, hier S. 77.

[14] Xiao Xiao: *Günther Ueckers künstlerische Handlungen. Eine interkulturelle Untersuchung anhand der daoistischen Begriffe* wuwei, ganying *und* ziran (= Notizen zu Uecker, Bd. 2), hg. von Katharina Neuburger, Berlin/München 2023, S. 30.

[15] Vgl. Nancy 2017, S. 77f.

[16] Xiao 2023, S. 30f.

[17] Entsprechend beschreibt Georges Didi-Huberman den Abdruck als Entzug des sinnlichen Kontakts. Georges Didi-Huberman: *Ähnlichkeit und Berührung. Archäologie, Anachronismus und Modernität des Abdrucks*, übers. von Christoph Hollender, Köln 1999, S. 190.

[18] Vgl. „‚Mein Scheitern ist meine Kunst' – Ein Gespräch zwischen Günther Uecker und Dieter Honisch am 27. März 1993", in: *Der geschundene Mensch. 14 befriedete Gerätschaften*, Ausst.-Kat. Institut für Auslandsbeziehungen, Ostfildern-Ruit 1993, S. 12–52, hier S. 23.

Praxis und Medialität des malerischen (Bild-)Handelns

Im Bewegungsfluss des fortschreitenden An- und Abhebens des einen wie des anderen Fußes lösten sich die Füße, kaum dass sie das Tuch berührten, auch schon wieder von ihm ab. Zurück blieben Abdrücke, feine Schleier von Farbe, in denen der Schwung einer Schwebe über dem Boden sichtbar wird.[19] Einerseits ist die malerische Handlung eine ‚Proto-Kulturtechnik' ohne Bezug auf das Abbilden: Durch originäre Markierungen wird zuerst einmal eine Fläche, wird das Tuch zum Bildfeld transformiert.[20] Andererseits und zugleich sind die Markierungen, obgleich sie nichts abbilden, der repräsentationalen Logik der Malerei unterworfen: Die Abdrücke sind als Farbe sichtbar, die Farbe indiziert ihren eigenen Auftrag.[21] Während das malerische Handeln sich selbst folgte, entstand ein Bild, das nunmehr seine eigene Medialität, die – wenngleich nicht allzu große – Distanz der Schwebe, die Distanz des nur augenblicklichen Berührens vorführt; ein Berühren, das in der Fläche des bildlichen Erscheinens Gestalt annahm. Das Medium verdoppelt sich.[22] Zwischen Nähe und Ferne, zwischen dem haptischen Berühren und dem Abstand des Sehens entfaltete sich die Distanz des malend handelnden Körpers zu sich selbst. Die Füße drückten sich auf den Bildträger ab und der Körper wurde sich selbst fremd. Dieses Fremdwerden im Abstand bildet den Spielraum der intentionalen Geste des bildlichen Zeigens und Darstellens.[23] Doch wurde er in der ‚klassischen' Malerei

[19] Vgl. Jean-Luc Nancy: „Fremdartige Fremdkörper", in: Antje Kapust/Bernhard Waldenfels (Hg.): *Kunst. Bild. Wahrnehmung. Blick. Merleau-Ponty zum Hundertsten,* übers. von Bernhard Waldenfels, München 2010, S. 51–60, hier S. 60.

[20] Ludger Schwarte: *Denken in Farbe. Zur Epistemologie des Malens,* 2. Aufl., Berlin 2021, S. 19; vgl. auch Schwarte 2019, S. 26; Ludger Schwarte: „Epistemologien des Färbens", in: *figurationen. gender – literatur – kultur,* Jg. 17, Nr. 1, 2016, S. 39–52, hier S. 44.

[21] Günter Figal: „Bildpräsenz. Zum deiktischen Wesen des Sichtbaren" (2010), in: ders.: *Kunst. Philosophische Abhandlungen* (= Philosophische Untersuchungen, Bd. 32), Tübingen 2012, S. 299–309, hier S. 303 und S. 305.

[22] Vgl. Michael Lüthy: „Engführung. Malerei als ‚Diskursarena' und als Kunst", in: Georg W. Bertram/Stefan Deines/Daniel Martin Feige (Hg.): *Die Kunst und die Künste. Ein Kompendium zur Kunsttheorie der Gegenwart,* Berlin 2021, S. 317–336, hier S. 331–333.

[23] Jean-Luc Nancy: „Höhlenmalerei", in: ders.: *Die Musen,* übers. von Gisela Febel und Jutta Legueil, Stuttgart 1999 (1994), S. 105–119, hier S. 110.

nicht thematisch. Bis zur Wende vom 19. zum 20. Jahrhundert blieb die räumliche Dialektik von Leinwand und Grund, die Dialektik von materiellem Bildträger und immateriellem Bildgrund als Fläche des bildlichen Erscheinens hinter dem Unter- oder Hintergrund des unergründlich tiefen illusionistischen ‚Raums der Malerei' verborgen. Sichtbar gemacht wurde die transparente Wand des Bildgrundes.[24]

Obwohl sie einander in der konkreten Materialität von (Zeit-) Schichten überlagern, lassen die feinen Farbschleier den materiellen Grund des Tuches durchscheinen. Man wird des optischen Phänomens einer Fülle im Abstand zwischen dem materiellen Bildträger und dem immateriellen Bildgrund gewahr, eines Phänomens, das ein wenig von der Opazität der materiellen und ein wenig von der Transparenz der optischen Fülle bewahrt, während sich die Materialität der Pigmente an der Oberfläche zum Auge hin auflöst (Abb. 43, S. 244). Louis Marin spricht vom Phänomen ‚transluzider Fülle'.[25] Nicht einseitig auf die referenzielle Illusion beschränkt, bleibt der Raum des Gemäldes ohne Bezug auf den anschaulichen Raum.[26] Eine Bildräumlichkeit ist allein „im Modus eines ‚zwischen'; eine[r] Welt der Raum-Zeit-Intervalle"[27] zu erahnen. Und so ist es unmöglich, „die referenzielle Illusion gegen die pikturale Abstraktion [...] auszuspielen",[28] unmöglich, die haptische Materialität des sedimentierten malerischen Handelns vom optischen Phänomen der intentionalen Geste bildlichen Zeigens zu trennen, unmöglich, die

[24] Louis Marin: „Der Pollock-Raum" (1982), in: ders.: *Texturen des Bildlichen*, übers. von Till Bardoux, Zürich/Berlin 2006, S. 59–94, hier S. 67; siehe dazu auch Jean-Luc Nancy: „Das Bild – das Distinkte" (1990/2001), in: ders.: *Am Grund der Bilder*, übers. von Emmanuel Alloa, 2. Aufl., Zürich/Berlin 2012, S. 9–29, hier S. 18. Es sei der, so Jean-Luc Nancy, wesentliche Zug des Bildes, sowohl von einem Grund abgehoben als auch aus einem Grund herausgeschnitten, von ihm abgelöst und von ihm entbunden zu sein.

[25] Marin 2006 (1982), S. 76f.

[26] Die mannigfaltigen kunsthistorischen Termini zur Bezeichnung einer je spezifischen Bildräumlichkeit entsprängen der, so Kurt Badt, irrigen Annahme, man könne unterschiedlichste künstlerische Tatsachen, Darstellungsgebilde und Darstellungsweisen auf den als anschaulich bekannt vorausgesetzten Raum beziehen. Kurt Badt: *Raumphantasien und Raumillusionen*, Köln 1963, S. 19–23.

[27] Marin 2006 (1982), S. 82.

[28] Ebd., S. 73.

Begegnung mit dem Bild auf ein optisch distanziertes oder sich haptisch bis zum Äußersten annäherndes Sehen[29] festzulegen.

Bildräumlichkeit

In welcher Beziehung stehen, nachdem der illusionistische ‚Raum der Malerei' ad acta gelegt worden ist, der ‚Raum der Betrachter*innen' und der ‚Raum des Gemäldes' zueinander? Der eine Raum entfaltet sich in der Dialektik der Position und des Parcours der Betrachter*innen. Er erlaubt gleichermaßen Distanz wie Nähe zum Bild einzunehmen und wird in der Interaktion und unbewussten Abstimmung mit der Art und Weise, wie das Bild seine Sichtbarkeit präsentiert,[30] durchschritten. Der andere Raum entfaltet sich in der räumlichen Dialektik von materiellem Bildträger und immateriellem Bildgrund wie auch der Dialektik von Rändern und Grenzen;[31] und beide greifen im ästhetischen Erleben des Bild-Raum-Ensembles ineinander. Dieses wiederum fundiert die Rezeption des spezifischen, zeitlich ausgedehnten performativen Sinns des Bildes.[32]

Im aktionalen Vollzug des Gehens im Kreis entfaltete Uecker sein Handeln in einer distinkten Abfolge körperlicher Bewegungen, die, sobald sie in die Verflechtung von zeitlicher Sukzession und achronischer Simultaneität der linearen Konfigurationen flächiger Inskriptionen geronnen waren, durch die Formation des Kreises hindurch wirksam

[29] Jean-Luc Nancy nennt die Sicht ein Berühren, das den Punkt restlos zuspitzt. Was die Malerei zu sehen gibt, wenn sie ihre Medialität als solche vorführt, ist der Moment, als sich die Berührung von Pinsel und Malgrund im Moment des Berührens ablöste. Jean-Luc Nancy: *Noli me tangere*, übers. von Christoph Dittrich, Zürich 2019 (2003), S. 69.

[30] Marion Lauschke: „‚Experience Comes Whole.' Zum Rhythmus der Kunsterfahrung", in: Franz Engel/Sabine Marienberg (Hg.): *Das entgegenkommende Denken. Verstehen zwischen Form und Empfindung* (= Actus et Imago. Berliner Schriften für Bildaktforschung und Verkörperungsphilosophie, Bd. 15), Berlin 2016, S. 75–86, hier S. 82 und S. 86.

[31] Marin 2006 (1982), S. 68f.

[32] Marion Lauschke: „Ikonische Formprozesse und Affordanzen. John Dewey und Paul Klee", in: dies./Johanna Schiffler/Franz Engel (Hg.): *Ikonische Formprozesse. Zur Philosophie des Unbestimmten in Bildern* (= Image. Word. Action, Bd. 3), Berlin/Boston 2018, S. 45–62, hier S. 53.

wurden und es fortan bleiben. Denn Ueckers malerische Handlung folgte einem spezifischen Malerei-Dispositiv: Durch die Gebärde der chromatischen Einschreibung des Fußes in den Grund geschah eine Energiekopplung all dessen, was im Malen mitspielte.[33] In solch einem Fall genüge es, so Jean-François Lyotard, „die Augen aufzumachen, den Energiefluß durchzulassen, den die Malerei überall in Gang setzt".[34]

War die Aktion vollzogen, blieb das bemalte Leinwandtuch nicht lediglich als ein Objekt und materieller Malgrund zurück, der nunmehr die Spuren des betont performativen Farbauftrags durch das Abdrücken der Füße präsentiert. Das Tuch ist weniger ein ‚Fall-out'[35] der Aktion, vielmehr ist es eine ‚polymorphe' Malerei.[36] Das Leinwandtuch ist ein Bild. Die Spuren des performativen Vollzugs sind allein *als* Farbe, sie sind *als* Verflechtungen von Schleiern weißer Farbe auf dem Malgrund sichtbar. Sie bilden jene zusammengewobene und in ihrer scheinbaren Tiefe schwer zu bestimmende Textur des ‚Raums der Malerei', der sich als gegliederte Weite eines simultanen Beieinanders und Nebeneinanders innerhalb jener Grenzen zeigt, die nur zufällig mit den Rändern des Bildgrundes, mit den Rändern des immateriellen Grundes bildlichen Erscheinens zusammenfallen.[37]

Das Phänomen transluzider Fülle mag das Leinwandtuch als materiellen Träger des Bildes unverschleiert hervortreten lassen, sodass sich das Medium der Malerei verdoppelt, und doch sind Zweifel ob des tradierten Begriffs „der sogenannten Malerei"[38] angebracht, „nämlich:

[33] Jean-François Lyotard: „Die Malerei als Libido-Dispositiv" (1973), in: ders.: *Essays zu einer affirmativen Ästhetik*, übers. von Eberhard Kienle und Jutta Kranz, Berlin 1982, S. 45–93, hier S. 60f.

[34] Ebd., S. 50.

[35] Zur begrifflichen Definition des ‚Fall-out' siehe Hubert Klocker: „Gestus und Objekt. Befreiung als Aktion. Eine europäische Komponente performativer Kunst", in: Peter Noever (Hg.): *Out of Actions. Zwischen Performance und Objekt 1949–1979*, Ausst.-Kat. Museum für angewandte Kunst, Ostfildern 1998, S. 159–195, hier S. 160.

[36] Lyotard 1982 (1973), S. 51.

[37] Marin 2006 (1982), S. 68; zur räumlichen Weite des Bildes siehe Günter Figal: „Die Räumlichkeit der Bilder" (2012), in: ders.: *Freiräume. Phänomenologie und Hermeneutik* (= Philosophische Untersuchungen, Bd. 44), Tübingen 2017, S. 149–153, hier S. 150f.

[38] Jean-François Lyotard: „Konservierung und Farbe", in: ders.: *Das Inhumane. Plaudereien über die Zeit*, hg. von Peter Engelmann, übers. von Christine Pries, Wien 1989, S. 245–257, hier S. 245.

pigmenta als *picta*. Der aufgetragenen (*posée*), angelegten (*disposée*), vorgelegten (*proposée*) und ausgestellten (*exposée*) und im Museum niedergelegten (*re-posée*) oder ein für alle Mal aufgetragenen (*posée*), [...] konservierten Farbe."[39] Die ,libidinöse Energetik' drohte tendenziell verschleiert zu werden. Wäre das Werk in chromatischer Form deponiert und konserviert, täte sich, so Lyotard, das Problem des Werkes nicht auf, es sei denn, das Werk würde nach seiner Beziehung zum Ort befragt:[40] Welcher Raum gibt dem Erscheinen des Bildes seinen Ort? Wie muss ein Ort gestaltet sein, damit einem Bild ebenjener Raum zukommt, in dem es seinem ,phänomenalen Raum' gemäß erscheinen kann? Ein solcher Raum sei, so Günter Figal, wesentlich ein „Freiraum, der den Bildern die nötige Offenheit und in diesem Sinne die ,Freiheit' lässt zu erscheinen; das wiederum ist nur so, wenn dieser Raum auch die nötige Weite hat."[41]

Das Bild auf dem Boden auszubreiten, sodass man es potenziell betreten und Ueckers Schritten im eigenen Vollzug des Gehens nachfolgen kann, während man dem Bild zu nah ist, als dass man die gegliederte Weite des simultanen Beieinanders und Nebeneinanders der zur übergeordneten Form eines Kreises verflochtenen Abdrücke sehen könnte, ist *ein* spezifisches Bild-Raum-Ensemble. Dieses ermöglicht den Betrachter*innen zuvorderst, mit ihren Blicken in die schwer durchschaubare Dichte der malerischen Textur einzudringen. Das Kippmoment des körperräumlichen Ausagierens des malerischen Handelns ist wiederum die Möglichkeit eines hinzutretenden *anderen* Bild-Raum-Ensembles. Vom über die Fläche der Wand gespannten Bild werden die Betrachter*innen auf Distanz gehalten. Sie können den Appell vernehmen, das Bild aus derjenigen räumlichen Distanz anzuschauen, die die in ihrem Durchmesser unmittelbar auf die weite Erstreckung der Ränder des Bildträgers bezogene Kreisformation von ihnen fordert, um in ihrer

[39] Ebd.

[40] Lyotard 1982 (1973), S. 88.

[41] Günter Figal: „Deixis Raum Latenz. Wie Bilder die Möglichkeit ihrer Erscheinung zeigen", in: Anja Pompe (Hg.): *Bild und Latenz. Impulse für eine Didaktik der Bildlatenz*, Paderborn 2019, S. 73–85, hier S. 81.

Ganzheit gesehen zu werden. Ganz gleich, an welchen Ausstellungsorten sie realisiert werden, beide Bild-Raum-Ensembles sind nur dann ‚Erscheinungsräume' von *Im Kreis gehen*, wenn sie von einer solchen Weite sind, dass ebendiesem Bild als einem Sichtbaren jener Raum gegeben ist, in dem es seinem ‚phänomenalen Raum' gemäß erscheinen kann. Dann wiederum ist auch dem Sehen der Betrachter*innen diejenige Weite gegeben, die einem spezifischen kinästhetischen Erfahren des Bildes im bewegten Hinsehen und hinsehenden Sichbewegen im gemeinsam mit dem Bild geteilten Raum Vorschub leistet.[42]

Bildraum – Bildzeit – Bildhandeln

In diesem Sinne inkorporiert der phänomenale Bildraum ein basales, von der Körperlichkeit grundiertes und den umhüllenden Raum ‚ausrichtendes' Ordnungssystem, das durch die Geste des Kreises als elementar lineares Ordnungsraster auf die Bildfläche übertragen worden ist.[43] Die Bildfläche ist als ‚Kraftfeld' dynamisch-temporaler Indikatoren gestaltet.[44] Die Bildstrukturen sind sichtbar, die dynamisch-temporalen Indikatoren des Bildfeldes sind für den haptischen Sinn für das eigene Körperschema vernehmbar.[45] Die sinnliche Erregung der Betrachter*innen ereignet sich von der Struktur dieses transmodalen Phänomens her. Mit dem Körperschema nahm die Genealogie der Bildlichkeit ihren An-

[42] Vgl. ebd., S. 79–81; siehe auch Figal 2010, S. 241; sowie Günter Figal: „Intuition Erscheinung Raum. Phänomenologische Überlegungen", in: *Hermeneutische Blätter*, Jg. 28, Nr. 1, 2022, S. 7–16, hier S. 14f.

[43] Vgl. Sybille Krämer: *Figuration, Anschauung, Erkenntnis. Grundlinien einer Diagrammatologie*, Berlin 2016, S. 16.

[44] Boehm 2013, S. 246.

[45] John M. Krois: „Bildkörper und Körperschema" (2011), in: Horst Bredekamp/Marion Lauschke (Hg.): *John M. Krois. Bildkörper und Körperschema. Schriften zur Verkörperungstheorie ikonischer Formen* (= Actus et Imago. Berliner Schriften für Bildaktforschung und Verkörperungsphilosophie, Bd. 2), Berlin 2011, S. 252–271, hier S. 259.

fang.[46] Das Körperschema, das ungesteuert und unbewusst die eigenen Bewegungen vereinheitlicht, indem es einen Zusammenhang zwischen der kontinuierlichen Form der Körperhaltung und den Bewegungen in Raum und Zeit stiftet, bedingt die gefühlte Gestik des eigenen Leibes. Es sei diese Fähigkeit zur Ausdruckswahrnehmung, die, so John M. Krois, Ausdruckssinn auch in Bildern erfahrbar mache.[47]

Betrachtet man die in der Bildfläche beieinander und nebeneinander erscheinenden Farbschleier, nimmt man die aus der Struktur des Malerei-Dispositivs freigesetzte Bewegungsenergie im Rhythmus eines der Struktur des Wahrnehmens angepassten und mit der Malerei ringenden Denkens wahr.[48] Die Farbe indiziert ihren Auftrag durch Vollzug des malerischen Handelns nur deshalb, weil das Wahrnehmen jener durch Einzeichnungen bildräumlicher Strukturen organisierten Fläche von den Betrachter*innen als räumlich-sukzessives optisches Abtasten vollzogen wird. Das Bild ist sichtbares Ikon und mithin ist die Wahrnehmung von räumlicher und zeitlicher Kontinuität selbst ikonisch.[49] Aktualisiert werden die bedeutungsgenerierenden Potenziale des Bildes, weil der ‚Graphismus' als Technik flächiger Einzeichnungen die körperräumlichen Konfigurationen in zwei Dimensionen bildet und umbildet.[50] Im Betrachten der Einzeichnungen aktualisiert man sowohl die Passung der formalen Struktur der dynamisch-temporalen Indikatoren der Bildfläche mit dem Körperschema als auch die Passung der körperschema-

[46] John M. Krois: „Tastbilder. Zur Verkörperungstheorie ikonischer Formen" (2010), in: Horst Bredekamp/Marion Lauschke (Hg.): *John M. Krois. Bildkörper und Körperschema. Schriften zur Verkörperungstheorie ikonischer Formen* (= Actus et Imago. Berliner Schriften für Bildaktforschung und Verkörperungsphilosophie, Bd. 2), Berlin 2011, S. 210–231, hier S. 218.

[47] Krois 2011, S. 258 und S. 270f.

[48] Vgl. Jean-François Lyotard: *Karel Appel: Ein Farbgestus. Essay zur Kunst Karel Appels mit einer Bildauswahl des Autors*, übers. von Jessica Beer, Bern 1998, S. 111.

[49] John M. Krois: „Was sind und was sollen die Bilder?" (2011), in: Horst Bredekamp/Marion Lauschke (Hg.): *John M. Krois. Bildkörper und Körperschema. Schriften zur Verkörperungstheorie ikonischer Formen* (= Actus et Imago. Berliner Schriften für Bildaktforschung und Verkörperungsphilosophie, Bd. 2), Berlin 2011, S. 290–306, hier S. 300 und S. 304.

[50] Krämer 2016, S. 15f.

tisch wahrgenommenen Bildstruktur mit der Struktur des Erkennens des Kreises als einer raumzeitlich entfalteten Form.[51]

Ist das Bild über den Boden ausgebreitet, erschwert die haptische Nähe des Betretens der Bildfläche seine Überschau, die gegliederte Weite des simultanen Beieinanders und Nebeneinanders der zur Form eines Kreises verflochtenen Fußabdrücke ist kaum sichtbar. Und doch reagiert man im bewegten Hinsehen des Betretens der Fläche auf eine Vorgabe des Bildes, die es von sich her ausspielt. Denn aus der Nähe betrachtet tritt des fovealen Sehens wegen lediglich ein lokal begrenztes Umfeld klar aus dem Ganzen des sichtbaren Bildraums hervor, während dessen eigentliche Weite an den Rändern des Sichtfeldes zusehends in Unschärfe versinkt. Erscheint die Textur aus räumlicher Distanz extrem dicht, so ermöglicht das engere foveale Sichtfeld eine Schau, in der sich die Textur lichtet.[52] Obgleich verzögert, ist also ein differenzierendes Erkennen der Formen und Formfragmente möglich: Je näher man herantritt, umso stärker ist das Sichtfeld auf je einen örtlich immer kleineren Teil des Bildraums verengt, während der jeweilige Ort dieses beengten Sehens sich in seiner Eigenschaft, Ort von etwas zu sein, tendenziell aus der Sicht zurückzieht.[53] Er gibt der räumlichen und örtlichen Vervielfachung als zeitlicher Aufsplitterung und undefinierter Summierung kopräsenter Augenblicke am selben Ort und im selben Raum[54] ebenjenen Raum, in dem sie gesehen und bestimmt werden können:[55] Aus der räumlich flächigen Textur tritt die Geschehensdichte der malerischen Handlung in ihrer evidenten, als Text lesbaren Verknappung auf ein je begrenztes Umfeld des Bildraums hervor.[56] Begibt man sich erneut auf Distanz zum Bild, zieht sich die eben noch zu gewinnende Einsicht er-

[51] Vgl. ebd., S. 266.

[52] Günter Figal: „Der Grund und die Räumlichkeit des Grundes" (2012), in: ders.: *Freiräume. Phänomenologie und Hermeneutik* (= Philosophische Untersuchungen, Bd. 44), Tübingen 2017, S. 107–117, hier S. 115f.; zum Begriff der ‚Textur' siehe auch Günter Figal: *Erscheinungsdinge. Ästhetik als Phänomenologie*, Tübingen 2010, S. 221f.

[53] Figal 2017 (2012), S. 114.

[54] Marin 2006 (1982), S. 80f.

[55] Figal 2017 (2012), S. 115.

[56] Vgl. Dirk Westerkamp: *Ikonische Prägnanz*, Paderborn 2015, S. 27.

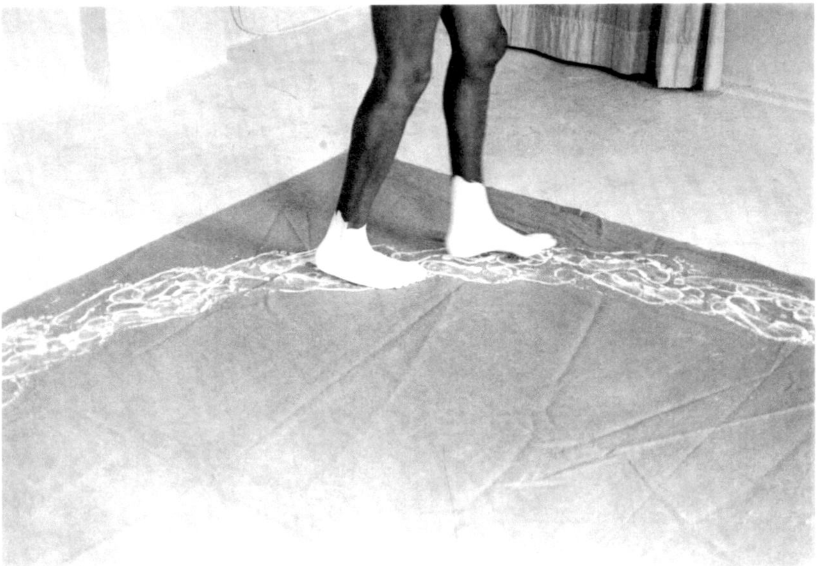

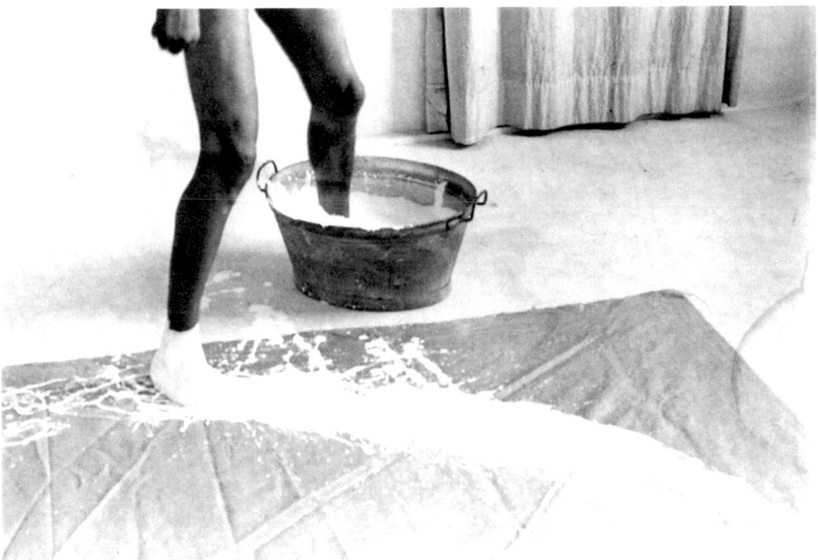

Abb. 41+42: Günther Uecker im Vollzug der Aktion *Im Kreis gehen* | Günther Uecker during the action *Walking in Circles*, 1974/75. Fotos | Photos: Wilfried Kaute

neut in die uneinsichtige Textur zurück.[57] Schleichend drängt sich den Betrachter*innen die Mühsal der unabschließbaren Suche nach Formen auf und die Verzögerung des Formerkennens wird als Modus der aktiven Beteiligung am Rezeptionsprozess bewusst.[58] Gegenüber seiner Ausbreitung am Boden fordert das Bild in seiner wandgebundenen Hängung von den Betrachter*innen wiederum jene räumliche Distanz ein, der gemäß die äußerste Kleinteiligkeit der malerischen Textur im Betrachten eher zu übersehen ist, sodass sich die Aufmerksamkeit auf jene auf die weite Erstreckung der Ränder des Bildträgers bezogene Kreisformation verschiebt. Der Kreis wird nicht nur als geometrische Figur, sondern auch als künstlerische Geste lesbar, als Geste eines die physiologische Bewegungsströmung des malerischen Handelns einkreisenden Wahrnehmens.

Gerade weil im phänomenalen Bildraum die Möglichkeit angelegt ist, distinkte, lesbare Formen sowohl aus der Textur hervorzuholen als auch die Textur hinter der lesbaren Form zurücktreten zu lassen, oszillieren die Betrachter*innen im bewegten Hinsehen und hinsehenden Sichbewegen zwischen den Einstellungen von Distanz und Nähe, zwischen dem Lesen eines Textes und der Unlesbarkeit der malerischen Textur. Ein solch oszillierendes Sehen geschieht in Raum und Zeit, Räumlichkeit und Zeitlichkeit des Bildbetrachtens werden in der körperräumlichen Interaktion mit der Arbeit *Im Kreis gehen* intensiv erfahren. Es ist diese Erfahrung, die das ephemere malerische Bildhandeln Ueckers rezipierbar werden lässt.[59]

[57] Figal 2017 (2012), S. 115.

[58] Raphael Rosenberg: „Verzögertes Formerkennen als ästhetische Erfahrung“, in: Franz Engel/Yannis Hadjinicolaou (Hg.): *Formwerdung und Formentzug* (= Actus et Imago. Berliner Schriften für Bildaktforschung und Verkörperungsphilosophie, Bd. 16), Berlin/Boston 2016, S. 103–121, hier S. 120.

[59] Vgl. Johannes Grave: *Bild und Zeit. Eine Theorie des Bildbetrachtens*, München 2022; siehe dazu auch das von Dirk Westerkamp vorgeschlagene ‚triadische Bildrelationsmodell‘: Dirk Westerkamp: „Schriftbildakte. Begriff, Probleme, Beispiele“ (2018), in: ders.: *Schrift, Bild, Handlung*, Hamburg 2022, S. 9–38, hier S. 18.

Die Rezeption schließt also wesentlich einen sinnlichen, einen nicht prädikativen Sinn in sich ein.[60] Doch ist diese Malerei, ist *Im Kreis gehen*, so wäre mit Lyotard zu fragen, „wirklich fließend, wirklich fluktuierend, ist es wirklich freie, in jedem Augenblick potentiell verwandelbare Energie?“[61] Es ist all dies, weil Uecker ‚Elemente einer De-Konservierung‘[62] der Malerei integrierte. Der Bildraum konserviert die Farbe nicht: Zum einen ist sie untrennbar mit ihrem Auftrag im malerischen Handeln verbunden, zum anderen gibt die Textur der Farbe dem Blick und der körperräumlichen Interaktion sowohl die Weite des Bildraums als auch den Anhalt, zu verweilen, um die lesbare malerische Handlung aus der Textur emporkommen zu lassen. In beiden Einstellungen tritt das Performative emphatisch hervor. Der ‚Flux des Ereignisses‘, das Energetische, das Fließende, die Metamorphose der gestischen Kinesis in eine auf Dauer gestellte Malerei, alles wirkt im Bildraum fort. Den Kontakt stiften immer neue und andere institutionelle Präsentationen, die auf die Anforderungen des phänomenalen Raums des Bildes reagieren; jedes neu realisierte Bild-Raum-Ensemble birgt andere Möglichkeiten der körperräumlichen Interaktion mit dem phänomenalen Raum von *Im Kreis gehen*, jede neue Interaktion lässt die Malerei fluktuieren.[63] Fortwährend werden die originären Inskriptionen des malerischen Handelns aktualisiert. Und so ist die Intensität des Handelns auch noch lange über die Zeit der Bildentstehung hinweg erfahr- und rezipierbar.

[60] Vgl. Gottfried Boehm: „Eine verborgene Kunst. Über Form und Schematismus“, in: ders./Emmanuel Alloa/Orlando Budelacci/Gerald Wildgruber (Hg.): *Imagination. Suchen und Finden*, Paderborn 2014, S. 13–44, hier S. 20.

[61] Lyotard 1982 (1973), S. 89.

[62] Ebd., S. 91.

[63] Vgl. Lyotard 1989, S. 254.

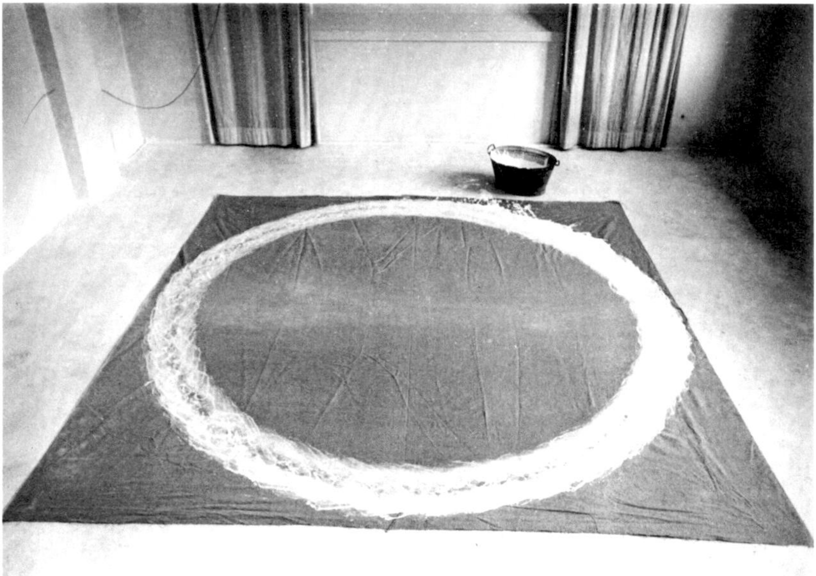

Abb. 43: Das Bild(-Objekt) *Im Kreis gehen* unmittelbar nach dem Vollzug der Aktion | The image(object) *Walking in Circles* immediately after the completion of the action, 1974/75, eines von drei Leinwandtüchern mit Spuren in weißer Farbe | one of three canvases with traces of white paint, je | each 3 × 3 m. Foto | Photo: Wilfried Kaute

Zum Autor

Nick Böhnke (geb. 1985 in Schwerin) ist Wissenschaftlicher Mitarbeiter am Kunsthistorischen Institut der Christian-Albrechts-Universität zu Kiel. Er studierte Kunstgeschichte und Europäische Ethnologie/Volkskunde an der Christian-Albrechts-Universität zu Kiel, wo er 2019 mit einer Studie zu den Aktionen Nam June Paiks im rheinischen Fluxus-Umkreis promoviert wurde, die 2021 unter dem Titel *Nam June Paik. Pionier der Aktionskunst* erschien. Schwerpunkte seiner Forschung und Lehre sind die Performativitätsschübe nach 1945, die Interdependenz von Bild und Handlung, das Verhältnis von Form und Farbe und Bildraum in der Klassischen Moderne sowie Fragen der ästhetischen Bildung unter den Bedingungen der Postdigitalität. Das Günther Uecker Institut förderte sein Forschungsprojekt zu den Strukturreliefs Günther Ueckers der späten 1950er-Jahre mit dem Forschungsstipendium 2022, dessen Ergebnisse 2024 in Band 3 der *Notizen zu Uecker* veröffentlicht wurden.

Abstract

In the seclusion of his Düsseldorf studio, Günther Uecker spread a canvas measuring three by three meters on the floor, dipped his feet in a zinc tub full of white paint and walked in a circular form with a radius directly related to the borders of the canvas. With *Im Kreis gehen* (*Walking in Circles*, 1975), Uecker took up the central concept, variations of which appear frequently in his oeuvre, of imprinting an image with the traces of a body engaged in the actions of a painter. *Im Kreis gehen*, thus, is both an action and an image. In the latter form, it was already shown in some of the first exhibitions of his work in Bochum and Düsseldorf, both stretched on a wall and spread out on a floor. This text asks how the ephemeral action, now that it appears immobilized in an image, is conveyed. To what extent does the ephemeral nature of the performative still reveal itself? As Uecker repeatedly walked the closed circular form, his footprints condensed into a painterly texture. The pictorial space appears as 'translucent,' albeit with a 'depth' that entangles vision in the fine veils of color. This text argues in favor of a focusing on this pictorial space, as it alone frames the conditions for which the image may be situated in the viewer's space and how the pictorial space is to be seen. The bodily-spatial interaction of looking at and looking in movement, an interaction that makes space and time more intensely tangible and allows ephemeral action to be perceived as pictorial content will be a further focus of this contribution.

Nick Böhnke

Pictorial Action and Pictorial Space

On Günther Uecker's Action and Painting *Im Kreis Gehen* (1975)

Günther Uecker explored the field of tension between monochrome painting displaced to the horizontal plane and the act of painting as the execution of a work[1] through the physical working-through of the paint material applied impasto to his grounds, through his 'painterly actions,' the intensity of which he brought to a veritable "pasting and churning up of the picture surface,"[2] and in his completion of the "performative turn"[3] from work to event around the mid-1950s. With the performative impulses of the 1950s and 1960s, with performance art, Fluxus, and happenings, the performative acts of carrying out and staging artistic actions gained an increasing autonomy. In the "flux of the event," these unbounded works unleashed the ephemeral.[4] In the end, everything with a materially bounded form would be left behind like so many empty husks.

The 'painterly act,' this "extreme sensuality of painting that overrides the eye,"[5] is a constant in Uecker's oeuvre. Art historically, it can

[1] In describing Uecker's actionist painting process, S. D. Sauerbier rejects the term performance, which is as vague as it is over-used, as it obscures the physical exertion in the process of the work, which can still be felt in the objects that emerge from it. S. D. Sauerbier: "Von Handlungen: Ansichten zu Objekten, Ereignissen und Situationen," in: *Günther Uecker: Porträt Mensch*, Festschrift des Staatlichen Museums Schwerin, Wien 2016, 266–281, here 267.

[2] Dieter Honisch: "Zwanzig Kapitel," in: Alexander Tolnay (ed.): *Günther Uecker: Zwanzig Kapitel*, Ostfildern-Ruit 2005, 32–176, here 34.

[3] Dieter Mersch: *Ereignis und Aura: Untersuchungen zu einer Ästhetik des Performativen*, Frankfurt a. M. 2002, 157.

[4] Gottfried Boehm: "Form und Zeit: Relationen zwischen Bild und Performance," in: Erika Fischer-Lichte/Kristiane Hasselmann (eds.): *Performing the Future: Die Zukunft der Performativitätsforschung*, München 2013, 241–252, here 242.

[5] Dieter Honisch: *Uecker*, Marion Haedeke (ed.), Stuttgart 1983, 18.

be traced back to Dutch painting of the 17th century, when the direct and active involvement of the hand and its motivity in the formal act of painting became increasingly visible; a phenomenon for which the term '*Handeling*' was established.[6] *Handeling* refers to a painting that exists in the fragile area of interference between gestural kinesis and the enduring image, in the transition between the spatial-successive unfolding of painterly acts and their markings as they coagulate into a comprehensible, simultaneously visible image surface. By making the image a venue for the tensions between optical and haptic perception of a pictorial space,[7] Uecker accentuates the fragile transition between them and renders it perceptible. *Im Kreis gehen*[8] exposes the performative nature of the iconic; it is both action and image.

Only in the presence of photographers, who documented the action with still or moving images, did Uecker perform these painterly actions, from which three extremely similar images of identical dimensions emerged, some of which are now spread out on a floor, others stretched out on a wall. The action resulted in an image that plays with the ambivalence of the concept of 'pictorial space': is such a space the object of a pictorial representation that seeks to relate to the contemplation of that space, or is the appearance of the pictorial space not essentially an effect of the physical-spatial interaction between the viewer

[6] Yannis Hadjinicolaou: "Malen, Kratzen, Modellieren: Arent de Gelders Farbauftrag zwischen Innovation und Tradition," in: Markus Rath/Jörg Trempler/Iris Wenderholm (eds.): *Das haptische Bild: Körperhafte Bilderfahrung in der frühen Neuzeit* (Actus et Imago. Berliner Schriften für Bildaktforschung und Verkörperungsphilosophie, vol. 7), Berlin 2013, 227–252, here 230f. and 247f.

[7] Cf. Nick Böhnke: *The Withdrawn Touch: Structure, Temporality, and Haptics of Painterly Action in Günther Uecker's Early Structural Reliefs*, in: Katharina Neuburger (ed.): *Notes on Uecker*, vol. 3, Berlin 2024.

[8] The action and image/object are included in the following catalogues: Dieter Honisch: Uecker, catalogue raisonné edited by Marion Haedeke, Stuttgart 1983, 242, no. 906–907; Dorothea van der Koelen/Martin van der Koelen (eds.): *Günther Uecker: Opus Liber: Verzeichnis der bibliophilen Bücher und Werke 1960–2005*, Mainz 2007, 142–145, signature L 7503; Katrin Salwig/Klaus Gereon Beuckers: "Verzeichnis der Aktionen von Günther Uecker 1959–1975," in: ibid. (eds.): *Günther Uecker: Die Aktionen*, Petersberg 2004, 219–229, here 228, no. 37.

and the image in the space?[9] The image that emerged from the painterly act is to be considered as one distinctly intertwined with the space of its presentation. Thus the physical presence of a viewer in this 'image-space ensemble,'[10] their movements through the 'image-space ensemble' and their viewing of the 'image-space ensemble,' have a decisive effect on the conditions of its reception. One could ask how the meaning-generating potentialities of the immediately perceived 'image-space ensemble' are actualized in such a way that the already occurred, ephemeral interplay of space and time, action and image can be received.

The Painterly Act of Walking in Circles

In his review of Uecker's solo exhibition at the Bochum, Germany Galerie m in April and May 1975, which included pieces from Uecker's beginnings up to his most recent works of the time, Heiner Stachelhaus praised the show's successful tracing of a development from surface to space, whereas the parallel show *Bilder aus Lodz* at the Denise René - Hans Mayer Gallery in Düsseldorf seemed rather "inconsequent," as, he argued, it failed to take up the artist's overcoming of painterly appearance through his use of the nail as a means of spatializing the image.[11] One of the three versions of *Im Kreis gehen* was shown at each venue. How-

[9] Dominic E. Delarue/Thomas Kaffenberger/Christian Nille: "Bildräume | Raumbilder: Einleitung der Herausgeber," in: ibid. (eds.): *Bildräume | Raumbilder: Studien aus dem Grenzbereich von Bild und Raum,* Regensburg 2017, 9–39, here 10f.

[10] Christina Strunck: "Grundlagen der Bild-Raum-Wissenschaft. Terminology, Methods, Research Approaches," in: ibid. (ed.): *Bild-Raum-Wissenschaft: Studies on Spatially Embedded Art,* Berlin 2024, 7–82, here 11f. Christina Strunck uses the term 'Bild-Raum-Wissenschaft' to describe the analysis of two-, three-, or four-dimensional images in their spatial and temporal context. Both the aesthetic mechanisms of action and the communicative functions of 'image-space ensembles' are included. Ibid., 8f. In this context, Franz Engel speaks of the triadic relationship between image, image location, and the viewer. Franz Engel: "Bildort," in: Marion Lauschke/Pablo Schneider (eds.): *23 Manifeste zu Bildakt und Verkörperung,* Berlin/Boston 2018, 35–41, here 38.

[11] Heiner Stachelhaus: "Hoch-Zeit für Günther Uecker: Zu zwei Ausstellungen in Düsseldorf und Bochum," in: ibid.: *Auf den Punkt gebracht: Kunstkritiken 1963 bis 1985,* Recklinghausen 1985, 96–97, here 97.

ever, while in Düsseldorf the decision was made to spread the image out on the floor and weigh it down with stones at all four corners (fig. 39 p. 230), in Bochum it was hung on the wall (fig. 40 p. 231). In contrast to the presentation on the floor, which preserves the original horizontality of the painterly act and thus emphasizes its praxis, the upright verticality drew attention to the mediality of the painting.

The three-by-three-meter canvas that had been spread out on the floor during the execution of the work formed the condition for the possibility of the painterly act of walking in a circle. Just as one picks up paint from the palette with a brush, Uecker dipped his feet into a zinc tub full of white paint in order to apply the white to the cloth (fig. 41+42 p. 241). Not only did he realize the possibility of painting the cloth in the course of the action in order to transform what was previously mere surface into a square picture plane,[12] he also realized the rotation around the center of the support by abstracting from the dimensions of the image support to a line segment. He realized the action of a circle to be walked whose radius was in immediate relation to the image surface.

His feet whitewashed, Uecker walked the circle he had first drawn over and over again, so that the individual footprints gradually overlapped and were condensed into a diaphanous circular form. With each of his steps, Uecker brought the circular form more into being, even though achieving this closed form was not the goal of the action. For even when he had brought it to a closed state, he continued to ceaselessly walk about the circular formation. In the redundancy of this activity, freed as it was from any purpose of completing the form, he demonstrated the difference within the gesture, the artistic difference that lends the ostensibly intended painting of a circular line a dimension that goes beyond mere intention. The painterly act is first and foremost an act made for the sake of the carrying out and perfor-

[12] Ludger Schwarte: "Negation durch Farbe – ein Versuch über die Kulturtechnik Malen," in: Meret Kupczyk/ibid./Charlotte Warsen (eds.): *Kulturtechnik Malen: Die Welt aus Farbe erschaffen,* Paderborn 2019, 21–45, here 26.

mance of this act.[13] Like many figures of the European and American avant-garde during the 1950s and 1960s, Uecker was influenced by East Asian thought. Adapting the Daoist practice of *ganying*,[14] Uecker saw that the line in painting could itself become the force and tension of its own self-forming towards form; it could be left to form itself.[15] Action is based on a conscious perception of the physiological flow of movement. The momentary event of 'finding-oneself-in-formation' should be captured as 'neutrally' as possible.[16] Uecker refers to this himself when he speaks of the sensual presence of the imprint and the impression of a sensibility that can only be witnessed in the close-up acting out of the painterly act,[17] whereas this sensibility evaporates into an insufficient sensual presence[18] as soon as the images are removed from the realm of the close-up to the optical distance assumed by a viewer.

Praxis and Mediality in the Painterly (Image) Act

In the flow of movement of the progressive lifting and lowering of one foot after the other, they would each time detach themselves from the cloth as soon as they had touched it. What remained were imprints, fine veils of color, in which the hovering sway of the foot above the ground was rendered visible.[19] On the one hand, the painterly act is a 'proto-cultural technique' without reference to what it depicts: in

[13] Cf. Jean-Luc Nancy: "Gestural Pleasure," in: ibid.: *The Pleasure in Drawing*, Philip Armstrong (trans.), New York 2013 (2009), 37–43, here 39.

[14] Xiao Xiao: "Günther Uecker's Artistic Actions: An Intercultural Analysis," in: Katharina Neuburger (ed.): *Notes on Uecker*, vol. 2, Berlin/München 2023, 52.

[15] Cf. Nancy 2013, 39.

[16] Xiao 2023, 52.

[17] Accordingly, Georges Didi-Huberman characterizes the imprint as a withdrawal of sensual contact. Georges Didi-Huberman: *Ähnlichkeit und Berührung. Archäologie, Anachronismus und Modernität des Abdrucks*, Köln 1999, 190.

[18] Cf. "'Mein Scheitern ist meine Kunst' – Ein Gespräch zwischen Günther Uecker und Dieter Honisch am 27. März 1993," in: *Der geschundene Mensch: 14 befriedete Gerätschaften*, Ostfildern-Ruit 1993, 12–52, here 23.

[19] Cf. Jean-Luc Nancy: "Strange Foreign Bodies," in: *Corpus II: Writings on Sexuality*, Anne O'Byrne (trans.), New York 2013, 82–92, here 92.

primordial markings, at first a surface, then a textile was transformed into a pictorial field.[20] On the other hand, and at the same time, such markings, although they may not depict anything, are subject to the representational logic of painting: the imprints are visible as paint, the paint is index of its own application.[21] As the painterly act follows along with itself, an image emerges that now demonstrates its own mediality, the distance—albeit not too great—of a suspension, the distance of an only momentary touching; a touching that acquires form in the surface of the appearance of the image. The medium doubles itself.[22] Between near and far, between the haptic touch and the distanced gaze, the separation of the painting body from itself emerged. The feet, in pressing, also push away from the image support; the body is alienated from itself. This alienation in distance delineates the room in which the intentional gesture of showing and depicting pictorially exists.[23] This did not, however, become a theme in 'classical' painting. Until the end of the 19th century, the spatial dialectic of canvas and ground—the dialectic of material image support and immaterial image ground as the surface of pictorial appearance—remained hidden by the background of the unfathomable depths of an illusionistic 'space of painting.' The transparent wall of the image ground was made visible.[24]

Although they overlap each other in the concrete materiality of (temporal) layers, the fine veils of color still allow the material ground of

[20] Ludger Schwarte: *Denken in Farbe: Zur Epistemologie des Malens,* Berlin 2021, 19; Cf. also Schwarte 2019, 26; Ludger Schwarte: "Epistemologien des Färbens," in: *figurationen: gender – literatur – kultur,* Vol. 17, no. 1, 2016, 39–52, here 44.

[21] Günter Figal: "Bildpräsenz: Zum deiktischen Wesen des Sichtbaren" (2010), in: ibid.: *Kunst. Philosophische Abhandlungen*, Tübingen 2012, 299–309, here 303 and 305.

[22] Cf. Michael Lüthy: "Engführung: Malerei als 'Diskursarena' und als Kunst," in: Georg W. Bertram/Stefan Deines/Daniel Martin Feige (eds.): *Die Kunst und die Künste: Ein Kompendium zur Kunsttheorie der Gegenwart*, Berlin 2021, 317–336, here 331ff.

[23] Jean-Luc Nancy: "Painting in the Grotto," in: ibid.: *The Muses*, Peggy Kamuf (trans.), Stanford 1996 (1994), 69–81.

[24] Louis Marin: "L'Espace Pollock" (1982), *MLN* 135, no. 4, Johns Hopkins University Press, 2020: 839–858.; Cf. also Jean-Luc Nancy: "The Image – The Distinct," in: ibid.: *The Ground of the Image*, Jeff Fort (trans.), New York 2005, 1–14, here 7f. According to Jean-Luc Nancy, it is the essential feature of the image that it can be both lifted from a ground and cut out from a ground, detached from it and released from it.

the canvas to show through. One becomes aware of the optical phenomenon of a depth residing in the space between the material image carrier and the immaterial image ground, a phenomenon that allows a little of the opacity of the material and a little of the transparency of the optical depth to be preserved, while the materiality of the pigments on the surface dissolves as if *towards* the eye (fig. 43 p. 244). Louis Marin speaks of the phenomenon of "translucent depth."[25] Not solely confined to the referential illusion, the space of the painting endures without reference to the visual space.[26] A pictorial spatiality can only be sensed in an "interstitial space ... a world of space-time intervals."[27] And therefore, it is impossible to "play off referential illusion against pictorial abstraction,"[28] impossible to separate the haptic materiality of the sedimented painterly action from the optical phenomenon of the intentional gesture of pictorial showing, impossible to pin down the encounter with the image to an optically distant or extremely haptically approximate vision.[29]

Pictorial Spatiality

Now that the illusionistic 'space of painting' has been dealt with, one may ask what the relationship is between the 'space of the viewer' and the 'space of the painting.' The one space unfolds in the dialectic of the position of and path taken by the viewer. It allows for both distance and proximity to the image and is navigated via the interaction and

[25] Marin 2020 (1982).

[26] According to Kurt Badt, the various art-historical terms used to describe a specific pictorial spatiality arise from the erroneous assumption that the most diverse artistic facts, representational structures and modes of representation can be related to the space assumed to be vividly known. Kurt Badt: *Raumphantasien und Raumillusionen*, Köln 1963, 19–23.

[27] Marin 2020 (1982).

[28] Ibid.

[29] Jean-Luc Nancy refers to vision as a touch that brings the whole point to a head. What painting gives us to see when it demonstrates its mediality as such is the moment when the touch of brush and painting surface detached itself at the moment of touching. Jean-Luc Nancy: *Noli me tangere: On the Raising of the Body*, Sarah Clib, Pascale-Anne Brault, and Michael Naas (trans.), New York 2008 (2003), 51.

unconscious coordination with the way in which the image presents its visibility.[30] The other space emerges in the spatial dialectic of material image carrier and immaterial image ground as well as the dialectic of edges and borders;[31] both interact in the aesthetic experience of the image-space ensemble. This in turn underpins the reception of the specific, temporally extended performative significance of the image.[32]

In the actional execution of walking in a circle, Uecker's action unfolded in a distinct sequence of physical movements which, as soon as they had coagulated into the interweaving of temporal succession and achronic simultaneity of the linear configurations of two-dimensional inscriptions, became effective through the formation of the circle and remained so from then on. For Uecker's painterly action followed a specific dispositive of painting: through the gesture of the chromatic inscription of the foot on the ground, an "energy channeling" of all that was involved in painting took place.[33] In such a case, according to Jean-François Lyotard, it is "enough to open one's eyes, in order to receive the flow of energy that this painting emits from its entire surface."[34]

Once the action was completed, the painted canvas was not merely left behind as an object and material painting surface, one which now presented the traces of the emphatically performative application of paint through the imprint of the feet. The canvas is less a 'fall-out'[35] of the action than it is a 'polymorphous' painting.[36] The canvas itself is

[30] Marion Lauschke: "'Experience Comes Whole': Zum Rhythmus der Kunsterfahrung," in: Franz Engel/Sabine Marienberg (eds.): *Das entgegenkommende Denken: Verstehen zwischen Form und Empfindung*, Berlin 2016, 75–86, here 82 and 86.

[31] Marin 2020 (1982).

[32] Marion Lauschke: "Ikonische Formprozesse und Affordanzen: John Dewey und Paul Klee," in: ibid./Johanna Schiffler/Franz Engel (eds.): *Ikonische Formprozesse: Zur Philosophie des Unbestimmten*, Berlin/Boston 2018, 45–62, here 53.

[33] Jean-François Lyotard: "Painting as a Libidinal Set-up (Genre: Improvised Speech)" (1973), in: Keith Crome/James Williams (eds.): *The Lyotard Reader and Guide*, Keith Crome and Mark Sinclair (trans.) Edinburgh 2006, 302–329, here 308.

[34] Ibid., 305.

[35] For a definition of the concept of the "fall-out," cf. Hubert Klocker: "Gestus und Objekt: Befreiung als Aktion: Eine europäische Komponente performativer Kunst," in: Peter Noever (ed.): *Out of Actions: Zwischen Performance und Objekt 1949–1979*, Ostfildern 1998, 159–195, here 160.

[36] Lyotard 2006 (1973), 328.

an image. The traces of the performative process are visible solely as color, as interwoven veils of white paint on the painting ground. They form that interwoven texture of the 'space of painting,' which is difficult to determine in its apparent depth, and which shows itself as the structured expanse of a simultaneous coexistence and juxtaposition within those boundaries that only coincidentally coincide with the edges of the image ground, with the edges of the immaterial ground of pictorial appearance.[37]

The phenomenon of translucent depth may allow the canvas to emerge unveiled as the material carrier of the image, in such a way that the mediality of painting is doubled, and yet doubts are justified as to the traditional concept of "what is called painting,"[38] "[o]r: *pigmenta* as *picta*. Colour, posed, disposed, proposed, exposed. And, in the museum, re-posed, or posed once for all times, already and still posed and to be posed. Conserved, we say."[39] The 'libidinous energetics' tended to be obscured. If the work were deposited and preserved in chromatic form, the problem of the work would not arise, according to Lyotard, unless the work were questioned in terms of its relationship to place:[40] What space gives the appearance of the image its place? How must a place be designed so that an image has the space in which it can appear according to its 'phenomenal space'? According to Günter Figal, such a space is essentially a "free space that gives the images the necessary openness and, in this sense, the 'freedom' to appear; this, in turn, is only the case if this space also has the necessary openness."[41]

[37] Marin 2020 (1982). On the spatial expanse of the image, cf. Günter Figal: "Die Räumlichkeit der Bilder" (2012), in: ibid.: *Freiräume: Phänomenologie und Hermeneutik*, Tübingen 2017, 149–153, here 150f.

[38] Jean-François Lyotard: "Conservation and Colour," in: ibid.: *The Inhuman: Reflections on Time*, Geoffrey Bennington and Rachel Bowlby (trans.), Cambridge/Oxford 1991, 144–151, here 144.

[39] Ibid.

[40] Lyotard 2006 (1973), 312 and 315.

[41] Günter Figal: "Deixis Raum Latenz: Wie Bilder die Möglichkeit ihrer Erscheinung zeigen," in: Anja Pompe (ed.): *Bild und Latenz: Impulse für eine Didaktik der Bildlatenz*, Paderborn 2019, 73–85, here 81.

Spreading the image out on the floor so that one can potentially trespass it and follow Uecker's steps in the act of walking, while being too close to the image to see the articulated expanse of the simultaneous coexistence and juxtaposition of the imprints interwoven into the overarching form of a circle, is one specific image-space ensemble. First and foremost, this enables the viewer's gaze to penetrate the nearly opaque density of the painterly texture. The physical-spatial acting out of the painterly action can, in turn, tip over into the possibility of the appearance of another image-space ensemble. The viewer is kept at a distance by the image stretched across the surface of the wall. They can heed the call to view the image from the spatial distance that the circular formation, whose diameter is related in an immediate way to the extension of the edges of the picture support, demands of them in order to be seen in its entirety. Regardless of the exhibition venues in which they are realized, both image-space ensembles are only 'spaces of appearance' in *Im Kreis gehen* if they are of such an extent that this image—as a visible image—is given the space in which it can appear according to its 'phenomenal space.' Then, in turn, the viewer's gaze is also offered the kind of expanse that encourages a specific kinesthetic experience of the image in viewing, and viewing and moving, in the space shared with the image.[42]

[42] Cf. ibid., 79–81; Figal 2010, 241; Günter Figal: "Intuition Erscheinung Raum: Phänomenologische Überlegungen," in: *Hermeneutische Blätter*, vol. 28, no. 1, 2022, 7–16, here 14f.

In this sense, the phenomenon of the pictorial space incorporates a basic system of order, grounded in physicality and an 'aligning' with the encompassing space, which has been transferred to the image surface through the gesture of the circle as an elementary linear grid of order.[43] The image surface is designed as a 'force field' of dynamic-temporal indicators.[44] The image structures are visible; the dynamic-temporal indicators of the image field are perceptible to the haptic sense of the viewer's own body schema.[45] The sensual excitement of the viewer arises from the structure of this transmodal phenomenon. The genealogy of the image began with the body schema.[46] The body schema, which uncontrollably and unconsciously unifies one's own movements by creating a connection between the continuous form of the bodily posture and its movements in space and time, determines the perceived gestures of one's own body. It is this ability to perceive expression that, according to John M. Krois, makes it possible to experience the meaning of expression in images.[47]

If one looks at the veils of color appearing with and next to each other on the image surface, one perceives the kinetic energy released from the structure of the painting dispositive in the rhythm of a thinking adapted to the structure of perception and that wrestles with painting.[48] The paint only indicates its task of carrying out the painterly action

[43] Cf. Sybille Krämer: *Figuration, Anschauung, Erkenntnis: Grundlinien einer Diagrammatologie*, Berlin 2016, 16.

[44] Boehm 2013, 246.

[45] John M. Krois: "Bildkörper und Körperschema" (2011), in: Horst Bredekamp/Marion Lauschke (eds.): *John M. Krois: Bildkörper und Körperschema. Schriften zur Verkörperungstheorie ikonischer Formen*, Berlin 2011, 252–271, here 259.

[46] John M. Krois: "Tastbilder: Zur Verkörperungstheorie ikonischer Formen" (2010), in: Horst Bredekamp/Marion Lauschke (eds.): *John M. Krois: Bildkörper und Körperschema: Schriften zur Verkörperungstheorie ikonischer Formen*, Berlin 2011, 210–231, here 218.

[47] Krois 2011, 258 and 270f.

[48] Cf. Jean-François Lyotard: *Karel Appel: A Gesture of Colour*, Peter W. Milne (trans.), Leuven 2009.

because the perception of that surface organized by the drawing into it of pictorial-spatial structures is carried out by the viewer as a spatial-successive optical scanning. The image is a visible icon and, thus, the perception of spatial and temporal continuity is itself iconic.[49] The meaning-generating potential of the image is actualized because 'graphism,' as a technique of two-dimensional inscription, forms and transforms the body-spatial configurations in two dimensions.[50] In viewing the drawings, one actualizes both the conformance of the formal structure of the dynamic-temporal indicators of the image surface with the body schema and the conformance of the body-schematically perceived image structure with the structure of the recognition of the circle as a spatiotemporally emergent form.[51]

If the image is spread out on a floor, the haptic proximity of stepping onto the image surface makes it difficult to survey; the structured expanse of the simultaneous coexistence and juxtaposition of the footprints interwoven to form a circle is barely visible. And yet, in the moving gaze of stepping onto the surface, one reacts to a demand of the image that it reveals from within. For when viewed from close up, only a locally limited environment emerges clearly from the whole of the visible pictorial space due to foveal vision, while its actual expanse at the edges of the field of vision increasingly recedes into blurriness. If the texture appears extremely dense from a spatial distance, the narrower foveal field of vision enables a view in which the texture thins out.[52] Although delayed, a differentiated recognition of the forms and fragments of form is thus possible: the closer one approaches, the more the field of vision is narrowed to a locally smaller and smaller part of the image space, while the respective location of this constricted vision tends to

[49] John M. Krois: "Was sind und was sollen die Bilder?" (2011), in: Horst Bredekamp/ Marion Lauschke (eds.): *John M. Krois: Bildkörper und Körperschema: Schriften zur Verkörperungstheorie ikonischer Formen*, Berlin 2011, 290–306, here 300 and 304.

[50] Krämer 2016, 15f.

[51] Cf. ibid., 266.

[52] Günter Figal: "Der Grund und die Räumlichkeit des Grundes" (2012), in: ibid.: *Freiräume: Phänomenologie und Hermeneutik*, Tübingen 2017, 107–117, here 115f.; on "Texture," cf. Günter Figal: *Erscheinungsdinge: Ästhetik als Phänomenologie*, Tübingen 2010, 221f.

withdraw from view in its quality of being the location of something.[53] The spatial and local multiplication, as a temporal fragmentation and undefined summation of co-present moments, is given—at the same place and in the same space[54]—the very space in which they can be seen and determined:[55] the density of the events of the painterly action emerges from the spatially flat texture in its evident reduction, readable as text, to a limited environment of the pictorial space.[56] If one distances oneself from the image again, the insight that was nearly gained withdraws once more into the opaque texture.[57] The viewer is gradually forced into the travail of an inconclusive search for forms and the delay in recognizing form becomes conscious as a mode of active participation in the reception process.[58] In contrast to its being spread out on the floor, a wall hanging of the image demands from the viewer a spatial distance that makes it easier to overlook the extreme intricacy of the painterly texture while viewing it, such that attention shifts to the circular formation related to the wide extension of the edges of the image support. The circle becomes legible not only as a geometric figure, but also as an artistic gesture, as a gesture of perception that encircles the physiological movement of painterly action.

Precisely because the phenomenal pictorial space offers the possibility of both bringing out distinct, legible forms from the texture and allowing the texture to recede behind the legible form, the viewer oscillates between the attitudes of distance and proximity, between reading a text and the illegibility of the painterly texture. Such oscillating vision takes place in space and time; the spatiality and temporality of looking at an image are intensely experienced in the spatiotemporal interaction

[53] Figal 2017 (2012), 114.
[54] Marin 2020 (1982).
[55] Figal 2017 (2012), 115.
[56] Cf. Dirk Westerkamp: *Ikonische Prägnanz*, Paderborn 2015, 27.
[57] Figal 2017 (2012), 115.
[58] Raphael Rosenberg: "Verzögertes Formerkennen als ästhetische Erfahrung," in: Franz Engel/Yannis Hadjinicolaou (eds.): *Formwerdung und Formentzug*, Berlin/Boston 2016, 103–121, here 120.

with *Im Kreis gehen*. It is this experience that makes Uecker's ephemeral painterly pictorial action perceivable.[59]

From Work to Event

Reception thus essentially includes a sensual, a non-predicative sense.[60] But is this painting, is *Im Kreis gehen*, one might ask, with Lyotard, "really fluid, really fluctuating? Is it energy that is really free and potentially transformable at any moment?"[61] It is all this because Uecker integrated "elements of a de-conservation"[62] of painting. The pictorial space does not conserve the paint: on the one hand, it is inseparable from its task in the painterly action; on the other, the texture of the paint gives the gaze and the spatiotemporal interaction both the limits of the pictorial space and the stimulus to linger in order to allow the legible painterly action to emerge from the texture. In both settings, the performative emerges emphatically. The 'flux of the event,' the energetic, the flowing, the metamorphosis of the gestural kinesis into a permanent painting, everything continues to have an effect in the pictorial space. New and different institutional exhibitions that react to the requirements of the phenomenal space of the image constantly create contact; each newly realized image-space ensemble holds other possibilities of body-space interaction with the phenomenal space of *Im Kreis gehen*; each new interaction causes the painting to fluctuate.[63] The original inscriptions of the painterly action are constantly being actualized. In this way, the intensity of the action can be experienced and received long after the creation of the work.

[59] Cf. Johannes Grave: *Bild und Zeit: Eine Theorie des Bildbetrachtens*, München 2022; the "triadic image relation model" proposed by Dirk Westerkamp, cf. Dirk Westerkamp: "Schriftbildakte: Begriff, Probleme, Beispiele" (2018), in: ibid.: *Schrift, Bild, Handlung*, Hamburg 2022, 9–38, here 18.

[60] Cf. Gottfried Boehm: "Eine verborgene Kunst: Über Form und Schematismus," in: ibid./ Emmanuel Alloa/Orlando Budelacci/Gerald Wildgruber (eds.): *Imagination: Suchen und Finden*, Paderborn 2014, 13–44, here 20.

[61] Lyotard 2020 (1973), 326.

[62] Ibid., 328.

[63] Cf. Lyotard 1991, 150f.

About the Author

Nick Böhnke (b. 1985 in Schwerin, Germany) is a research assistant at the Institute of Art History at Kiel University. He studied art history and European ethnology/folklore at Kiel University, where he completed his doctorate in 2019 with a study on Nam June Paik's actions in the Rhenish Fluxus circle, which was published in 2021 under the title "Nam June Paik: Pioneer of Action Art." His research and teaching focuses on the post-1945 performativity movements, the interdependence of image and action, the relationship between form and color in classical modernism, and questions of aesthetic education under the conditions of post-digitality. The Günther Uecker Institute supported his research project on Günther Uecker's structural reliefs from the late 1950s with its 2022 research grant, the results of which were published in volume 3 of *Notizen zu Uecker* in 2024.

Abstract

In dem Moment, in dem Sie diesen Text lesen und weil Sie ihn lesen, ändern sich die Zustandsräume und mit ihnen ändern Sie sich. Zustandsräume zu erfassen ist unmöglich. Die Darstellung von Zustandsräumen basiert auf fehlerbehafteten Beobachtungen, die sogar Mathematik und Informatik zu Schätzungen verleiten, die eine Annäherung an den Zustandsraum über das Kalman-Filter ermöglichen – einen weit verbreiteten Algorithmus zur Zustandsschätzung linearer und nichtlinearer Systeme. Bewegungsgleichungen helfen, sich stetig verändernde Positionen und Geschwindigkeiten zu schätzen. Die Ahnung und die Darstellung von Zustandsräumen sind also unscharf, fehleranfällig und spekulativ. Wir bewegen uns auf unsicherem Gebiet. Wieso bewegen wir uns in dieses Terrain Vague? Wie sieht der Transfer zu einer erweiterten künstlerischen, gestalterischen Praxis aus und wie sind dann wiederum die Zusammenhänge im existenziellen Gefüge? Welche notwendigen Methoden, *skills and tools,* verlangt die Orientierung im Zustandsraum? Was hilft der Operation im Offenen, in dem nichts bleibt, wie es ist, und doch was wird?

Georg Winter

Zustandsräume
Redemanuskript

Wenn von Zustandsräumen gesprochen wird, liegen bereits unzählige Raumvorstellungen vor. Vilém Flusser sieht uns in seinem Aufsatz *Räume* als „jene Lebewesen, die ‚Organismus' heißen" und Röhren sind, „durch deren eine Öffnung die Welt hereinfließt, um durch die andere wieder hinauszufließen." Claude Lévi-Strauss verschärft die Röhrensituation, indem er unser dominantes Gesellschaftssystem als „anthropemein" bezeichnet, also Röhren, die nach dem griechischen ‚emein' funktionieren: ‚erbrechen' und ‚ausspeien', was unbequem ist und sich schwer verdauen lässt. Zygmunt Bauman sieht Röhrensysteme als das, was das überflüssig Erscheinende hinausspült.

Ist es das Räumende und nicht das Räumliche, was den Raum ausmacht?

Es deutet sich in diesen Modellen schon eine Überdrüssigkeit an der anthropozentrischen Raumwahrnehmung an. Viele Raummodelle sind nützlich und spielen ihre Rolle im Alltag. Alle jedoch veranschaulichen Aspekte, die auf die menschliche Wahrnehmung aufbauen. Schwieriger wird es, wenn es um Zustandsräume geht, die sich, während wir hier sitzen und ich diesen Beitrag formuliere, bereits so verändert haben, dass sie nicht aussprechbar sind und wir Menschen keine Möglichkeit haben, sie zu erfassen. Die Fassungslosigkeit verunsichert uns zum einen, ändert uns zum anderen in einem unhaltbaren und unaufhaltbaren Zustand. Zustandsräume zu erfassen ist unmöglich. Die Darstellung von Zustandsräumen basiert auf fehlerbehafteten Beobachtungen, die sogar Mathematik und Informatik zu Schätzungen verleiten, die eine Annäherung an den Zustandsraum über das Kalman-Filter ermöglichen (ein weit verbreiteter Algorithmus zur Zustandsschätzung linearer und nichtlinearer Systeme). Bewegungsgleichungen helfen, sich stetig verändernde Positionen und Geschwindigkeiten zu schätzen. Die Ahnung und die Darstellung von Zustandsräumen sind also unscharf, fehleranfällig und spekulativ. Wir bewegen uns auf unsicherem Gebiet. Wieso bewegen wir uns dann in dieses Terrain Vague? Wie sieht der Transfer zu einer erweiterten künstlerischen, gestalterischen Praxis aus und wie sind dann wiederum die Zusammenhänge im existenziellen Gefüge? Welche notwendigen Methoden, *skills and tools*, verlangt die Orientierung im Zustandsraum? Was hilft der Operation im Offenen, in der nichts bleibt, wie es ist, und doch was wird? Ist es zum Beispiel die von Karen Barad vorgeschlagene kritische Praxis der „Diffraktion“: „Eine diffraktive Methodik bietet die Möglichkeit, wichtige Einsichten und Ansätze durcheinander zu lesen und dabei auf Berührungspunkte zu achten.“ Oder ist es die von den Spekulativen Nomad*innen Völklingen in eine Praxis transferierte „Carrier-Bag Theory“ nach Ursula K. Le Guin? Sammeln, Verbindungen finden, nicht auf einen Punkt bringen, eher in Verhältnisse setzen, Situationen erfassen, Zwischenräume aushalten, Intra-Aktionen suchen?

Die Beschäftigung mit Zustandsräumen verlangt Kontrollverlust, ein Werden, eine Offenheit, die Aufgabe von Privilegien. Sie braucht Embodiment, psychotektonische Membrane, die Erweiterung der beteiligten Aktant*innen in Prozessen und noch so einiges, was Risiken birgt und die notwendige Unsicherheit der Zustandsräume als Eins-zu-eins-Modelle der Erlebnisräume erfahrbar macht.

Wenn man sich ‚zu‘ als ein Moment der Bewegung und ‚stand‘ als Ergebnis einer Positionierung denkt, dann erscheint der Begriff ‚Zustand‘ in sich schon dynamisch. In Verbindung mit ‚Räumen‘, die ja nach Martina Löw (*Raumsoziologie*) erst durch Verhandlungen definiert werden, werden ‚Zustände‘ dynamisch. In Zustandsräumen können wir einiges bewegen, einiges bewegt uns, wenn wir uns tatsächlich darauf einlassen. Die Bereitschaft, sich auf diesem unsicheren Grund zu bewegen, erfordert andere Werkzeuge und Fähigkeiten als die zur Simulation von sicherem Grund notwendigen. Das Spekulativ-Nomadische verlangt zum Beispiel eine Verbindung von Vergangenheit, Gegenwart und Zukunft im Verhältnis zu den existenziellen Bedingungen der Körper oder Aktant*innen. Es sind antizipatorische Fähigkeiten, die ein Embodiment verändern, das als Teil eines Gefüges intra-aktiv Zustände erzeugt. Diesen Vorgang veranschaulichen bildgebende Verfahren wie die PFG-NMR (*pulsed-field-gradient nuclear magnetic resonance*), eine spezielle Technik der Kernspinresonanzspektroskopie. Sie zeigt nicht nur einen Zustand als Bild, sondern ermöglicht die Visualisierung von Prozessen der Ortsveränderung der beobachteten Objekte zu einer definierten und festgelegten Zeit. Fließbewegungen und Selbstdiffusionsvorgänge werden visualisiert. Hieraus können zum Beispiel vom menschlichen Gehirn oder in der Geotektonik diffuse systemische Erkenntnisse gewonnen werden. In der Neurophysiologie wurde mit diesen Messtechniken nachgewiesen, dass sich eine zukünftige Körperbewegung vorwegnehmen lässt beziehungsweise dass, wie in den asiatischen Kampfkünsten praktiziert, die zukünftigen Bewegungen der Gegner*innen schon vorher vom Gegenüber realisiert werden. Antizipation bedeutet hierbei, dass der Körper in der Lage ist, das Nächste, das Zukünftige wahrzunehmen und entsprechend zu handeln. Diese Aktivitätsmuster zeigen uns, dass lineare Abfolgen wie ‚vorher-nachher' Konstruktionen sind, mit denen wir versuchen, unseren Alltag zu trivialisieren. Zunächst kommen wir damit zurecht, sind aber enttäuscht, weil Aufgaben nicht erfüllt werden oder das Erwartete nicht eintritt. Wir konstruieren das Bild von einer Zukunft, die nicht eintreffen kann, ahnen das und haben davor Angst. Diese Angst verhindert voraussehendes Handeln. Erkennen und Aushalten eines vielschichtigen Zustandsraums hilft weiter. Der Zustandsraum ist unkontrollierbar und kann nicht beherrscht werden. Der eigene Körper ist ein Zustandsraum, der Vergangenes und Zukünftiges in sich birgt. Der Vorteil, diese Situation zu akzeptieren und damit zu arbeiten, ist das Einbeziehende des Zustandsraums als ein integratives System. Zukunft, Gegenwart und Vergangenheit verbinden sich im Gegensatz zu den ausschließenden Verfahren, die uns beherrschen und uns ‚oben-unten', ‚vorher-nachher', also linear beschränkt positionieren.

Eine weitere spekulative Annäherung an den Zustandsraum ist die Psychotektonik. Sie berücksichtigt eine unzeitige Schichtung von psychischen Verfassungen, die sich beeinflussen. Die Schulung für eine Zukunft kann Aufgabenstellung, Planung, Vorbereitung und Realisierung erzeugen, eine Situation der Gleichzeitigkeit also und nicht der linearen Abfolge ‚vorher-nachher'. Das Ergebnis einer Aufgabe realisiert sich, bevor die Aufgabe gestellt wird. Die Psychologie sieht in der Antizipation eine Erwartung oder Erwartungshaltung. „Ein Ereignis zu antizipieren heißt anzunehmen, dass ein Ereigniseintritt wahrscheinlich ist." Für gewöhnlich wird ein Projekt geplant und zeitversetzt realisiert. Wer eine Aufgabe stellt, erwartet, dass sie rechtzeitig erfüllt wird. In diesem Zusammenhang ist die Antizipation eher das Gegenteil der direkten Praxis. Die Psychotektonik sieht jedoch in der erwähnten Vorahnung, antizipatorische Vorgänge als Möglichkeit, eine unmittelbare Resonanz der Beteiligten untereinander zu erzeugen, so wie die Retrogradist*innen durch den Rückbau von vergeblichen Vorstellungen die unmittelbare Anwesenheit thematisieren und damit Rücksicht auf zukünftige Entwicklungen zu nehmen versuchen. Im idealen Falle bedingt das Planen antizipatorische Fähigkeiten, damit meine ich, im ‚Jetzt' Zukünftiges zu erkennen, zu berücksichtigen und zu praktizieren. Je länger und je größer geplant wird, je mehr Einzelne für Gruppen planen, desto mehr strapaziert sich diese Wahrnehmungsfähigkeit und birgt die Gefahr von Missverständnissen oder katastrophalen Zuständen. Diese Missverständnisse entstehen aus der Wahrscheinlichkeit, dass der gewohnten Vorstellung von Antizipation auch ein internalisierter atavistischer Komplex zugrunde liegt, der sich aus Problemen der Objektdifferenzierung in der frühen Kindheit (Objekt-Verlust-Spielen) diszipliniert und konditioniert. Praktisch wird befürchtet, dass die Vorwegnahme eines zukünftigen Zustands sich im illusionären ‚Jetzt' der Planung genügt. Die Euphorie der Erwartung berauscht. Ihre Einlösung in der Zukunft, weil nicht berücksichtigt, stellt etwas völlig anderes dar, und selbst wenn das Erwartete eintritt, ist es etwas anderes. Wer wünscht sich nicht, an einer besseren Zukunft mitzuarbeiten. Die Ernüchterung folgt auf einer anderen, oft zeitversetzten

Ebene mit eventuell neuen Handlungspartner*innen. Die Unverbindlichkeit ist Grundlage gängiger Planungsprozesse, deren Folgen andere in Realitäten zwingen, die nicht vorherzusehen waren oder aus falsch trainierter Antizipation reiner Selbstzweck ihrer selbst bleiben.

Die Psychotektonik ist gerade bei der Queer-Landscapes-Recherche und -Praxis als Prozess und Weiterentwicklung promenadologischer Methoden interessant. Praktische Annäherung im Zustandsraum: Wenige hundert Meter vom Büro des Europäischen Zentrums für Promenadologie in Völklingen entfernt raucht es aus zwei nebeneinanderliegenden Vulkankegeln. Die seit 1912 künstlich aufgeschütteten, bis zu 130 Meter hohen Spitzkegelhalden aus Schutt und Schlacke, die bei der Eisengewinnung angefallen waren, kommen nicht zur Ruhe. Die Hügel werden im Volksmund wahlweise als ‚Hostenbacher Alpen' verbal naturalisiert und Teil einer Landschaftsvorstellung oder sie sind, leicht abgewandelt, nach dem ehemaligen Besitzer der Völklinger Hütte, Hermann Röchling (Nazi, Kriegsverbrecher) und dessen Frau Theodora benannt. Gleichzeitig erinnern wir uns an den Satz in Goethes Epos *Hermann und Dorothea*: „Niemand weiß, wie lang' er es hat, was er ruhig besitzet". Hermann und Dorothea verfügen über eine innere Hitze, Entzündungsherde, die den unbetretbaren Ort dramatisieren. Die Landschaft brennt von innen! Die Anwesenden werden im „*Theater of operations*", dramatisiert und nach Donna Haraway zu materiell-semiotischen Aktant*innen der Landschaft. Die Landschaft, aus der alles herausgeholt wurde, was das anthropozentrische Kapitalozän ausmacht, ist verletzt, verbrannt, vergiftet, perforiert, aber gleichzeitig 2024 bereits wieder ein Sekundärbiotop, was soviel bedeutet, dass es sich nicht um ein natürliches Biotop handelt, sondern um eine Landschaft, die sich durch das Zusammenwirken verschiedener Aktant*innen in ein Gefüge umwandelt, in dem Pflanzen, Krytogamen, Tiere wieder beteiligt sind. Das Terrain Vague dehnt sich vom Fuße der Hügel über die Saar zum sogenannten ‚Paradies', wie die Manager*innen des ‚UNESCO-Weltkulturerbe Völklinger Hütte' das Gelände bezeichnen, das sich aus der ‚Hölle' des Kapitalozäns längst wieder in einen Liminalitätsraum verwächst.

Im Frühjahr 2023, als sich ein Architekt*innen-Team von der TU München zu Forschungen ankündigte, waren wir am Boden. Wir, das sind die Leute, die ein Leben im ‚Weltkulturerbe Völklinger Hütte' führen und als offene Arbeitsgruppen – „Europäisches Zentrum für Promenadologie Völklingen", „Spekulative Nomad*innen", „Internationale Kompostist*innen Völklingen", „Queer Landscape Research Group" – seit Jahren insularer Teil einer Hochschule und Teil des Gefüges ‚Weltkulturerbe Völklinger Hütte' sind. Die mehrjährige Arbeit an der Übersetzung vom vermeintlichen ‚Paradies' zum realen ‚Pangotop', nach Corine Pelluchon, findet ihren Ausdruck in Erbfolgekonflikten um den Zustand eines Weltkulturerbes, in dessen Zuge unter anderem das Eins-zu-eins-Modell der Kryptogamen-Queergardening-Forschungspraxis, bestehend aus Moos- und Flechtenwänden, gekärchert wurde, aus der Unfähigkeit heraus, einem Gelände Zeit zu geben und es sich selbst zu überlassen. Das Eins-zu-eins-Modell eines Hochmoores wächst nur einen Zentimeter in zehn Jahren und arbeitet am Zustandsraum / Ereignisraum mit, den Jane Bennett in ihrem Buch *Lebhafte Materie* folgendermaßen beschreibt: „Der Begriff, den ich bevorzuge, um diesen Ereignisraum und seinen Strukturierungsstil zu beschreiben, ist der von Deleuze und Guattari geprägte Begriff des Gefüges. Gefüge sind ad hoc entstehende Gruppierungen unterschiedlicher Elemente, lebhafter Materialien aller Art. Gefüge sind lebendige, pulsierende Bündnisse, die fortbestehen trotz der dauerhaften Anwesenheit von Energien, die sie von innen heraus in Unordnung bringen. Sie weisen unebene Topografien auf, da einige der Punkte, an denen sich die Wege der verschiedenen Affekte und Körper kreuzen, stärker frequentiert werden als andere. [...] Keine einzelne Materialität und kein einzelner Materialtyp verfügt über hinreichende Kompetenz, um durchgehend den Entwicklungsverlauf oder die Auswirkung der Gruppe bestimmen zu können." Zu den Metallen, die gerade hier vor Ort einer neuen Auffassung bedürfen, sagt Bennett, dass sich „[d]ie Assoziation von Metall mit Passivität oder einem toten Ding-sein hält": „Die ‚erzene Kette'", der gefesselte Prometheus von Aischylos, Hephaistos der Metallurg, der ihm die Ketten anlegt, sind, so Bennett, nur wenige „aus einer langen Reihe literarischer Bilder, zu denen im Laufe der Zeit noch der eiserne Käfig, der stählerne Blick, der eiserne Wille und dergleichen mehr hinzukommen sollten. Wer würde auf die Idee kommen, Metall als Symbol der Vitalität zu gebrauchen? Deleuze und Félix Guattari natürlich: In einem kurzen Abschnitt in *Tausend Plateaus* zur ‚Nomadologie' verweisen sie auf Metall als Paradebeispiel vitaler Materialität; Metall offenbart dieses rastlose Sprudeln am besten; Metall strotzend vor Lebendigkeit (der ‚eines' Lebens), ruft die ‚wunderbare Idee eines anorganischen Lebens' hervor. Ich folge Deleuze und Guattari darin, mit der ‚wunderbaren' Idee zu experimentieren, Aktivität sei das ‚vage Wesen' der Materie."

Diese Gefüge im offenen Prozess des Werdens lassen sich beispielsweise in der Frage nach Landschaft nicht beherrschen – was die Beteiligten in einen permanenten Vermittlungsprozess einbindet, der nur über Diversität, also nicht über binäre oder normative Dynamiken funktioniert und neue, dringend benötigte Ereignisräume, Zustandsräume auftut, in denen wir, die menschlichen Metallarbeiter*innen, „selbst emergente Effekte der vitalen Materialität" sind. Der ukrainisch-russische Mineraloge, Geologe, Begründer der Biogeochemie Wladimir Wernadski sagte: „Wir sind wandelnde, sprechende Mineralien."

Zum Autor

Georg Winter (geb. 1962 in Biberach/Riß) ist Künstler und Professor für Bildhauerei/Public Art an der Hochschule der Bildenden Künste Saar. Er lebt in Völklingen, Stuttgart und Budapest. Seine künstlerische Praxis umfasst temporäre Laboratorien, urbane Situationen, Self-Organizing Performances und Forschungsprojekte in einem fächerübergreifenden Arbeitsfeld. Seit den 1980er-Jahren entwickelt er mit *UKIYO CAMERA SYSTEMS* eigene Begriffe von Expanded Media und raumbezogener Experimentalkunst. Seine Lehrtätigkeit findet ausgehend von der *Universität im Koffer* seit 1994 statt. Sie führte ihn unter anderem an die Universität Stuttgart, an die Merz Akademie und von 1999 bis 2003 an die Hochschule für Gestaltung und Kunst Zürich. Von 2003 bis 2007 hatte er den Lehrstuhl „Kunst und Öffentlicher Raum" der Akademie der Bildenden Künste Nürnberg inne und seit 2007 die Professur für Bildhauerei/Public Art im Masterstudiengang „Public Art/Public Design" an die Hochschule der Bildenden Künste Saar. Georg Winter gründete unter anderem folgende Kooperativen: forschungsgruppe_f (Zürich); Arbeitsgemeinschaft Retrograde Strategien (Berlin); Urban Research Institut (Nürnberg); S_A_R Projektbüro (Völklingen); AG AST – Arbeitsgemeinschaft anastrophale Stadt (Mannheim); Volume V (Mannheim); TanzPflanzPlan. Er beschäftigt sich sowohl mit der Konzeption und Herstellung von Störungen als auch mit der Reflexion und Behebung von Störungen in Betriebssystemen und Gefügen. Gemeinschaftliche In- und Exkursionen, -peditionen, -hibitionen, -perimente kommen zur Durchführung. Verwerfungen und aktive Formen der Unterlassung folgen. Hinzu kommen ambulante Lehrtätigkeiten; Professuren und Revolten wechseln mit Übungen zur Objektdifferenzierung, betreutem Schlaf und der Verabreichung von Sedativa an arti- und architoxischen Stellen.

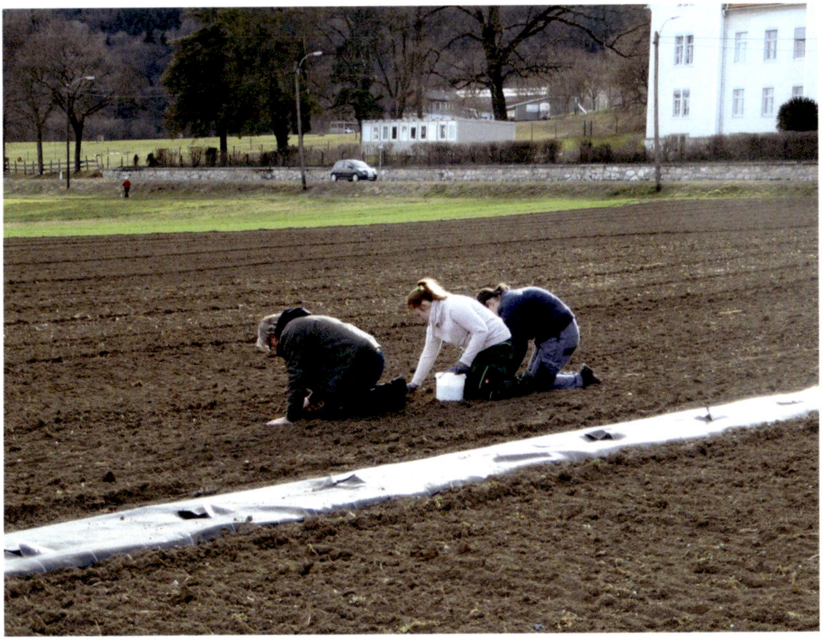

Abb. 44: Georg Winter, *TanzPflanzPlan Graz*, 2020/21. Foto | Photo: EZP V

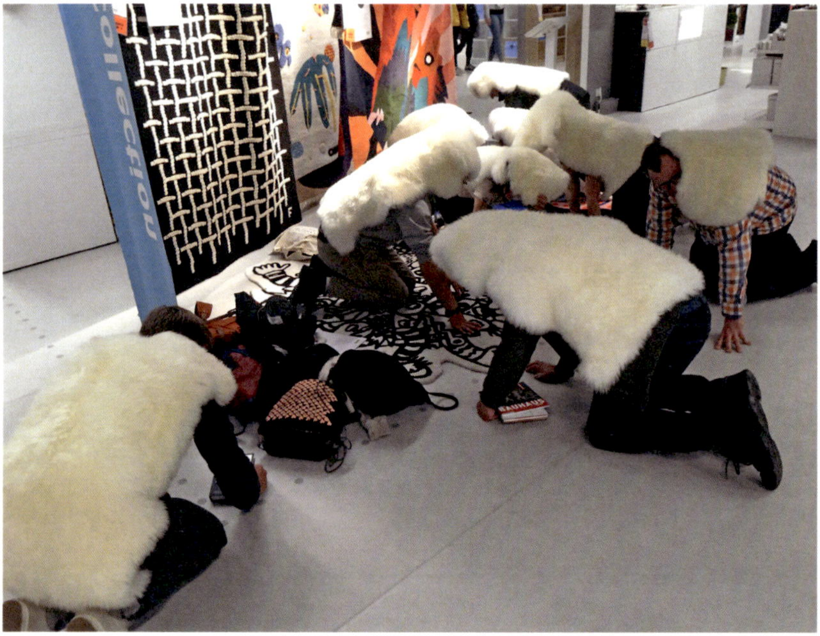

Abb. 45: Georg Winter, *Sheeping*, 2019. Foto | Photo: S_A_R Projektbüro HBK Saar

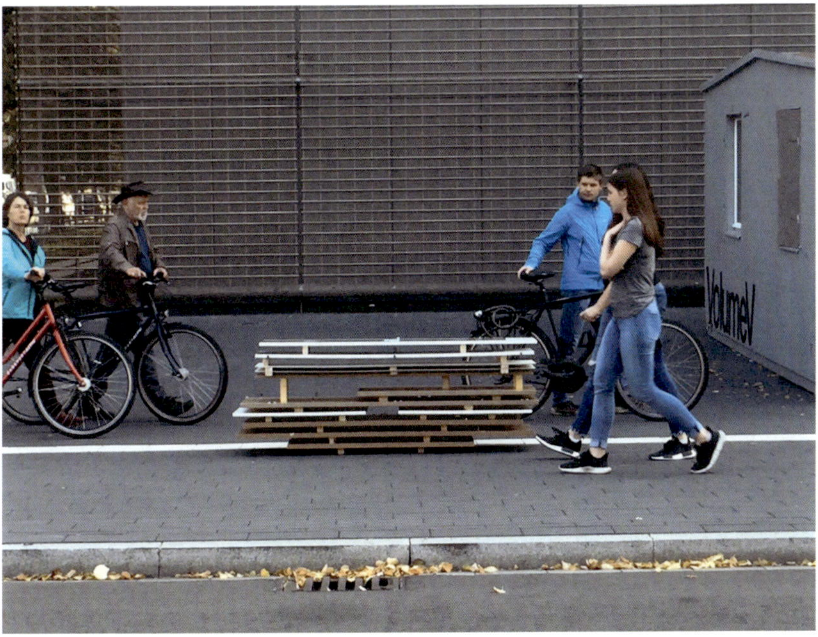

Abb. 46: Georg Winter, *Psychotektonik Modell Schwarabia*, 2018. Foto | Photo: Georg Winter

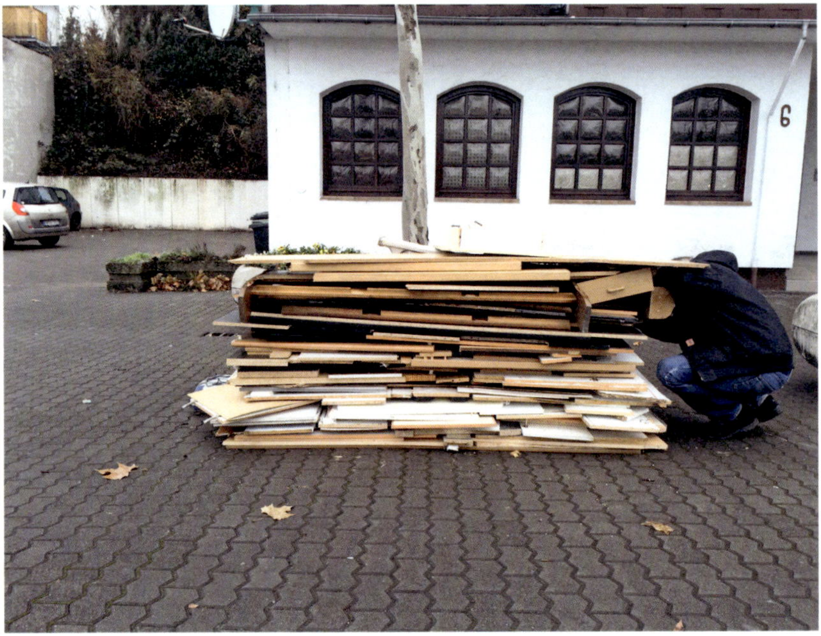

Abb. 47: Georg Winter, *Psychotectonic Performance*. Foto | Photo: EZP V

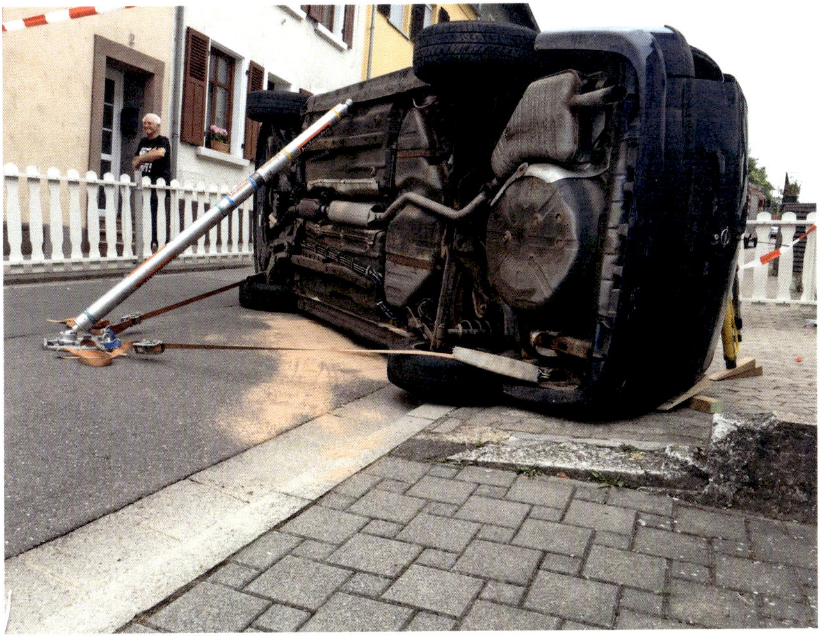

Abb. 48: Georg Winter, *Cultural Turn*, Installation. Foto | Photo: Georg Winter

Abstract

The moment in which you read this text and because you are reading it, the state spaces change and you change with them. To grasp state spaces is impossible. The representation of state spaces is based on error-prone observations that lead even mathematicians and computer scientists to make estimates that approximate a state space using the Kalman filter—a widely used algorithm for evaluating the state of both linear and nonlinear systems. Equations of motion help to estimate continuously changing positions and velocities. The notion and representation of state spaces are therefore fuzzy, buggy, and speculative. We are moving into uncertain territory. Why are we moving into this *terrain vague*? What does the transference to an extended artistic, creative practice look like and what connections are formed in the structure of existence? What methods, skills, and tools are required for orientation in a state space? What helps the operation out in the open, in which nothing remains as it is and yet becomes something?

Georg Winter

State Spaces
Lecture Manuscript

When speaking about state spaces [*Zustandsräume*], countless conceptions of space are already present. In his essay "Räume" ["Spaces"], Vilém Flusser sees us as "those living beings called 'organisms'" and as pipes "through one opening of which the world flows in, only to flow out again through the other." Claude Lévi-Strauss steps this pipe situation up a notch by describing our dominant social system as *"anthropémie,"* that is, as consisting of pipes that function according to the Greek *'emein'*: to 'vomit' or 'spit out' that which is uncomfortable or difficult to digest. Zygmunt Bauman sees pipe systems as that which flushes out what appears superfluous.

Is the evacuation of a space, rather than its spatiality, that which constitutes that space?

In these models is already indicated a sense of being fed up with an anthropocentric perception of space. There are many spatial models that are useful and play their part in everyday life. All of them, however, demonstrate aspects based upon human perception. Difficulties mount when it comes to state spaces, which, as we sit here and I formulate this presentation, have already changed to such an extent that they can no longer be put into words and which we as humans have no way of grasping. On the one hand, this bewilderment unsettles us while, on the other, it shifts us into an untenable, unstoppable state. To grasp state spaces is impossible. The representation of state spaces is based on error-prone observations that lead even mathematicians and computer scientists to make estimates that approximate a state space using the Kalman filter—a widely used algorithm for evaluating the state of both linear and nonlinear systems. Equations of motion help to estimate continuously changing positions and velocities. The notion and representation of state spaces are therefore fuzzy, buggy, and speculative. We are moving into uncertain territory. But why are we moving into this *terrain vague*? What does the transference to an extended artistic, creative practice look like and what connections are formed in the structure of existence? What methods, skills, and tools are required for orientation in a state space? What helps the operation out in the open, in which nothing remains as it is and yet becomes something? Could it be, for example, the critical practice of "diffraction" as proposed by Karen Barad: "A diffractive methodology offers the possibility of reading important insights and approaches in a jumbled way while paying attention to their points of contact." Or is it Ursula K. Le Guin's "carrier bag" theory as put into practice by Speculative Nomads Völklingen? Gathering, finding connections, not trying to force them into an order, but, rather, putting them into relation with one another, understanding situations, abiding in the spaces in between, and seeking intra-actions?

Engaging with state spaces necessitates a loss of control, a becoming, an openness, and the relinquishment of privileges. It requires embodiment, psychotectonic membranes, the expansion of the actors involved in processes, as well as many other things that harbor risks and make it possible to experience the necessary precariousness of state spaces as one-to-one models of event-spaces.

If you think of 'to' [*zu-*] as an aspect of movement and 'stand' [*-stand*] as a product of positioning, then the concept of 'state' [*Zustand*] appears to be in itself dynamic. In relation to 'spaces,' which, according to spatial sociologist Martina Löw, can only be defined through negotiations, 'states' become dynamic. In state spaces, we can affect a lot, and, if we become truly involved, a lot can affect us. The willingness to act upon this uncertain ground requires different tools and skills than those needed for a simulation of a secure ground. The "speculative-nomadic," for example, requires a connection between past, present, and future in relation to the existential conditions of the bodies or active participants. It is an anticipatory ability, one which can alter an embodiment, that, as part of an interconnected structure, can bring about intra-active states. This process can be illustrated by imaging techniques such as PFG-NMR (pulsed field gradient nuclear magnetic resonance), a special technique of spectroscopy. It not only shows a state as an image, but also enables the visualization of processes of spatial change in the observed objects at a defined and fixed time. Flow movements and self-diffusion processes are made visible. From this, for example, diffuse systemic insights can be gleaned from the human brain or geotectonics. In neurophysiology, these measurement techniques have shown that future body movements can be anticipated or, as is practiced in Asian martial arts, that an opponent's future movements can already be known in advance. Anticipation here means that the body is able to perceive what is next, what is to come, and act accordingly. These activity patterns show us that linear, 'before-and-after' sequences are constructions with which we attempt to trivialize our everyday lives. We may at first be able to manage in this way, though we soon become disappointed when tasks are not completed or the expected fails to come to pass. We construct an image of a future that cannot happen, develop a sense of foreboding around it, fear it. This fear prevents us from acting with foresight. Recognizing and abiding within a multi-layered state space can help. A state space is uncontrollable and can in no way be mastered. One's own body is a state space that contains the past and the future. One advantage of accepting this situation and working with it is found in the implications of the state space as an integrative system. Future, present, and past can connect, in contrast to the exclusionary processes that dominate us and position us 'above/below,' 'before/after,' that is, positioned within the strictures of the linear.

Another speculative approach to the state space is psychotectonics, which takes into account the untimely layering of psychic states that influence each other. Training for a future can help bring about task assignment, planning, preparation and realization, that is, it can produce a situation of simultaneity instead of a linear, 'before-and-after' sequence. The result of a task is realized before the task is assigned. Psychology views anticipation as an expectation or an attitude thereof. “Anticipating an event means assuming that event as likely to occur.” Usually, a project is planned and then realized only after a temporal delay. Anyone who assigns a task expects it to be completed in a timely fashion. Understood in this way, anticipation is something like the opposite of direct practice. Psychotectonics, however, sees anticipatory processes as a way of creating an immediate resonance between those involved, just as the retrogradists address immediate presence by dismantling useless conceptions and thus attempt to allow for developments in the future. Ideally, the act of planning involves anticipatory skills, by which I mean recognizing, being mindful of, and practicing for what is to come in the ‘now.’ The longer and the larger this planning process becomes, and the more individuals make plans for more groups, the more strain is placed on this mode of perception and the greater the risk becomes for misunderstandings or even catastrophic situations. These misunderstandings arise from the likelihood that the common understanding of anticipation is also based on an internalized, atavistic complex, one which is defined and conditioned by issues of object differentiation in early childhood (loss of object). In practice, there is a fear that the anticipation of a future state will be satisfied by the illusionary ‘now’ of planning. The euphoria of expectation is intoxicating. Because its fulfilment resides in the future, and is thus excluded, this expectation imagines something utterly different. Even if the expected does occur, it is something else. Who wouldn’t want to work towards a better future? Disillusionment follows on a different, often delayed level and with potentially new participating actors. A lack of accountability is the usual basis for processes of planning, the consequences of which force others into realities that could not have been foreseen or that remain merely ends in themselves due to anticipation based on false premises.

Psychotectonics is particularly interesting for queer landscape research and practice as a process and a further development of “promenadological” methods. Practical example in a state space: A few hundred meters from the offices of the European Center for Promenadology in

Völklingen, Germany, there is smoke emitting from two adjacent volcanic cones. Begun in 1912, these artificial, nearly 130-meter-high conical mounds of rubble and slag, created over years of iron mining, show no sign of quieting down. In the local vernacular, these hills are either verbally naturalized as the "Hostenbach Alps" and, thus, conceptually included as aspects of the landscape, or they are referred to, in slightly modified form, by the names of the former owner of the Völklingen Ironworks, the Nazi war criminal Hermann Röchling, and his wife Theodora. At the same time, we are reminded of the line from Goethe's epic *Hermann and Dorothea*: "None can tell how long he may hold what in peace he possesses." Hermann and Dorothea command an inner heat: they are sites of inflammation that dramatize this inaccessible place. The landscape is burning from within! All present in this "theater of operations" are themselves rendered dramatic and, in the words of Donna Haraway, become material-semiotic actors in the landscape. The landscape, out from which everything that constitutes the anthropocentric 'Capitalocene' has been extracted, is injured, burnt, poisoned, perforated, but, at the same time, today, in 2024, it is already a secondary biotope. This means that it is not a natural biotope, but, rather, a landscape that, through the interaction of various participating forces, is transformed into a complex in which plants, cryptogams, and animals are once again involved. This *terrain vague* stretches from the foothills across the Saar to the so-called 'Paradise,' as the managers of the "UNESCO World Heritage Site Völklingen Ironworks" refer to the area, one which has long since been smelted from the 'Hell' of the Capitalocene into a liminal space again.

In the spring of 2023, when a team of architects from the Technical University of Munich announced their intention to conduct research here, we had hit rock bottom. We are the people who live in the "World Cultural Heritage Site Völklingen Ironworks" and who, in open work groups, such as the "European Center for Promenadology Völklingen," "Speculative Nomads," "International Composters Völklingen," or "Queer Landscape Research Group," have been an insular part of a university and part of the "World Cultural Heritage Site Völklingen Ironworks" complex for years. Years of work on the translation from the supposed 'Paradise' to the real "pangotope" finds its expression, according to Corine Pelluchon, in the fights of succession surrounding the state of a world cultural heritage site, over the course of which, among other things, the one-to-one model of a "cryptogam queer-gardening research practice," consisting of walls of moss and lichen, has been pressure-cleaned away by an inability to simply give a site time and leave it to its own devices. The one-to-one model of a raised bog grows only one centimeter in ten years and operates within the state space/event-space that Jane Bennett describes in her book *Vibrant Matter* as follows: "My term of choice to describe this event-space and its style of structuration is, following Deleuze and Guattari, assemblage. Assemblages are ad hoc groupings of diverse elements, of vibrant materials of all sorts. Assemblages are living, throbbing confederations that are able to function despite the persistent presence of energies that confound them from within. They have uneven topographies, because some of the points at which the various affects and bodies cross paths are more heavily trafficked than others. [...] No one materiality or type of material has sufficient competence to determine consistently the trajectory or impact of the group." With regard to metals, which here in this specific site require a reconceptualization, Bennett writes that "[t]he association of metal with passivity or a dead thinghood persists:" The "adamantine chain," the shackled Prometheus of Aeschylus, and Hephaestus the metallurgist who puts the chains on him are, according to Bennett, just a few from the "long line of tropes that will come to include the iron cage, brass tacks, steely glares, iron wills, solid gold hits. Who would choose metal as the symbol of vitality? Deleuze and Felix Guattari: in a short section of the 'Nomadology' plateau, they name metal as the exemplar of a vital materiality; it is metal that best reveals this quivering effervescence; it is metal, bursting with a life, that gives rise to 'the prodigious idea of Nonorganic Life.' I follow Deleuze and Guattari in experimenting with the 'prodigious' idea that activity is the 'vague essence' of matter."

These complex structures that operate in an open process of becoming, such as in a landscape, cannot be controlled. They involve participants in a permanent process of mediation that only functions through diversity—not through binary or normative dynamics—and opens up new, urgently needed event-spaces, state spaces in which we, the "human metalworkers," are "[our]selves emergent effects of the vital materiality [we] work." As the Ukrainian-Russian mineralogist, geologist and founder of biogeochemistry Vladimir Vernadsky said: "We are walking, talking minerals."

About the Author

Georg Winter (b. 1962 in Biberach, Germany) is an artist and Professor of Sculpture/Public Art at the Hochschule der Bildenden Künste Saar. He lives in Völklingen, Stuttgart, and Budapest. His artistic practice includes temporary laboratories, urban situations, self-organizing performances, and research projects in an interdisciplinary field of work. Since the 1980s, he has been developing his own concepts of expanded media and space-related experimental art with his UKIYO CAMERA SYSTEMS. His teaching activities have been based at the University im Koffer since 1994. It has taken him to the University of Stuttgart, the Merz Akademie and, from 1999 to 2003, to the Hochschule für Gestaltung und Kunst Zürich. From 2003 to 2007 he held the chair of "Art and Public Space" at the Academy of Fine Arts Nuremberg and, since 2007, the professorship for Sculpture/Public Art in the Master's program "Public Art/ Public Design" at the Saar University of Fine Arts. Winter founded, among other, the following cooperatives: forschungsgruppe_f (Zurich); Arbeitsgemeinschaft Retrograde Strategien (Berlin); Urban Research Institut (Nuremberg); S_A_R Projektbüro (Völklingen); AG AST - Arbeitsgemeinschaft anastrophale Stadt (Mannheim); Volume V (Mannheim); and TanzPflanzPlan. He deals with the conception and production of disruptions as well as with the reflection and elimination of disruptions in operating systems and structures. He has carried out community in- and ex-cursions, -peditions, -hibitions, and -periments. Rejections and active forms of failure follow. In addition, there are ambulant teaching activities; professorships and revolts alternate with exercises in object differentiation, supervised sleep, and the administration of sedatives at arti- and architoxic sites.

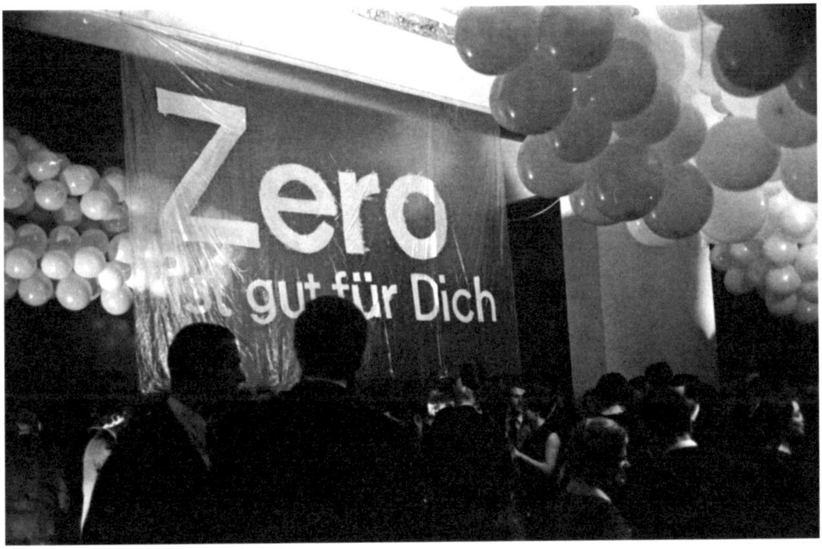

Abb. 49: *Zero Mitternachtsball*, Bahnhof | Train station Rolandseck, Remagen 1966. ZERO foundation, Düsseldorf, Inv.-Nr. mkp.ZERO.0.V.20_4; Foto: Werner Kohn

Impressum

Der Zustand des Erlebens |
The State of Experience
Workshop Manuscripts

Texte | Texts
Lisa Beißwanger
Klaus Gereon Beuckers
Nick Böhnke
Raha Golestani
Paula Kohlmann
Barbara Könches
Konstantin Schönfelder
Georg Winter
Xiao Xiao
Katharina Neuburger (Vorwort | Foreword)

Die Publikation ist Teil der Schriftenreihe *Notizen zu Uecker* | This book is part of the publication series *Notes on Uecker*

Herausgeberin | Editor
Katharina Neuburger für | for
Günther Uecker Institut e.V.

Projektleitung | Project Manager
Antonia Gradnitzer

Lektorat | Text Editing
Christine Wölfle (Dt.)
Everett F. Mason (Engl.)

Übersetzung | Translation
Everett F. Mason, maison intertext

Grafische Gestaltung | Graphic Design
Johanna Neuburger, logografisch

Bildnachweise | Image Credits
S. 207: Foto | Photo:
Staatliche Tretjakow-Galerie
S. 209: Foto | Photo: ZERO foundation Düsseldorf / Pohang Museum of Steel Art, Pohang

Sollte es trotz intensiver Recherche nicht gelungen sein, alle weiteren Rechteinhaber*innen zu finden, so werden berechtigte Ansprüche im Rahmen der üblichen Lizenzgebühren vergütet. | If, despite our intensive efforts, we have failed to identify any copyright holder, legitimate claims will be met within the usual provisions.

Druck | Printing
Bechtel Druck GmbH & Co. KG,
Ebersbach/Fils

Library of Congress Control Number:
2025932082

Bibliografische Information der Deutschen Nationalbibliothek
Die Deutsche Nationalbibliothek verzeichnet diese Publikation in der Deutschen Nationalbibliografie; detaillierte bibliografische Daten sind im Internet über http://dnb.dnb.de abrufbar.

www.deutscherkunstverlag.de
www.degruyter.com

Fragen zur allgemeinen Produktsicherheit:
productsafety@degruyterbrill.com

GÜNTHER UECKER INSTITUT e.V.
Hospitalstraße 5a
19055 Schwerin
www.guenther-uecker-institut.de

ISSN 2752-0218
ISBN 978-3-422-80293-3
Printed in Germany